Franz Mittermair, Helga Weule, Manfred Weule (Hrsg.)

Vom Künstler zum Heiler

Aus Leben und Werk von Paul Rebillot

Bibliografische Information der Deutschen Nationalbibliothek

Die Deutsche Nationalbibliothek verzeichnet diese Publikation in der Deutschen Nationalbibliografie; detaillierte bibliografische Daten sind im Internet über http://dnb.d-nb.de abrufbar.

Eagle Books
Dipl. Päd. Franz Mittermair
Am Förchet 2
D-83547 Wasserburg am Inn / Babensham
info@eagle-books.de
www.eagle-books.de

Inhalt

Vorwort

Seit wir Paul Rebillot und seine Arbeit kennengelernt haben, sind wir begeistert von seiner einzigartigen und äußerst wirksamen Verbindung von künstlerischem und therapeutischem Arbeiten. Wir freuen uns sehr, dieses Buch zu seinem 90. Geburtstag herausgeben zu können. Was Paul durch sein Wissen, sein Können und seine großartige Kreativität entwickelt hat, ist ermutigend in einer Zeit, in der ein kleines Virus aus der Wildnis uns Menschen zeigt, dass wir auf diesem Planeten nicht allein sind. Unser Wunsch ist, mit diesem Buch einen Teil der Schätze weiterzutragen, die er über die Jahre verschenkt hat.

Dies ist ein Lesebuch zu Paul Rebillot und seinem Werk. Die Kapitel bauen nicht aufeinander auf und können in beliebiger Reihenfolge gelesen werden. Wir haben eine große Bandbreite an Beiträgen gesammelt oder neu geschrieben, um sein Leben und seine Arbeit lebendig werden zu lassen – von der Vita über fachliche Beiträge zum Inhalt der Arbeit und zu ihrer Wirksamkeit, ein lebendiges Interview, wichtige Texte aus Paul Rebillots Feder bis zu persönlichen Erinnerungen an diese herausragende Persönlichkeit.

Paul Rebillot war die Gleichstellung der Geschlechter sehr wichtig. Er benutzte bei Erklärungen in den letzten Jahren gerne abwechselnd die männliche und die weibliche Form. Wir halten es in unseren aktuellen Beiträgen ähnlich. Gastbeiträge oder ältere Artikel haben wir in der ursprünglichen Form belassen.

Wir wünschen viel Freude mit und Inspiration aus diesem Werk!

Mai 2021

Franz Mittermair, Wasserburg am Inn

Helga Weule, Manfred Weule, Schalchen

Ein bewegtes Leben

Franz Mittermair

Paul Rebillot, mit vollem Namen Eugene Paul Jude Rebillot, in seiner Kindheit „Genie" genannt, wurde am 19. Mai 1931 in Detroit, Michigan, USA als dritter von vier Söhnen von Conrad und Rose Rebillot geboren. Sein jüngerer Bruder Melvin stellte Steve Mitchell[1] folgende Details zu Pauls

Kindheit in Michigan zur Verfügung: Seiner Familie und seinen Freunden als „Genie" bekannt, war Paul bedeutend jünger als seine älteren Brüder Leroy und Conrad Jr., die 1921 und 1923 geboren wurden. Im Alter von 15 Jahren starb Leroy an Rückenmarksmeningitis im Dezember 1936. Paul war zu dem Zeitpunkt fünf Jahre alt. Seine Eltern waren gläubige Katholiken und vermutlich hielt sich die Familie in dieser Zeit an ihren Glauben, um Trost zu finden.

Der jüngere Bruder Melvin wurde 1938 geboren. Paul war gerade in die Grundschule der St. Elizabeth's Catholic School aufgenommen worden. Die Schule und die angeschlossene Gemeinde waren selbstverständlicher Teil des Familienlebens. Während ihrer Kindheit dienten die Jungen als Ministranten und sangen im Kirchenchor. Wahrscheinlich wurden die Lehren der katholischen Kirche für Paul immer bedrückender, je mehr er sich

---

[1] Die Informationen stammen aus Mitchell, Steve 2012.

seiner Homosexualität bewusst wurde. Diese Gefühle spielten sicherlich auch eine Rolle bei seiner späteren Entscheidung, von Michigan wegzugehen.

In der Mitte der 1940er-Jahre wurde bei Paul eine Skoliose diagnostiziert und er musste viele Monate an einem Streckrahmen verbringen. Auch wenn Paul schon früher Interesse an den Künsten gezeigt hatte, brachte ihn die starke Beschränkung zur Beschäftigung mit verschiedenen künstlerischen Möglichkeiten. Als er schließlich vom Streckrahmen erlöst wurde, musste er noch eine Weile ein Rückenkorsett tragen.

Künstlerische Kreativität wurde nun sehr wichtig für ihn. Paul Rebillot besuchte die Catholic Central High School in Detroit. Er sang im Chor, machte seine ersten Erfahrungen auf der Bühne, nahm Klavier- und Ballettstunden und erprobte sich im Malen und Dichten. Er schloss die Highschool mit einem Ph. B. (Bachelor of Philosophy) in Philosophie und Erziehungswissenschaften ab. In den späten 1940er-Jahren besuchte Rebillot die Universität von Detroit, ebenfalls eine katholisch geprägte Schule unter der Leitung von Jesuiten. Während seines Studiums bekam er tiefen Zugang zu Drama und Theater.

Nach seinem Abschluss an der University of Detroit mit einem Master of Communication Art, Schwerpunkt Drama, besuchte Rebillot die Graduiertenschule an der öffentlichen University of Michigan in Ann Arbor. Während und nach seinem Studium war er an verschiedenen Theatern als Autor, Produzent und Schauspieler engagiert. 1954 gewann er den prestigeträchtigen

Hopwood Award für seine Gedichte. Von dieser Zeit an nannte er sich E. Paul Rebillot.

Am Ende des Koreakrieges wurde er von der US-Armee eingezogen und diente ein Jahr lang in Japan, wo er im fernöstlichen Rundfunk der US-Armee als Regisseur und Produzent von Radioprogrammen arbeitete. Die Bekanntschaft mit einer ästhetisch hoch entwickelten Kultur, die auf eine uralte spirituelle und kulturelle Tradition zurückgeht, hatte auf sein berufliches wie auf sein persönliches Leben tiefgreifende Auswirkungen. Besonders beeindruckt und berührt war er von dem japanischen Kabuki- und No-Theater.[2] Er entdeckte die tiefe Kraft fernöstlicher Lebensphilosophie, insbesondere des Buddhismus, für sich. Später flossen verschiedene Elemente der fernöstlichen dramatischen Künste in seine Arbeit ein.

Als sein Vater Conrad Sr. im August 1957 starb, wurde Rebillot vorzeitig entlassen, um seine Mutter zu unterstützen. In dieser Zeit arbeitete er als Lehrer an der Junior High School in einem Vorort von Detroit. Als sein Bruder Melvin im September 1958 vom Dienst suspendiert wurde und heimkehrte, verließ Rebillot Detroit und ging nach New York, um eine Karriere im

---

[2] Grof, Stanislav in Rebillot 2016, S. 10.

Theater zu beginnen. Nach einer recht kurzen Zeit dort wechselte er nach Kalifornien. Von da an nannte er sich Paul Rebillot.

In Kalifornien, in den frühen 1960er-Jahren, war Rebillot Mitglied des San Francisco Actor's Workshops und unterrichtete vier Jahre lang Drama am San Francisco State College. Er erarbeitete sich seine eigene Sicht auf die Anfänge von Theater, Ritual und Mythos, indem er Stücke aus Yeats' „Cuchulainn"-Zyklus und eine spektakuläre Version von den Bakchen des Euripides inszenierte.

Im „Hungry I", einem legendären Nachtklub und Künstlertreffpunkt in San Francisco, arbeitete er auch mit dem japanischen Schauspieler Mumako zusammen. In dieser Zeit entwickelte er sein Verständnis von rituellen Gesten, von meditativen Körperpositionen, welche die Energien in eine Form bringen. Diese rituellen Gesten wurden zu einem Schlüsselelement in seiner

The Gestalt Fool Theater Family

Arbeit mit der Heldenreise und anderen Wachstumsprozessen, die er entwickelte.

Er nahm eine Stelle an der Theaterabteilung der Stanford University an, fand aber den „konservativen Ethos" zu erstickend und nach einem Jahr wurde sein Vertrag nicht verlängert. Paul Rebillot zog sich vom akademischen Theater zurück und gründete mit früheren Kolleginnen und Studenten seine eigene Theatergruppe, die sich *„The Gestalt Fool Theater Family"* nannte und bis Anfang der 1970er-Jahre existierte. Die Akteure lebten zusammen und experimentierten mit allen möglichen Formen des Theaters, angefangen vom Ritual bis hin zum Dadaismus und brachen dabei sämtliche Regeln. Paul Rebillot hatte zu dem Zeitpunkt keine Ausbildung in Gestalttherapie und eine noch eher oberflächliche Kenntnis davon.

„Wie viele andere Menschen damals in San Francisco probierten auch wir bewusstseinserweiternde Substanzen. Die umfassende Erfahrung von Lebensumstellung, Theaterexperimenten, Meditation und psychedelischen Drogen führte schließlich dazu, dass meine Reise mich auf die mythische Ebene führte und mein Held allmählich hervortrat."[3] Was Rebillot damals geschah, nennt Stanislav Grof einen „spirituellen Notfall". Dieser führte einerseits dazu, dass er einige Zeit in einer psychiatrischen Klinik verbrachte. Andererseits wurden die Auswirkungen dieser Episode zu einem Wendepunkt in Paul Rebillots Leben. Diese Phase führte zu einer weitgehenden Entwicklung seiner Persönlichkeit, zu einem völlig neuen Verständnis von sich selbst.

Rebillot erlangte Demut und den tiefen Wunsch, seine Ressourcen für persönliches Wachstum und Heilung einzusetzen. Er nutzte seine Entschlossenheit, seine Verspieltheit, seine Musikalität und seine bemerkenswerte Kreativität, um sein einzigartiges heilendes Theater zu entwickeln. Er erkannte, welches Potenzial die Theaterarbeit haben könnte – ihre therapeutische, rituelle, magische und spirituelle Kraft.

---

[3] Rebillot 2016, S. 17.

Als er aus der Klinik entlassen wurde, hörte er von einer unkonventionellen Organisation in Esalen, Big Sur, Kalifornien, wo schamanische, künstlerische und therapeutische Ansätze des persönlichen Wachstums erforscht wurden.

1971 ging er an diesen Ort, der für viele Jahre seine neue Heimat wurde. Er kam mit zahlreichen bedeutenden Lehrern und Kollegen zusammen, unter anderem mit Will Schutz, Stanislav Grof, Virginia Satir, Jacob Levy Moreno, Gabrielle Roth sowie verschiedenen Körperarbeitern und indianischen Heilern. Fritz Perls, neben seiner Frau Laura Begründer der Gestalttherapie, hatte zwar Esalen zu dieser Zeit bereits verlassen, Rebillot wurde aber intensiv ausgebildet von Dick (Richard) Price, Perls' wohl bekanntestem Schüler.

In Esalen begegnete Rebillot auch Joseph Campbell, einem brillanten Anthropologen und Mythologen, der ihn und seine zukünftige Arbeit stark beeinflusste. Sein Standardwerk „Der Heros in tausend Gestalten", in dem

der universale Mythos des „Weges des Helden" beschrieben wird, wurde für Rebillot zur stark inspirierenden Quelle.

Im Jahr 1972, als Paul Rebillot noch in Esalen war, arbeitete er in Teilzeit auf einer geschlossenen psychiatrischen Station in Turlock, Kalifornien. Seine Erfahrungen mit ernsthaft psychisch kranken Patienten und dem Personal, das sie behandelte, inspirierten ihn dazu, eine „Struktur" zu entwickeln, in der die Mitarbeiter sicher und erfahrungsbezogen ihr eigenes psychisches Inneres erforschen konnten, statt nur mit Buchwissen zu den Patienten zu kommen. Er entwickelte eine originäre Form von therapeutischem Ritual auf der Grundlage seiner Theaterarbeit, seiner persönlichen Erfahrung außergewöhnlicher Bewusstseinszustände, der Gestalttherapie und verwandter humanistischer Therapiemethoden (Psychodrama, holotropes Atmen, reichianische Körperarbeit ...) und Campbells mythologischer Arbeit. Diese Ritualstruktur, die unterschiedlichste therapeutische Methoden und Dramatisierungen nutzte, um dem eigenen Inneren nahezukommen, teilte er später in zwei getrennte Workshops auf, in „Die Heldenreise" und „Tod und Auferstehung".

Die Heldenreise entwickelte sich schnell weiter. Sie ist seit mittlerweile über drei Jahrzehnten auch in Europa für viele Menschen eine entscheidende Bereicherung auf ihrem persönlichen und spirituellen Weg geworden.

1974 begann Paul Rebillot neben seinen regelmäßigen Gestaltgruppen in Esalen seine Workshops auch in Frankreich beim Boyesen Institut und in Holland beim Institute for Unitive Psychology anzubieten. „*Little Side Shows*", nannte er sie. Damit begann seine jährliche Tour nach Europa. Er bot in der Folgezeit Workshops in Österreich, England, Frankreich, Deutschland, Irland, Italien, den Niederlanden und in der Schweiz an. Dabei entstand auch ein Ausbildungsprogramm (1984 – 1988) auf der Grundlage von mittelalterlichen Theatergruppen oder Gilden, bei denen die Studentinnen mit ihren Lehrern reisten und das Training vor allem aus der Beobachtung der Handwerkskunst ihrer Lehrerinnen bestand.

Im Jahr 1985 kam Dick Price durch einen Steinschlag in einem Canyon nahe Esalen ums Leben. Dies veranlasste Paul Rebillot dazu, sein Training zu formalisieren und die *„North American School of Gestalt and Experiential Teaching" (NASGET)* zu gründen. Trainings mit dem Ziel, dass die Teilnehmenden eigene neue Workshops entwickelten, fanden von 1987 bis 2007 in Nordamerika, in der Schweiz, in Frankreich, Deutschland, England und Irland statt.

Stanford Cates

1988 starb sein Lebensgefährte Stanford Cates an Aids, was Rebillot sehr erschütterte und was schwer zu überwinden war. Sein Kampf mit dem Verlust hatte wohl auch einen Einfluss auf seine körperliche Gesundheit. Er litt bereits an einem Lungenemphysem und hatte zuvor auf Zigaretten verzichtet. Vielleicht tröstete er sich mit Essen, vielleicht lag es auch an der eingeschränkten Beweglichkeit durch die Lungenprobleme: Sein Gewicht nahm auf alle Fälle wesentlich zu, was ihm eine ruhige, Buddha-ähnliche Körperlichkeit verlieh. Dies verschärfte jedoch auch die Atemprobleme, die schließlich Jahre später zu seinem Tod führen sollten. Die Trauer über den Verlust hielt ihn aber nicht davon ab, seine Arbeit weiterzuführen.

Rebillot lebte bescheiden in einem kleinen blauen Haus in San Francisco mit einem Garten, auf den er stolz war. Er genoss Fotografie und gestaltete Bilder am Computer, sah sich Filme im Fernsehen oder von Videokassetten an, hörte Aufzeichnungen von Hörspielen aus den Jahren 1940 bis 1950 – den Ruhmeszeiten des US-Radios –, arrangierte Musik für seine Freunde auf CDs und nahm die Reden von Barack Obama im Fernsehen auf. Diese Zeiten zu Hause außerhalb der Saison schätzte er sehr. Er genoss sie in einer kleinen Gruppe enger Freunde, wie etwa Melissa Kay, seine Sekretärin und Schreibpartnerin, mit der er nach Stanfords Tod sein Zuhause teilte.

Ein nordamerikanisches Trainingsprogramm folgte 1993. 1996 begann in Deutschland das *„Rites of Passage"*-Training zusammen mit Ilse Schmidt-

Zimmermann. Ziel des Trainings war, die Teilnehmerinnen und Teilnehmer darin auszubilden, Paul Rebillots Workshops qualifiziert durchzuführen. Dieses Training wurde später im Institut für Gestalt und Erfahrung in Deutschland fortgesetzt und wird dort weiterhin angeboten. Anschließend leitete Rebillot verschiedene Trainingsprogramme für Fortgeschrittene in Frankreich, Irland, England und Österreich.

Paul Rebillot veröffentlichte Artikel in zahlreichen Zeitschriften: in Amerika in der *„Pilgrimage and Liturgy"*, in England in *„Self and Society"* sowie im *„Journal of Biodynamic Psychology"*, in Frankreich in *„Psychologies"* und in *„L'Autre Monde"*. Er schrieb einen Beitrag mit dem Titel „Die Heldenreise: das Geheimnis ritualisieren" für das Buch von Stanislav und Christina Grof, „Spirituelle Krisen. Chancen der Selbstfindung"[4] und lieferte Beiträge für das *„New Dimensions Radio"* in San Francisco und den Podcast der *„Radical Change Group"*[5].

1987 erhielt er ein Stipendium der Laurance S. Rockefeller Stiftung, um an einem Buch über die Heldenreise zu arbeiten. Dieses Buch, „The Call to Adventure: Bringing the Hero's Journey to Daily Life", erschien 1993 bei Harper San Francisco. Eine deutsche Übersetzung wurde 1997 unter dem Titel „Die Heldenreise: Ein Abenteuer der kreativen Selbsterfahrung" bei Kösel verlegt, 2011 erneut bei Eagle Books, Wasserburg am Inn, 2021 in der dritten Auflage. 2017 erschien es erneut in englischer Sprache bei Eagle Books.

Paul Rebillot beendete seine Arbeit in Europa im März 2008 und kehrte nach San Francisco zurück – mit der Absicht, dort in geringerem Umfang weiterzuarbeiten. Anfang Juni erkrankte er an einer Lungenentzündung und verbrachte vier Monate im Krankenhaus. Schließlich starb er friedlich im Beisein seiner besten Freunde am 11. Februar 2010.

---

[4] Grof 2008

[5] Im Internet nachhörbar unter http://www.radicalchangegroup.com/search/label/Paul%20Rebillot

Tanzen mit den Göttern

Paul Rebillot und Melissa Kay[6]

Aus dem Amerikanischen übersetzt von Manfred Weule

Im letzten Buch, das er vor seinem Tod geschrieben hat,[7] erzählt Gregory Bateson die Geschichte eines Mannes, der seinen Computer fragte: „Rechnest du damit, dass du jemals denken wirst wie ein menschliches Wesen?" Die Maschine machte sich daran, ihre eigenen Rechengewohnheiten zu analysieren. Schließlich druckte sie ihre Antwort auf einem Stück Papier aus: „Das erinnert mich an eine Geschichte."

Bateson definiert „Geschichte" als „einen kleinen Knoten oder Komplex dieser Art von Verbundenheit, die wir *Relevanz* nennen" und schließt daraus: „Wenn die Welt verbunden ist, wenn ich überhaupt grundsätzlich Recht habe mit dem, was ich sage, dann muss das Denken *mithilfe von Geschichten* viel mehr allem Geist oder allen Geistern gemeinsam sein, ob es sich nun um uns oder die Redwood-Wälder und Seeanemonen handelt. (…) Und dahinter wiederum muss auch der Evolutionsprozess über Millionen von Generationen, durch den die Seeanemone, wie Sie und ich, entstehen konnte – muss auch dieser Prozess aus dem Stoff von Geschichten aufgebaut sein."

Es scheint mir, dass hier die Erkenntnisse der Evolutionswissenschaft und der Tiefenpsychologie auf eine Weise zusammenkommen, die für jeden zukünftigen therapeutischen Prozess von entscheidender Bedeutung ist. Diese Geschichten, die der Stoff mentaler Prozesse sind, wie Bateson sie beschreibt, sind meines Erachtens dieselben wie die von Carl Jung

---

[6] Erschienen in: *Pilgrimage. Journal of existential psychology*, Vol. 9. No. 2. Summer 1981, S. 89-100

[7] Bateson, Gregory 1979, S. 22, Anm. d. Ü.

beschriebenen Archetypen. Zusammen sind diese Geschichten oder Archetypen das, was Jung das „kollektive Unbewusste" nannte, das heißt das ererbte Spezies-Gedächtnis unseres gesamten Evolutionsprozesses, des Prozesses der natürlichen Selektion, durch den unsere Spezies überlebt hat.

Der neue Schub meiner eigenen Arbeit hat mit der Entdeckung der Archetypen im Körper selbst zu tun. Ich bin überzeugt, dass das menschliche kollektive Unbewusste im menschlichen Körper, in der genetischen Struktur, im Bewegungspotenzial, im Blut, im Nervensystem, in den Strukturen und Prozessen des menschlichen Gehirns liegt.

Die therapeutische Bedeutung davon ist, dass die Archetypen die Macht haben, den Lebensprozess von Individuen gemäß den natürlichen Selektionen der Spezies zu ordnen. Und wenn dieses Spezies-Gedächtnis im Körper vorhanden ist, bedeutet dies, dass das Potenzial des Körpers, die Archetypen zu verwirklichen, jedem Einzelnen zur Verfügung steht.

Mythologische und rituelle Strukturen sind bewusste Manifestationen der Archetypen, des Artengedächtnisses. Wir müssen nur in gewissem Sinne „den Code knacken", um die Energie dieser Geschichten in unserem Leben freizusetzen. Ich glaube, diese Fähigkeit, den Code zu knacken, liegt im Bewegungspotenzial unseres Körpers.

Lassen Sie mich jetzt meine Schritte zu der Erfahrung zurückverfolgen, aus der diese Erkenntnisse hervorgegangen sind.

Kürzlich sagte ich im Gespräch mit einer Gruppe von Freunden: „Ich war letztes Jahr im antiken Griechenland." Wir haben alle über die Idee gelacht. Aber als ich darüber nachdachte, wurde mir klar, dass ich letztes Jahr wirklich dort war. Ich war im alten Griechenland. Ich habe sehr wenig Zeit im modernen Griechenland verbracht, als ich dort war. Ich ging zwischen den Ruinen umher. Ich streckte meine Hand ins Wasser am Strand von Delos aus, nahm eine Keramikscherbe heraus und fühlte mit meinen Fingern die Fingerabdrücke des Töpfers, der dieses Keramikstück fünfhundert Jahre vor Christus hergestellt hatte. Ich war letztes Jahr wirklich im antiken Griechenland.

Ich stand auf dem höchsten Gipfel der Insel Delos, dem Gipfel, auf dem Zeus stand, während Leto in einer Höhle hockte, um Apollo zu gebären – um die *Vernunft* zu gebären! Was für ein Ereignis! Es wird gesagt, dass die ganze Insel bei der Geburt von Apollo in eine Blüte goldener Blumen ausbrach.

Als ich von diesem Berggipfel herunterkam, schnitt ich mir den Fuß und verletzte mich am Knie, und ich wunderte mich, als ich die lange, lange Treppe in der heißen Sonne von Delos hinunterging: „Warum mache ich das? Warum verletze ich mich, wenn ich diesen heiligen Weg entlanggehe?" Und ich begann, über das Konzept Gottes zu meditieren, wie es sich entwickelte und was es in der Menschheit ist.

Was sind die Götter? Was geschah in Griechenland, dass dieser Mythos von der Geburt Apollos auf dieser Insel entstanden ist und sich dort dramatisiert hat? Was geschah mit der Menschheit in der Gestalt der griechischen Zivilisation und ihrer Entwicklung, ihrem Überlebensprozess als Spezies?

Was sich hier entwickelt zu haben scheint, war die Transformation der westlichen Kultur vom Matriarchat zum Patriarchat, eine Verschiebung zu einem neuen Ordnungsprinzip, das unser inneres psychisches Leben ebenso beeinflusst wie unser äußeres politisches Leben. Ich gehe davon aus, dass dies zu jener Zeit in Bezug auf das Überleben und die Entwicklung der Spezies evolutionär Sinn gemacht hat. Was hier geschah, war ein natürlicher Auswahlprozess, und die Mythen dokumentieren diesen Prozess. Ich begann, mich wieder zu fragen: „Was sind die Götter?"

Ich konnte die Glätte der Steine sehen und stellte mir die vielen Füße vor, die hier vor mir gegangen waren. Die Steine sind inzwischen durch das Gewicht der Jahrhunderte bis zu einem tückischen Winkel abgenutzt. Ich dachte an die Menschen im antiken Griechenland, die diese Pilgerreise machten, im Tempel der Aphrodite und dann im Tempel des Zeus saßen und dann zu den Tempeln von Apollo und Athene gingen. Und mir wurde klar, dass sie auf ihrem Weg von Ort zu Ort, von Tempel zu Tempel, lernten, wie sie ihre Fähigkeiten unterscheiden konnten. Ihre Denkkraft wurde dadurch differenziert, dass sie über den Gott Apollo meditierten; ihre orgiastischen Kräfte, indem sie über den Gott Dionysos meditierten und mit ihm eins wurden. Ich erkannte, dass die Götter Potenziale sind, menschliche Potenziale, die nach außen projiziert werden.

Zuerst erschienen die Götter in den Bildern kosmologischer Ereignisse wie der Erschaffung des Universums. Dies waren die Machtgötter, die Donner- und Blitzgötter und sie mögen die Erinnerung an die erstaunliche Umwandlung von Nichtleben in Leben bewahren. Dann nehmen sie Tierformen an, Schlangen und Stiere, Lämmer und Greifen. In der ägyptischen Mythologie wandeln sie sich vom Tier in die menschliche Form, und so erscheinen die Götter mit menschlichen Körpern und Tierköpfen, was die Entwicklung der tierischen Potenziale in die menschliche Form anzeigt. In vielerlei Hinsicht hat die Entwicklung unserer Götter die Entwicklung der Spezies und des einzelnen menschlichen Fötus im Mutterleib widergespiegelt.

Im antiken Griechenland werden die Hauptgötter in ihrer Form besonders menschlich und erleben alle Probleme und Themen des menschlichen Lebens. Aber sie erleben diese Probleme und Themen auf einer unendlichen Ebene. Diese Götter sind die Erfahrungspotenziale, die durch die gesamte menschliche Spezies widerhallen. Und so sind sie unsterblich. In Griechenland sind sie auch mehrfach, sie sind unterschiedlich.

In der hebräischen Mythologie bringt das Konzept von Jehova oder Jahwe diese Bilder des Potenzials, der Macht und Autorität, der Liebe und

Kreativität in *ein* Bild. Das Potenzial wird noch immer nach außen projiziert, aber es hat sich zum Bild eines einzigen Gottes verschmolzen.

Und dann kommt aus Jahwe Christus, der eine Gott, der in menschlicher Form verkörpert ist, Gott wird Körper. Worauf dies hinweist, ist, dass unsere Aufgabe nicht länger darin besteht, die verschiedenen Aspekte unseres Seins zu trennen und zu projizieren, wie wir das taten, als wir vom Tempel Athenes zum Tempel Hekates und zum Tempel Heras gingen. Unsere Aufgabe ist vielmehr, in unser eigenes Wesen, unseren eigenen Körper einzutreten. Unser Heiliger Weg führt jetzt in den Tempel der menschlichen Erfahrung.

Mein verletztes Bein erinnerte mich an das Bild von Vulkan oder Hephaistos, dem Schmied der Götter, der nicht ausgehen und sich als Gottheit beweisen musste, sondern einfach zu Hause blieb und sein Handwerk ausübte. Und ich dachte, auch ich muss nicht mehr nach Zeus und Apollo suchen. Vielmehr ist es jetzt mein Bedürfnis, in die Erfahrung des Tempels in mir, des verkörperten Gottes, Christi, Buddhas oder des Körpers, einzutauchen.

Als ich im Tempel des Apollo saß, stellte ich mir vor, wie es gewesen sein musste, als der Boden aus glänzendem Marmor die Sonnenstrahlen ordentlich reflektierte, horizontale Formen, unterbrochen durch die vertikalen Linien von Säulen, immer zwei nebeneinander, alle ausgeglichen und symmetrisch. Und da stand vielleicht in der Ecke oder im Sonnenlicht das Bild eines perfekt proportionierten Körpers, ein schönes Wesen, vollkommen in Harmonie mit sich selbst und mit der Natur, das auf seiner Harfe spielt. Und darunter spielten vielleicht auch Musiker Harfen, die auf schöne und geordnete Weise Klang, Sinn und Gefühl dieses Platzes in eine Form brachten. Vielleicht gab es auch Tänzer, Priester und Priesterinnen, die sich als Paare bewegten. Alles war vernünftig, alles war ordentlich.

Ich komme als Anbeter, sitze in diesem Tempel und erlebe eine Umgebung der Ordnung. Was ich im Wesentlichen mache, ist, dass ich meinen Ordnungssinn nach außen auf diese Umgebung projiziere. Ich erlebe und schätze ihn; ich verehre ihn und nenne ihn beim Namen Apollo.

Ein Tempel ist ein Spiegel, auf den wir einen Aspekt unserer Natur projizieren, einen Aspekt, den wir unsterblich nennen, weil er ein Potenzial ist, das sich in unserer Spezies entwickelt hat und zu ihr gehört, sodass alle Menschen jetzt das Potenzial für diese Erfahrung haben, die die Griechen Apollo nannten.

Das Potenzial, der Gott, ist unsterblich, aber ich bin sterblich. Ich bin ein Mensch; ich erlebe Sterblichkeit um mich herum; ich erlebe den Tod. Wie erlebe ich die Stimme der Vernunft, wenn ich zum Beispiel mit dem Tod eines geliebten Menschen konfrontiert werde? Wie interagieren die Unsterblichen mit sterblichen Wesen, Personen wie dir und mir, die im Leben durch Stresssituationen gehen? Ich glaube, diese Interaktion ist das, worum es im griechischen Drama geht. Im Theater hatten die alten Griechen Gelegenheit, die Beziehungen zwischen den Unsterblichen – den Potenzialen menschlicher Erfahrung – und den Sterblichen – den Grenzen der Individualität – zu sehen. Die Ordnungskraft der Archetypen – die Ahnenerinnerung der Spezies – wurde von den Zuschauern des Stücks erfahren.

In jenen Tagen war die Verbindung mit dem Hauptdarsteller und einfühlsamer Kontakt mit dem Drama viel kraftvoller als im Theater von heute. Es gab keinen Lichtkegel, der das Publikum von den Schauspielern trennte; die Identifizierung war viel vollständiger. Im Amphitheater von Delphi zum Beispiel konnte man den Schauspieler auf der Bühne sehen, umgeben von Menschen und dahinter die Aussicht auf die Erde und die Himmel. Die Umsetzung des Dramas war ein Fokussieren, ein Lernen, eine Katharsis, eine Erfahrung von Sterblichen und Unsterblichen in lebendiger Beziehung zur Natur und zum Kosmos.

Und so bewegte sich der Prozess vom Tempel, von der Betrachtung des projizierten Archetyps, zum Theater – häufig in der Nähe des Tempels –, wo der Archetyp in einer dynamischen Beziehung zu jemandem wie dir erlebt wurde. Die letzte Phase war der Initiationsritus selbst, in dem der Gott „einverleibt" wurde, sich die Seele den projizierten Archetyp wieder zu eigen machte. Durch die Teilnahme am Ritual erlebte der Eingeweihte eine psychische Wiederverbindung mit der archetypischen Struktur und mit ihrer Ordnungskraft. Das ist die heilende Kraft des Rituals.

Ich kehrte aus Griechenland mit der erneuten Überzeugung zurück, dass das Schaffen von Ritualen und das Arbeiten mit mythologischen Bildern ein wesentlicher Bestandteil des Heilungsprozesses ist. Ein Ritual ist ein Versuch, eine archetypische Struktur im Hier und Jetzt zu verkörpern, um diese Energieform in Beziehung zur persönlichen Biografie zu bringen. Sich auf lebenswichtige, energetische Weise mit diesen mythologischen Strukturen in Kontakt zu bringen, bedeutet meines Erachtens, das größte Potenzial des Körpers und der Psyche freizusetzen.

Ich habe gesehen, wie Menschen in meinen Workshops heraus-tanzten, was wir „Dämonen" nennen, und Energien erlebten, die sie nie für möglich gehalten hatten. Ihre Körper dehnen sich so weit aus, dass die Tänzer ihren Blickwinkel davon, wer sie sind, auflösen und sich der Freisetzung von Energie ergeben, die vom Konzept des Dämons umfasst wird.

In ähnlicher Weise muss bei bestimmten schamanischen Ritualen die Person, die geheilt oder initiiert werden soll, die Seele verschiedener Tiere annehmen. Sie muss das Tier in dem Maße werden, indem sie tatsächlich hinausgeht und tötet, wie dieses Tier tötet und frisst, wie dieses Tier frisst. Auf diese Weise ermöglicht sie die Realisierung des Potenzials in ihrem Körper für diese Art von Tiererfahrung. Wenn sie nach der Trance zur menschlichen Form oder zu sich selbst zurückkehrt, schließt sie in ihrem Körper das gesamte Potenzial dieser bestimmten Tiergottheit ein.

Wenn ich Ritual sage, meine ich nicht Zeremonie. Ich meine nicht gewohnheitsmäßige Formen oder leere Gesten, die wie Abstraktionen, leere Bewegungen von Händen, Armen und Schultern ausgeführt werden. Zum Beispiel haben Menschen damit experimentiert, ab und zu ein Getreidekorn in einen Taubenkäfig zu werfen. Das Korn, das die Taube von oben traf, erschreckte sie und brachte sie zum Springen. Nach einer Weile begann die Taube, ähnlich wie die pawlowschen Hunde, diesen kleinen Tanz des Herumspringens zu tanzen, wann immer sie hungrig war, in der Erwartung, dass das Getreidekorn anfangen würde zu fallen, wenn sie so herumsprang. Das ist für mich eine leere Zeremonie, und das meine ich nicht mit Ritual.

Ritual bedeutet für mich, sich auf die tiefsten Ebenen der menschlichen Erfahrung einzustimmen. *Hier* berührt der Kosmos; jetzt beginnt Ewigkeit. Bewegung und Haltung sind wesentliche Aspekte des Rituals. Viele meditative Praktiken basieren auf dem Bewusstsein, dass eine Körperpose das Gefühl oder die Haltung freisetzt, die durch die Pose ausgedrückt werden. In einem echten Ritual finden wir den Weg zurück zur Ordnungskraft der Archetypen, indem wir sie so erleben, sie so in den Körper integrieren, dass sie im Hier und Jetzt in direkter und unmittelbarer Beziehung zu unserem eigenen Leben vollständig verwirklicht werden. Die Archetypen werden *relevant*. Indem wir diesen Kontakt in unserem Körper herstellen, setzen wir die Heilkraft der Ordnung in unser Leben frei, die in den mythologischen Strukturen zu finden ist.

Auf Grundlage meiner Erfahrungen mit der „Heldenreise", einer rituellen Struktur, mit der ich seit mehreren Jahren arbeite, begann ich 1980 professionelle Trainingsgruppen anzubieten. In ihnen erkunden die Teilnehmenden einen Mythos ihrer Wahl, eine Geschichte, die für ihr eigenes Leben am aussagekräftigsten ist. Was wir in diesen Gruppen suchen, ist eine möglichst tiefe Verflechtung von persönlicher Biografie und mythologischer Struktur. Mit anderen Worten, wir schaffen Heilrituale.

Ein Mann kann sich zum Beispiel vom Mythos des Ikarus angezogen fühlen, der eine Art *puer aeternus* ist. Er wird erforschen, wie es sich anfühlt, seine Arme auszustrecken und sich vorzustellen, dass er Flügel hat und fliegt. Er wird feststellen, dass sich seine Lungen mit Luft füllen und er eine Art Aufschwung spürt. Sein Kopf richtet sich auf, seine Augen schauen nach oben. Das ist die Bewegung des *puer aeternus* – immer nach oben zur immer höheren Ebene. Aber als er sich der Sonne nähert, dem Ziel seines Strebens, schmilzt das Wachs von seinen Flügeln und er fällt auf die Erde. Der *puer aeternus* greift ständig nach dem Stern, der nie erreicht wird. Wenn er so den Atem anhält, lässt er nicht zu, dass das volle Potenzial seines Körpers ausgeschöpft wird. Er hält immer seine Brust hoch und schaut immer auf. Und wenn er nicht ausatmen kann, kann er nicht in sein eigenes Ausatmen hinabstürzen. Es muss etwas passieren, um ihn zu Fall zu bringen, damit er etwas von dieser Luft herauslassen kann. Der *puer aeternus* kommt immer auf erschütternde, verletzende Weise zu Boden. Der Körper muss sich selbst verletzen, bevor er ins Ausatmen hinabstürzen kann.

Es ist klar, solch ein Mann muss lernen, wie er seinen Atem freisetzen und seinen Körper, insbesondere seinen Oberkörper, entspannen kann, damit seine Energie auf die Erde fallen und in seinen Unterkörper, seinen Bauch und sein Becken, seine Beine und Füße fließen kann.

All dies wird in ritueller Bewegung untersucht, sodass die Geschichte nicht nur vom Geist, sondern auch vom Körper selbst gelernt wird. Der Körper lernt, sich anders zu halten, neu und tiefer zu atmen. Der Körper nimmt eine neue Haltung ein.

Eine Frau, die in Liebesbeziehungen erhebliche Depression und Frustrationen erlebt hat, hat sich in einer meiner Gruppen entschieden, den Mythos von Eros und Psyche zu erforschen. In der Geschichte ist Psyche so schön, dass sie zur Rivalin der Aphrodite geworden ist. Aphrodite, die Göttin der Liebe und Mutter von Eros, ist ihre bitterer Feindin geworden. Psyches lange Suche nach Eros, ihrem göttlichen Ehemann, ist archetypisch das Bild der Suche der menschlichen Seele nach Wiedervereinigung mit ihrer eigenen Göttlichkeit, das heißt dem Erwachen ihres vollsten Potenzials. Aphrodite, die göttliche Verkörperung natürlicher, instinktiver Liebe, ist empört über Psyches Kühnheit. Sie legt sie in die Hände ihrer Diener *Ärger* und *Sorge* und weist ihr vier scheinbar unmögliche Aufgaben zu. Zu Beginn jeder dieser Aufgaben will Psyche, die menschliche Seele, Selbstmord begehen.

Eine Frau, die von dieser archetypischen Energie angetrieben wird, neigt dazu, ihre Energie in ihrem Kopf zu halten, fern von ihrem Körper. Häufig wird ihr Körper aus dem Becken gehoben und ihre Schultern angehoben, was darauf hindeutet, dass sie nach oben strebt, aber vielleicht auch die Depression kompensiert, die sie ständig nach unten zieht. Bei der Erforschung des Mythos entdeckte die Frau in meiner Gruppe jedoch, dass Psyches Wunsch, Selbstmord zu begehen – ihre Depression – tatsächlich ihr Wunsch ist, sich ihrer tiefsten Natur, der Weisheit ihres Körpers, hinzugeben. Diese Hingabe ist oft eine Todeserfahrung für das Ego. Immer wieder muss eine Person lernen, wenn sie eine harte Prüfung durchmacht, sich ihren Instinkten zu ergeben und darauf zu vertrauen, dass sie weiß, was zu tun ist, dass ihr der Weg klar wird. Als sie dies zu erkennen beginnt, entwickelt sie ein tiefes Vertrauen in ihren eigenen Prozess. Durch die Erforschung der Haltung aller Charaktere im Mythos – Eros, Aphrodite und Persephone, Ameisen und Schilf, Widder und Adler – erwachte diese Frau, die sich nur als sehnsüchtige Psyche erlebt hatte, zum vollen Spektrum der Möglichkeiten ihres Seins – ihrer Göttlichkeit.

Als sie die erste Begegnung zwischen Psyche und Aphrodite dramatisierte, wurde ihr klar, dass Aphrodite nicht ihre Peinigerin, sondern ihre Lehrerin war. Aus diesem Bewusstsein heraus ging sie eine neue Beziehung mit ihrer weiblichen Natur, mit der Göttin, mit der Natur selbst ein. Kurz nach dem Workshop träumte sie, eine Tochter zur Welt zu bringen. In der Geschichte heißt die Tochter von Psyche und Eros *Vergnügen*.

Ich habe festgestellt, dass eine Person durch das Ausspielen einer mythologischen Struktur oft eine Energie integrieren kann, die in ihrem biografischen Material möglicherweise fehlt. Zum Beispiel entschied sich ein junger Mann, der Schwierigkeiten hatte, seinen Willen auszudrücken, den Mythos von Ganymed und Zeus zu erforschen. Als er den Archetyp des Zeus dramatisierte, der Hebe vom Olymp vertrieb, stellte er nach langem Hin und Her fest, dass er sie endlich aufheben und aus dem Raum werfen musste. Fest und entschlossen zu handeln war etwas, was er nie hatte tun können. Indem er den Archetyp ausspielte und ihn mit seinem persönlichen biografischen Bild verband, konnte er einen bestimmten Aspekt seiner Fähigkeit heilen, mit Interaktion umzugehen.

Es sollte immer deutlicher werden, welchen therapeutischen Gewinn die Gestaltung von Ritualen mit sich bringt. Wir haben bereits in der Arbeit mit dem Gestaltprozess gesehen, wie effektiv es ist, den projizierten Anderen zu dramatisieren – ob Mutter, Vater, Liebhaber, Platzhirsch (*top dog*) oder Außenseiter *(under dog)* oder was auch immer. Indem wir diese Rollen spielen und mit ihnen interagieren, können wir die Kraft des Monsters erfahren, das wir für so schrecklich halten, oder des Liebhabers, den wir für so schön halten. Indem ich diese projizierten Aspekte von mir selbst wiederhole, erlebe ich ein erhöhtes Potenzial in meinem täglichen Leben. Ich fülle die Lücken in meiner Persönlichkeit, wie Fritz Perls es ausdrückte, indem ich die Energien zurückgewinne, die ich nach außen projiziert und jemand anderem zugeschrieben habe.

Ebenso sind wir ständig ihrer Gnade ausgeliefert, wenn die kosmischen oder archetypischen Energien nach außen projiziert bleiben, wenn die Helden und die Götter nach außen projiziert bleiben. Anstatt den Archetyp zu leben, anstatt dem Archetyp zu erlauben, unser Leben und unsere Psyche zu ordnen, lebt der Archetyp uns. Wir sind sein Opfer. Indem wir uns des Archetyps bewusst werden und ihn in unser Wesen, in unseren Körper integrieren, indem wir den Archetyp verkörpern, können wir lernen, wie wir uns in ihn hineinbewegen und wie wir uns aus ihm herausbewegen. Wenn ich zum Beispiel erkenne, dass meine Teilnahme am Ikarus-Archetyp bedeutet, dass ich immer den Atem anhalte, wenn ich nach oben zu einem unergründlichen Ziel greife, kann ich auch lernen, herunterzukommen und auszuatmen und mich wieder sinken zu lassen zur Erde, ohne die ganze Zeit abstürzen zu müssen, weil meine Flügel in der Hitze der Sonne schmelzen. Indem eine Person das Muster des Archetyps, des Mythos durch rituelle Bewegung in den Körper einpflanzt, kann sie beginnen, ein Gefühl dafür zu bekommen, wie sich diese elementaren Formen archetypischer Energien in ihrem eigenen Wesen, in ihrem eigenen Körper organisieren.

Eine wunderbare Möglichkeit, eine mythologische Struktur zu studieren, besteht darin, einige Gemälde oder Skulpturen der Götter und Göttinnen zu finden und einfach diese Körperhaltungen einzunehmen. Beginne mit einer einfachen, entspannten Haltung, die „Null-Position" heißt, und bewege dich langsam in die Haltung des Gottes oder der Göttin, die du erforschst. Erlebe, was mit dem Atem, mit dem Becken und den Schultern, mit deinem Standpunkt geschieht – der Art, wie deine Augen die Welt betrachten –, wenn du die Haltung von Zeus oder Poseidon einnimmst, die auf das Meer weisen, oder die Haltung der Freiheitsstatue, die die Fackel über ihren Kopf erhebt, oder Apollos, der sich auf eine Oberfläche stützt und an seiner Harfe zupft, oder Aphrodites, die sich vor ihrem Spiegel zurecht macht. Was passiert mit deinem Atem? Was passiert mit dem Gefühl in deinem Körper, wenn diese Strukturen und Formen erforscht werden?

Das meine ich damit, ein Gefühl für den Tempel zu schaffen, denn der Körper ist jetzt der Tempel und der Spiegel der Archetypen. Wir müssen nicht mehr zu einer Struktur da draußen gehen. Der Körper selbst ist der Tempel. Indem wir die verschiedenen Haltungen einnehmen, nehmen wir physisch eine Nachahmung des projizierten Archetyps in unserem eigenen Körper an. Wir sagen: „Superman ist mein Held"; wir nehmen die Haltung Supermans ein und befinden uns in seinem Tempel. Wir erleben, wie der Körper um dieses Bild herum angeordnet ist, greifen nach oben und fliegen durch die Luft. Oder wir möchten die Form des Golems erforschen, auf dem Boden schlurfen, den Sumpf riechen und aus dem Mund sabbern. Wir erleben dieses Potenzial; wir meditieren, indem wir die Haltung einnehmen.

In meiner Arbeit habe ich eine rituelle Form namens „Fool's Dance" entwickelt, die auf der alten chinesischen Kunst des Tai-Chi basiert. Wenn die Teilnehmer beispielsweise mit der mythologischen Struktur der Reise des Helden arbeiten, finden sie Körperhaltungen, die ihren Helden, Dämon, Geistführer, ihre Belohnung usw. zum Ausdruck bringen. Indem sie einen meditativen Tanz kreieren, der sich langsam von einer Haltung in die andere bewegt, entdecken sie die energetischen Beziehungen zwischen diesen verschiedenen Formen; sie schaffen in ihrem Körper und in ihrer Psyche ein Muster der Beziehung und Auflösung. Am wichtigsten ist vielleicht, dass sie herausfinden, wie sie ihr Zentrum durch alle Haltungen bewegen, jede erleben können, ohne sich mit einer zu identifizieren. Dies ist die Rolle des Narren im Tarot-Deck, daher der Name dieses Tanzes.

Kinder wissen alles darüber. Sie spielen Mr. Spock oder Superman oder irgendeine der jüngsten Übersetzungen der Archetypen und nutzen ihre Körper, um diese Energien zu erforschen und herauszufinden, wie ihre Körper funktionieren, wenn sie heldenhafte oder wütende Menschen spielen oder was auch immer. Sie lernen die Lektionen aus den archetypischen Strukturen, die im physischen Körper existieren. Sie erproben tatsächlich, wie man ein voller erwachsener Mensch ist. Zuerst entdecken sie die Energiemuster des Organismus und dann, wie sich diese Muster in ihrer eigenen biografischen Struktur individualisieren.

Es ist absolut wesentlich, dass diese Verbindung zwischen der archetypischen Form und dem Hier und Jetzt der persönlichen Biografie hergestellt wird, sonst wird die Person auf der Ebene der Archetypen verharren und sich von ihrem Leben trennen. In einem solchen Zustand der Trennung zu bleiben, ist eine Form des Wahnsinns. Die Ordnungskraft des Archetyps kann nur wirksam werden, wenn er in direkten und unmittelbaren Kontakt mit der hier und jetzt konkreten Realität gebracht wird.

Wir entdecken diese Verbindung, indem wir von der Tempelmeditation über den Archetyp ins Theater wechseln. Vielleicht regt einer der Götter oder Göttinnen deine Fantasie an. Sagen wir, die Göttin Persephone. Du machst Musik und tanzt den Tanz von Persephone, wobei du dich der Erfahrung dieser Kraft und dieser Form hingibst. Während sich diese Energie durch deinen Körper bewegt, tanzt du mit den Göttern.

Wenn der Tanz oder die Bewegung mehr und mehr integriert wird, kann er in Klang und Wort übergehen. Wenn er in Worte gefasst wird, findet das archetypische Drama eine unmittelbare und direkte Anwendung auf die Struktur deines Lebens im Hier und Jetzt. Du könntest einen Tanz oder ein Gespräch zwischen Persephone und Hades oder Demeter dramatisieren und dabei die zwei oder drei Formen deines Körpers erleben, die miteinander kommunizieren und Kontakt aufnehmen. Jetzt verlässt du den Tempel und ziehst ins Theater. In welcher Beziehung steht diese Interaktion zu deiner Interaktion mit deinem Geliebten, deinen Eltern, Freunden oder den Menschen bei der Arbeit? Indem du das Drama spielst und siehst, wie diese Teile in der mythologischen Struktur zusammenwirken, entdeckst du, wie sich dies auf dasselbe Drama bezieht, das du in deinem biografischen Material spielst.

Wenn du die Beziehung der Archetypen zueinander dramatisierst und dann die Anwendung auf die Hier-und-Jetzt-Struktur deines Archetyps vornimmst, greift der Mythos nach unten und seine magische Kraft wirkt auf die reale Lebenssituation. Anders und einfacher ausgedrückt, der Körper erfährt durch die Erforschung der archetypischen Formen ein erhöhtes Potenzial. Jemand, der immer das Opfer der Götter gespielt hat, kann zum Beispiel die andere Seite dieser Macht erleben, indem er die Götter spielt, deren Opfer er ist. Wenn mir Leute sagen: „Ich habe Angst", sage ich ihnen: „So sehr du dir Angst machst, so viel Macht gibt es auf der anderen Seite dieser Polarität. Wenn du derjenige wirst, der dir Angst macht, wirst du erkennen, wie viel Macht du hast. Die Menge an Angst, die du hast, ist die Macht, die du nicht besitzt."

Durch das Dramatisieren dieser Kraft hat der Körper die Möglichkeit, die gesteigerte Kapazität zu erfahren, und die Psyche hat die Möglichkeit, sich darauf einzustellen.

In meinen Workshops kommt es häufig vor, dass als Teil der Einweihung – dem Prozess der Wiederaneignung der projizierten Kraft – eine Prüfung auftaucht, ein Akt, der die Person dazu auffordert, eine direkte Erfahrung mit dieser archetypischen Energie zu machen. Sich durch die Prüfungen hindurch zu arbeiten ruft die Person auf, zu sehen, welche Erfahrung im Hier und Jetzt dem Besitz der archetypischen Energie in der mythologischen Struktur entspricht. Ganymed, der den Wein der Götter einschenkt, wird zu Stanford, wie er von Person zu Person geht und in der Interaktion von Mensch zu Mensch genau ausdrückt, was er fühlt, und so ehrlich ist, wie er nur sein kann. Welche Kommunikation, welche Art, das Elixier der Götter zu teilen, kann perfekter sein, als seine Menschlichkeit gegenüber Menschen zu verströmen! Persephones Entführung in die Unterwelt manifestiert sich, als Ruth in einem Spiel gefangen ist, dessen Regeln sie nicht kennt, und in dieser Situation entdeckt, wie sie die Regeln ihres eigenen Spiels erschafft. Ben erforscht die Macht von Don Juan und verwandelt feindselige, negative, wertende Energie in anmutige Tanzbewegung. In der Prüfung konfrontiert die Person die archetypische Energie auf der Ebene gegenwärtiger Erfahrung und das bringt die Ordnungskraft des Archetyps in die Hier-und-Jetzt-Struktur der persönlichen Biografie. Ich nenne das Initiation oder Einweihung – das ist die direkte Erfahrung der archetypischen Form im Hier und Jetzt.

Eine leere Zeremonie ist die Taube, die unter dem fallenden Korn tanzt; ein wahres, vollständiges Ritual hat eine direkte und unmittelbare Anwendung und Relevanz für unser Leben. Diese Anwendung ist Teil des Prozesses des Besitzens und Erlebens der Archetypen. Es ist auch Teil des Prozesses der Unterscheidung von den Archetypen. Entidentifikation ist keine Vermeidung; vielmehr ist sie das Erreichen einer persönlichen, bewussten Beziehung zur archetypischen Energie. Ich kann ein *puer aeternus* sein, aber ich bin kein *puer aeternus*. Ich kann Apollo sein, und ich bin nicht Apollo. Ich kann ein Held sein und ich kann ein Dämon sein, und ich bin weder ein Held noch ein Dämon. Ich kann Paul Rebillot sein, und ich bin nicht Paul Rebillot. Ich bin diese einfache „Null-Haltung“, eine Präsenz und ein Potenzial. Ich bin nichts. Das Lernen, in die „Null-Haltung“ hinein und aus ihr heraus zu tanzen, ermöglicht es der Eingeweihten, wenn du so willst, einen Ort zu finden, an dem sie weder mit ihrer Persönlichkeit noch mit einem der Archetypen identifiziert ist. Sie erwacht zu ihrer eigenen inneren Essenz, die sich durch alle Formen bewegt, aber keine von ihnen ist.

Reine Identifikation mit dem Archetyp kann Psychose sein. Entidentifikation vom Archetyp kann geistige Gesundheit sein.

Mit dem Prozess der Entidentifikation werde ich mir der Form bewusst, in die mein Körper geht, und der Gedanken und Gefühle, die ich habe, und wie ich mich anderen Menschen gegenüber verhalte, wenn ich in dieser besonderen Energie bin. Ich kann zum Beispiel das Muster des Dämons erkennen, wenn ich mich jemandem nähere, dem ich noch nicht begegnet bin. Meine Schultern heben sich, mein Atem wird kürzer, ich fange an zu zweifeln und mich selbst infrage zu stellen. Ich habe jetzt eine Verbindung zwischen dieser archetypischen Form in meinem Körper und dieser realen Lebenssituation. Doch ich weiß auch, dass ich ein Held sein kann. Wenn ich die Körperhaltung des Helden einnehme und die Situation aus dieser Perspektive betrachte, könnte ich eine ganz neue Lösung finden. Mit dieser Achtsamkeit kann ich Schritte unternehmen, um diesen Unterschied in meinem Leben zu manifestieren.

Eines der wichtigsten Elemente jedes Rituals ist, es auf die Rückkehr in die häusliche Situation zu gründen. Bestand meine Prüfung darin, Leute mit meiner Ehrlichkeit zu konfrontieren und so real zu sein, wie ich nur kann, so könnte ich daheim beschließen, meine Frau zu konfrontieren und ihr genau zu sagen, was mit mir los ist, und sie bitten, sich mir in der gleichen Weise zu öffnen. Oder vielleicht ist das zu groß. Vielleicht nehme ich sie einfach etwas länger als gewöhnlich in die Arme, um mehr in körperlichen Kontakt zu gehen. Oder vielleicht fange ich an, den Chef bei der Arbeit zu begrüßen, indem ich ihn einfach ein wenig an der Schulter berühre, um mehr physischen Kontakt in meine reale Welt bringen zu können – falls die Fähigkeit zum physischen Kontakt das ist, was ich in meiner archetypischen Realität gefunden habe.

Indem man einen Weg findet, die Magie oder die Heilung der archetypischen Form zu fokussieren und auf einfache, konkrete Weise daheim zu manifestieren, wird die Heilkraft des Archetyps in die Lebenssituation übertragen. Das Drama wird relevant.

Und genau das ist, glaube ich, unsere gegenwärtige Aufgabe – die Götter relevant zu machen, die archetypischen Formen in den Strukturen unseres Lebens zu realisieren. Wir werden nicht länger von Priestern und Priesterinnen in heiligen Tempeln initiiert. Wir werden eher durch die Ereignisse unseres Lebens initiiert. Wir müssen nur das Muster erkennen. Das Leben ist die Hohepriesterin der Initiation, und die Welt ist ihr Tempel.

Die Mythen sind nicht vollendet und werden es auch nicht sein, solange das menschliche Leben weitergeht. Viele der alten Mythen enden an weltabgewandten Orten. Ganymed wird zu einer Konstellation am Himmel. Psyche wird auf den Olymp gebracht und bringt dort Freude zur Welt. Parsifal bringt den Gral in eine abgeschiedene Einsiedelei. Unsere Aufgabe ist es, diese Geschichten in unser Zeitalter und unsere Kultur hinein in die Relevanz zu leben.

Offensichtlich erleben wir das Ende des patriarchalen Zeitalters, das die westliche Kultur seit dem Aufkommen der griechischen Zivilisation beherrscht. Das Wiedererwachen des weiblichen Prinzips, das wir erleben, bedeutet jedoch nicht, dass wir zu einer matriarchalen Kultur zurückkehren. Das wäre eine Rückwärtsbewegung. Ich glaube vielmehr, dass wir uns in ein neues Zeitalter bewegen, das Zeitalter des Kindes, das Zeitalter des Androgynen.

Wir blicken jetzt auf eine Welt, die zwischen zwei Riesenmächten aufgeteilt ist, die jeweils die stärkste Kraft besitzen, mit der die Menschheit seit der Entdeckung des Feuers durch Prometheus zu tun hatte. Ich beziehe mich natürlich auf die Kernenergie. Russland und die Vereinigten Staaten stehen jetzt wie zwei Heranwachsende – zwei junge Männer – in einem Machtkampf.

Das Überleben unserer Spezies hängt von der Transformation dieser mythologischen Struktur ab, vom Erwachen einer anderen Stimme, einer anderen Kraft.

Wir kennen das Matriarchat, die Dominanz der tiefen, instinktiven Energie des weiblichen Prinzips. Wir kennen das Patriarchat, die Dominanz des solaren männlichen Prinzips des rationalen Bewusstseins. Wir haben als Spezies die Werte und Grenzen beider entdeckt.

Im Zeitalter des Kindes liegt die Verantwortung weder bei der Großen Mutter noch beim Großen Vater, sondern bei demjenigen, der von beiden gezeugt wurde, dem vollen, androgynen Menschen. In jedem früheren Zeitalter der Geschichte, in dem sich Menschen über den Mainstream der Menschheit[8] hinausgewagt haben, haben sie immer auf Gott vertraut. Beim Erklettern des Mount Everest, beim Erkunden unbekannter Regionen der Erde haben Menschen auf eine göttliche Kraft da draußen vertraut, männlich oder weiblich. Aber als sich die Menschheit 1968 erstmals in Apollos Wagen wagte, um seine Schwester Diana, den Mond, zu berühren, drückte der Abenteurer einen Knopf und sagte von der anderen Seite des Mondes, nicht „Ich glaube an Gott, ich vertraue auf Gott", sondern „Ich glaube an den Menschen". Das ist ein kraftvoller neuer Schritt – damit die Menschheit beginnt, Gott in sich zu integrieren, ihre eigene Göttlichkeit anzuerkennen.

Das androgyne Kind betrachtet die Welt als ungeteiltes Ganzes und kennt sie als eigenes Zuhause, als eigene Verantwortung. Wir können in der Haltung dieses Kindes nicht darauf warten, dass Vater oder Mutter oder Autoritäten jeglicher Form sprechen oder handeln, wenn unser Zuhause bedroht ist. Es gibt niemanden da draußen, den oder die wir für unser persönliches oder politisches Leben beschuldigen oder verantwortlich machen können.

---

[8] Mainstream der Menschheit bzw. „Konsensrealität" (Mindell) Anm. d. Ü.

Wir müssen selbst sprechen und handeln und unsere Beziehung zu allem, was geschieht, zum Ausdruck bringen. Wir spüren sowohl das Hochgefühl als auch die Einsamkeit dieser Haltung, dieses Erwachsenwerden der Menschheit. Wir leben in einer Welt, die wir selbst geschaffen haben.

Was für eine Welt werden wir wohl erschaffen?

Der Pfad des Künstlers zum Heiler

Gespräche mit Paul Rebillot

Geführt, gestaltet und übersetzt von Helga Weule und Manfred Weule

Einstimmung von Helga Weule

Künstler werfen einen Stein ins Wasser.

Manifestieren ihre Seele im Äußeren,

Berühren andere Menschen.

Üben beständig und

Ohne Rücksicht,

Vielfalt und Schönheit der Welt

In konzentrischen Kreisen auszudrücken.

Künstler werfen einen Stein ins Wasser.

Helga Weule, Pucallpa (Peru), Dezember 2000

Zum ersten Mal traf ich Paul 1998 auf einer Heldenreise. Manfred hatte mich dazu eingeladen. Da war ich 50 Jahre alt. Es war nicht meine erste Heldenreise, aber die erste im Rahmen seines Seminars. Ich verliebte mich sofort in Pauls Kunst, Menschen spielerisch auf den Weg zu bringen, ganz zu werden. Ich hatte wieder einmal einen Künstler entdeckt, dessen Kunst heilsam auf Menschen wirkt – auf mich zumindest und – wie ich beobachten konnte, auch auf Manfred und die anderen Seminarteilnehmerinnen. Paul berührte mit seinem Kunstwerk Heldenreise mein Herz.

Im nächsten Jahr besuchte ich nochmals die Heldenreise – ich wusste, dass ich diese Kunst auch praktizieren will, ich war bereit zu lernen: Mein abenteuerlicher Weg führte mich auf dieser Heldenreise in den großen Strudel, der das Tor zur anderen Welt darstellt, und mein „Passwort" lautete: „Ich liebe. Ich lausche den Tönen und folge dem Ruf." Seither gruppiere ich meine Arbeit mehr um meine Lebensaufgabe: „altes Heilwissen, das im Herzen der Kunst wohnt, Gemeinschaften zur Verfügung zu stellen". So hatte ich im Jahr 2000 auch den großen Wunsch, Paul zu seinem „Pfad als Künstler" zu interviewen und ein Buch daraus zu machen. Ich hatte in diesem Jahr mit Unterstützung von Manfred, meinem Gefährten, vorher im peruanischen Urwald, in dem ich mich seit mehr als 10 Jahren am stärksten zu Hause fühle, etwas Wichtiges zu erledigen und Malidoma Somé, neuer Kooperationspartner von Manfred, hatte uns danach in sein Haus in Nordkalifornien eingeladen. Von dort wollten wir Paul in San Francisco besuchen und Paul antwortete per E-Mail auf meinen Wunsch, ein Buch über den Pfad des Künstlers zu machen, mit: „Eine gute Idee! Schade, dass sie nicht von mir ist – ich mache mit!"

Im Dezember 2000 starteten wir unsere Reise nach Peru und in die USA. Nach einem dramatischen Urwaldbesuch, bei dem Manfred und ich in einem Ritual meine halbe Seele zurückholten, die Jahre vorher bei einem mächtigen Baum geblieben war,[9] einem heilsamen Aufenthalt bei Eduardo Calderons Familie und seiner Witwe Maria[10] und einem inspirierenden Besuch bei Malidoma Somé, der für uns sein Orakel befragte und mich in die Orakelkunst einweihte, besuchten wir Paul Ende 2000 in seinem kleinen blauen Haus auf einem Hügel von San Francisco. Es war so unauffällig einladend, dass wir uns gleich wohlfühlten. Vom Fenster aus sahen wir am Abend die Lichter auf den Hügeln von San Francisco und am Tage die Sonne, die warm und hell schien – eine schöne erste Januarwoche 2001 in San Francisco.

Fünf Tage lang sind wir mit Paul in sein Leben eingetaucht und haben ein Kunstwerk entdeckt, bewundert, bestaunt, unterbrochen nur durch kochen, essen, schlafen, einkaufen und betrachten von Pauls „Kleinkunst-

---

[9] Mehr dazu in Weule, Helga (2013/2015). Zu Ritualen siehe Mittermair (2021) und Weule, Helga und Weule, Manfred (2003).

[10] Eduardo Calderon war ein berühmter peruanischer Curandero, der 1996 verstarb. Mehr über ihn in: Sharon, Douglas (1980): *Magier der vier Winde. Der Weg eines peruanischen Schamanen,* Freiburg i.Br.: Hermann Bauer Verlag.

werken“, die er am Computer produzierte. Mit seinen Worten haben wir fünf Tonbänder und unsere Herzen gefüllt und waren von der Fülle auf der Heimreise und einige Tage danach sehr müde.

Ein Kunstwerk zu bestaunen, zu entdecken ist eine Sache, eines selbst zu gestalten – und zwar mit Worten – eine andere. Paul Rebillot ist ein Meister der gesprochenen Worte und zwar solcher, die Herzen berühren können. Wir fühlten nach dieser Woche auch, was uns gemeinsam ist: das Üben im Bereich der Kunst und besonders in der Welt der Sprache – sie ist ein starkes, sehr starkes Medium, zu trennen und zu verbinden – ein Medium, Geist und Herzen der Menschen zu erreichen, freilich nur dann, wenn diese Sprache selbst vom Geist und vom Herzen kommt. Das Interviewmaterial (Transkript: Irene Ivan) für das Buch „Der Pfad des Künstlers“ blieb fast 20 Jahre wohlbehütet bei mir liegen. Wir hatten anderes zu tun.

Manfred und ich hatten inzwischen eine europäische Community für Heldenreisende und Heldenreise-Seminare nach Paul Rebillot im Verein „Adventure Life“ aufgebaut, bilden inzwischen neue „Hero’s Journey Guides“ aus,[11] entwickeln Forschungsprojekte wie HIT, schreiben Bücher über „Helden und Dämonen“[12] und geben damit weiter, was wir von Paul gelernt haben.

---

[11] Siehe www.adventurelife.eu

[12] Ergebnisse des HIT-Projekts in: Helga Weule und Manfred Weule (Hrsg.) 2019

Paul mit Helga, Manfred und Giddy Mellick-Felstead

Pauls „Kleinkunst" sind am Computer gestaltete Fotografien mit kleinen, offenen Alltagsgeschichten dazu. Paul hat auf seinem Lebensweg verschiedene „Großartigkeiten" hinter sich gelassen: die Bühne des Theaters, schwere Themen wie Leben, Tod, Liebe, Verrücktsein und Initiation und ist jetzt beim „Alltag" gelandet – die gelungene Transformation von großartigen Mythen und Magien, in denen er sich ja zu Hause fühlt, zum magischen Alltagsgeschehen. Auch in diesem Bereich haben wir von Paul gelernt.

Pauls Lebensgeschichte, die in den Interviews für uns sichtbar wurde, ist ein eindrucksvolles Beispiel für die Fülle, die Leben, Liebe und Tod für jene bereit halten, die keine Angst davor haben. Sie sind der Dschungel, durch den die Heldenreise des Künstlers sichtbar wird – für jene, die diesen Weg auch gehen. Um in den Dschungel zu gehen, muss man einen guten Grund und ein

Ziel haben. Ich weiß das aus eigener Erfahrung. So fängt jede neue Heldenreise an – auch diese hier.

Das Interview mit Paul trotz meiner mangelhaften Englischkenntnisse zu führen war eine Heldenreise, dem Interviewmaterial eine Gestalt zu geben war eine andere. Aber bekanntlich zeigen sich, wenn der Held die ersten Schritte seiner Reise macht, bereits Helfer am Weg: Hier waren es Manfred, der mich auf meiner großen Reise in den peruanischen Urwald, zu Malidoma Somé und zu Paul begleitete und mir beim Interview und bei den Übersetzungen geholfen hat, und Franz, mit dem wir gemeinsam die Idee umsetzten, das Material als Beitrag in diesem Buch zum 90. Geburtstag von Paul Rebillot herauszubringen. Helfer bei dieser Arbeit war last not least Paul selbst, als wichtiger Ahne unserer gemeinsamen Arbeit, den wir damit auch ehren wollen.

Die nachfolgenden Gespräche sind Auszüge aus den Interviews und sie sind um das zentrale Thema gegliedert: Der Pfad des Künstlers vom Darsteller zum Heiler.

Die Gespräche mit Paul Rebillot

Ausgangsbasis und Hindernisse

Helga: Paul, was ist das „Ganze", was du tust? Gibt es ein Symbol für deine Lebensaufgabe, deine Arbeit als Künstler?

Paul: Ja, mein Symbol ist mein Logo, das ich gezeichnet habe – ich habe es bei meiner ersten Reise nach Europa gezeichnet. Ich hatte damals nicht viel Gepäck, einen Seesack, wie ihn Seeleute haben, mit meinem Namen drauf, und ich dachte, wenn ich jetzt nach Europa komme und arbeite, brauche ich ein Logo für meine Arbeit. Zu dieser Zeit leitete ich bereits Seminare zu drei Themen: „Familienkreise", „Heldenreise" und „Tod und Auferstehung". Und das bedeutete drei Dinge – wie im Logo. Aber wenn man genau hinschaut, werden es auch sechs und mehr, es wiederholt und multipliziert sich selbst. Es ist so ein Prinzip der Gestalt. Du kannst die lichte Seite sehen und die dunklen Räume. Und du siehst Tiefe. Bei meinem Logo, das ich seit mehr als 20 Jahren habe, sind die Kreise nicht ganz im Zentrum ...

Helga: Der Kreis ist selbst ja ein starkes Symbol für etwas Lebendiges ...

Paul: Ja, man kann die Kreise auch herumdrehen, dann entstehen verschiedene optische Dinge. Ich möchte auch eine Website machen, eine sehr einfache, mit kleinen Knöpfen zum Anklicken, wie mein Symbol, und wenn du sie anklickst, dann drehen sie sich herum.

Helga: In Ausstellungen über sinnliche Wahrnehmung gibt es einige dieser optischen Spielereien mit Kreisen.

Paul: Ja interessant, man könnte auch Mobiles daraus machen … Das liebe ich, ein Symbol in verschiedenen Dimensionen zu verwenden, mit verschiedenen Materialien …

Helga: Ein starkes Symbol …

Paul: Ja, es kam zu mir eben auf jener ersten Reise nach Europa 1974, als ich ein Logo gebraucht habe. Ich saß da und wartete auf den Zug und dachte über ein Logo nach, da kam es genauso, ohne nachzudenken. Es symbolisiert präzise meine dramatische Trilogie, mit der ich damals nach Europa ging: dem Familiendrama, dem Heldendrama und dem spirituellen Drama – und es erinnert mich jetzt an noch etwas, wenn ich es länger betrachte. Es gibt so etwas wie Malereien von Leuten, die durch den Sterbeprozess durchgegangen, also in das Land des Todes gegangen sind. Da gibt es diesen großen Kreis, der aussieht wie ein Tunnel, hinab in das Land des Todes. Und wenn ich den Workshop „Tod und Auferstehung" gemacht habe und die Leute in den Sterbeprozess eintreten, erzählen sie nachher Eindrücke, die mich an dieses Symbol erinnern.

Es gibt viele Bedeutungen von diesem Logo – und ich finde das auch sehr interessant, dass mir, als ich das erste Mal nach Frankreich kam und in Paris ausstieg und mich umschaute, da eine große französische Bank auffiel – und die hatte genau dieses Logo, also nicht genauso wie meines, etwas anders. Aber es war dasselbe Gefühl wie bei meinem Logo. Und ich dachte: Vielleicht könnte ich ja etwas Geld verdienen mit dem Logo … *(Alle lachen.)*

Helga: Ich merke jetzt, dass mir keine nächste Frage einfällt und dass ich erst sehr langsam ins Gespräch einsteigen kann – auch wegen meiner mangelhaften Englischkenntnisse. Die erste Idee zum Pfad des Künstlers kam sehr schnell, überraschend und ganz klar – und jetzt, wo es hier bei dir im kleinen blauen Haus ans Realisieren geht, werde ich richtig atemlos und mir fällt nichts ein. Keine Frage, kein Englisch ...

Paul: Aber ich denke, das ist das Charakteristikum des kreativen Prozesses. Die Idee kommt, tritt auf die Bühne und sagt großartig: Oh ja, hier bin ich! Und dann sitzen wir da, wir, die wir diese Idee gehört und gesehen haben und merken, dass wir am liebsten den Tisch säubern wollen, oder etwas wegräumen oder sonst etwas tun – nur nicht an der Realisierung der Idee arbeiten. Das ist der kreative Prozess. In dieser Situation denken wir dann: Oh nein, nein, das wird ja doch nichts werden, wofür soll das gut sein, wer soll denn so ein Buch überhaupt lesen und warum soll gerade ich dieses Buch schreiben, wo es doch tausend andere wunderbare Schriftsteller gibt. *(Alle lachen)*

Das nennen wir in der Gestaltarbeit *Widerstand* und er kommt und ist da und dann müssen wir den Schreibtisch aufräumen und ein leeres Blatt Papier nehmen und eine gute Feder herrichten und bemerken, dass die Fenster ja auch sauber sind und wir eigentlich mit der Arbeit beginnen können.

Helga: Oh ja, ich dachte jetzt die ganze Zeit schon daran, ob denn endlich die Kartoffeln für das Mittagessen fertig sind ...

Paul: Jaja, ich dachte auch selbst schon daran, aber die sind in einem Kochtopf und der pfeift, wenn sie fertig sind. Also haben wir noch Zeit. *(Alle lachen.)*

Helga: Das Schlüsselwort Widerstand *erinnert mich aber auch daran, dass bei diesem Punkt des kreativen Prozesses alle schlechten Erfahrungen auf die Bühne treten können, die wir in unserem Leben mit Buchschreiben und Projekten dieser Art gemacht haben. Wenn wir sie erzählen, sind sie draußen, vielleicht auch weg und damit nicht mehr hinderlich und wir haben ausreichendes Vertrauen, um uns auf den Prozess einzulassen.*

Paul: Ja, ich hatte schlechte Erfahrungen mit meinem Verlag beim letzten Buch, das ich schrieb – und ich denke, das ist auch eine Frage unserer Kultur. Ich schrieb darüber in meinem letzten Rundbrief, dass der Künstler in unserer Kultur nichts zählt, nicht wertgeschätzt wird. Wer stattdessen wertgeschätzt wird, ist der Geschäftsmann – nicht der Künstler. Der Künstler hat die Idee und es ist sein Genius, der die Idee zu einer Kreation, einer Neuschöpfung macht. Aber der, der sie dann sichtbar manifestiert in der Welt, ist der, der das Geld damit macht.

Ich hatte einen guten Freund, einen sehr guten, engen Freund und Liebhaber. Er kreierte das „singende Telegramm" 1970. Da kannst du anrufen und sagen, ich möchte jemandem ein Geburtstagstelegramm schicken und dann kommt jemand an deine Tür und singt dir das Telegramm vor. Dieses „singende Telegramm" ist heute weltbekannt. Es startete von ihm aus in San Francisco. Er verdiente ein bisschen Geld damit. Aber dann kam eine Firma und nahm ihm seine Idee, kaufte sie ihm ab – und diese Firma hat dann weltweit Millionen damit gemacht. Die Idee kam von ihm und er bekam ein Trinkgeld – das Unternehmen machte Millionen. Sollen sie auch Millionen verdienen. Ich denke nur, dass der kreative Genius, der Künstler, der der Idee zur Geburt verhalf, wie eine Mutter ist. Er müsste auch wie eine Mutter, die Leben gebiert, geschätzt und geehrt werden. In unserer Kultur, unserer Gesellschaft wird aber die Mutter nicht geehrt. Sie gebiert zwar neues Leben, aber sie ist damit eigentlich nichts wert.

Alle: Der Kartoffelkochtopf pfeift – Mittagspause.

Ruf, Lebensaufgabe und das Erbe der Ahnen

Helga: In deinem Leben, deiner Heldenreise spielt der Begriff „Ruf" eine große Rolle. Ist es wirklich ein Ruf oder ein Bild oder was ist es?

Paul: Mein Hauptsinn ist das Hören, dieser Hauptsinn schaltet dann manchmal um, sodass wie ein Blitz ein Bild auftaucht. Als Regisseur habe ich dann gewusst, dieses Stück muss ich inszenieren, wenn ich eine Vision mit zahlreichen zusätzlichen Sinneseindrücken bekommen habe.

Helga: Das ist interessant, denn wir experimentieren ja kaum mehr mit unseren Sinnen.

Paul: Ja. Ihr kennt sicherlich NLP, die tun das. In meinem Konzept der Heldenreise zum Beispiel tue ich das auch. Ich versuche, alle Tore aller Sinne zu öffnen und die Arbeit nicht nur auf einen Sinn einzuschränken, sodass eine Person, die zum Beispiel mehr ein auditiver Typ ist, auch ihre Augen öffnen lernt.

Helga: Und in der Heldenreise ist es wichtig, dass der ganze Körper als Sinn in Bewegung und Tanz involviert wird.

Paul: Ja, der Körper ist überhaupt der wichtigste Teil meiner Arbeit – ich nenne meine Arbeit mit Menschen auch „Verkörperung". Es kommt ein bisschen aus der astrologischen Bestimmtheit meiner Seele: Ich bin ein Stier am Übergang zum Zwilling (19. Mai), und die Fähigkeit ist hier, Ideen in die Materie zu bringen. Bei meinem Vater ist genau umgekehrt: Er ist Anfang Zwilling und Ende Stier (21. Mai).

Helga: War er auch Künstler?

Paul: Ja, in seiner Weise war er es. Er arbeitete als Prozessingenieur in einer Autofabrik. Und seine Arbeit bestand darin, immer wenn eine neue Maschine kam, genau die Funktionsweise und den Prozess zu studieren und dann

die Erkenntnisse an die Arbeiter weiterzugeben, die damit arbeiten mussten.
Er war ein Prozessarbeiter.

Was er noch in seiner Freizeit getan hat, hat auch viel mit kreativen Prozessen zu tun. Er gestaltete immer um die Weihnachtszeit herum eine kleine Welt, ca. drei Quadratmeter groß: mit Bergen, Flüssen, Tälern, Häusern, deren Kamine rauchten, einem Zug, der herumfuhr, und Flüssen mit Fischen. All das machte er nur aus seiner Imagination heraus. Und die Leute kamen dann um die Weihnachtszeit von weit her, um diese kleine Welt, die er gemacht hatte, zu sehen. Und das ist wieder sehr ähnlich dem, was ich tue: Ich kreiere kleine Welten, in meinen Bildern, meinen Seminaren. Hier bin ich wie mein Vater.

Helga: Und du bist auch ein Prozessarbeiter.

Paul: Ja, genau, so stehe ich auf den Schultern meines Vaters und bin so in Verbindung mit meinen Ahnen. (Meine Großeltern waren aufgrund des großen Generationsabstands schon alle verstorben.) Meine Mutter war auch eine Poetin. Das müsst ihr euch aber so vorstellen: Sie war eine kleine polnische Hausfrau, eine kräftige kleine Hausfrau, die nicht ganz dem Bild der liebenden Mutter entsprach – etwa so, dass sie mit mildem Ausdruck und sanfter Stimme ihrem Kind eine Rose zeigte. Meine Mutter war eher in der Art, dass

*Paul Rebillot mit seinen Eltern und
älteren Brüdern*

sie dir die Rose hinhielt und streng sagte: Da, riech' mal dran! So war sie, ihr wisst, was ich meine.

Sie kam aus einer großen Familie, war das neunte von zehn Kindern und ging nur sieben Jahre zur Schule. Sie musste dann arbeiten gehen und hatte keine großartige Bildung. Aber eines Tages, nachdem mein Vater gestorben war, hörte ich von meinem Zimmer aus, wie sie im Garten sprach. Der Name meiner Mutter war Rose und mein Vater liebte es, seine Rosen im Garten zu hegen und zu pflegen. Ich wusste nicht, zu wem meine Mutter sprach. Dann schaute ich aus dem Fenster und sah, wie sie mit den Rosen sprach. Sie sagte: „Oh, ihr schönen Rosen, er hat euch so geliebt, er hat für euch gesorgt und euch gepflegt." Sie redete mit den Rosen und in dem Augenblick begriff ich, dass sie eine poetische Seele hatte. Das hatte ich bis zu diesem Zeitpunkt noch nicht bemerkt. Als ich das merkte, erkannte ich, dass ich auch in ihren Fußstapfen ging, denn ich habe auch eine poetische Seele. So kam es, dass der Fluss meines Vaters und der Fluss meiner Mutter, getragen von der Arbeit meiner Ahnen, in mir zusammenkamen.

Schau, ich bin überzeugt, dass der Augenblick der Empfängnis der Moment ist, in dem deine Lebensaufgabe wurzelt, in dem wir uns für unsere Lebensaufgabe entscheiden. Als spirituelle Wesen wissen wir, was unsere nächste Aufgabe ist, weil wir auch wissen, was unsere vergangene Aufgabe war, so wissen wir, was wir als Nächstes tun werden. Und dann schauen wir herum und finden genau das Paar, das sich gerade in Liebe vereint, das genau das richtige Paar für uns ist, damit wir in diese Welt geboren werden.

Meine Mutter, viel mehr als mein Vater, war sehr, sehr katholisch, sehr „polnisch", sehr familienorientiert. Ihre Mutter starb, als sie zwei Jahre alt war und so übernahm meine Tante Helen, die älteste Tochter der Familie, im Alter von 19 Jahren die Mutterfunktion. Und als ein sehr wohlhabender Mann um sie warb, sagte sie ihm: Ich heirate dich nur, wenn du alle meine jüngeren Geschwister (9!) adoptierst! Er erklärte sich schließlich bereit, ihre Schwestern zu adoptieren, aber die Brüder nicht, woraufhin Helen sagte: Dann wird nichts draus! Und ohne Beziehungserfahrung hatte meine Mutter eine Jungfrau als Mutter, eine jungfräuliche Mutter, die nichts von Sex und

Liebemachen wusste. So fürchtete sich meine Mutter vor Sex. Ich bin überzeugt, dass sie auch durch ihre katholische Erziehung Probleme mit Sex hatte und dass sie mit meinem Vater niemals Liebe gemacht hätte, ohne an ein Kind zu denken. Das war in einer Zeit in Detroit 1930, mitten in der großen finanziellen Depression der Vereinigten Staaten. Mein Vater kam von Ohio nach Detroit, weil dort die Straßen „mit Gold gepflastert" waren: „Motown" nannte man Detroit und es gab eine Reihe von Fabriken, in denen man viel Geld verdienen konnte. So kam er nach Detroit, um Geld zu verdienen, denn auch mein Vater kam aus keiner reichen Familie in Ohio. Und er heiratete meine Mutter. Sie lebten im Haus meiner Tante Helen und mussten noch die Familie versorgen. So belastete sie die Finanzdepression sehr stark und Geld war immer ein Thema in meiner Familie, einer armen Familie.

So war es, als Mitte August 1930, das heißt in einer heißen, stickigen, hässlichen Zeit, mein Vater und meine Mutter zusammenkamen und Liebe machten, ein Akt der Hoffnung in einer Zeit der Verzweiflung. Und das ist der Sinn, den mein Leben hat: ein Akt der Hoffnung in einer Zeit der Verzweiflung zu sein. Mein ganzes Leben war bestimmt dadurch, das Licht zu sehen, wenn da zu viel Dunkelheit war, oder die Dunkelheit herauszuarbeiten, wenn da zu viel Licht war. Als ich zum Beispiel in Findhorn[13] war, wurde ich als Teufel gesehen, weil ich ihnen die Dunkelheit gezeigt habe. Denn es ist für mich niemals so, dass es nur Lichtes gibt. Meine spirituelle Aufgabe im Leben und in meiner Arbeit ist es, Licht zu zeigen, wenn es dunkel ist, und die Dunkelheit zu zeigen, wenn zu viel Licht ist.

Ich glaube, dass mein Grundvertrauen in der Idee meiner Mutter und meines Vaters wurzelt, einen Akt des Vertrauens in einer Zeit der Verzweiflung zu setzen – dies zeugt ja von Vertrauen ins Leben. Und ich bin selbst sehr optimistisch, mehr oder weniger. Also ich denke zum Beispiel, dass die menschliche Rasse sich zum Besseren hin entwickelt und ich schaue immer darauf. Aber da ist noch die andere Seite vom Licht und du kannst dich nicht auf das Licht orientieren, wenn du nicht die Dunkelheit umarmst. Denn die

---

[13] Findhorn ist eine spirituell orientierte Lebensgemeinschaft in Nordschottland.

Dunkelheit ist viel größer und hat eine wichtigere Funktion im Universum als das Licht. Eins zu sein mit der Dunkelheit heißt, dort das Licht zu umarmen. Ich denke, dass mein Bewusstsein sich immer entwickelt, transformiert und meine Arbeit hat ebenfalls die Qualität von Transformation, alles, was ich lehre und tue, hat diese Tendenz. Es ist aber nicht so, dass ich nicht Momente absoluter Verzweiflung dazwischen hätte – ich denke, das muss im Laufe des Lebens auch so sein …

Ich erinnere mich jetzt an einen Augenblick nach meiner Erfahrung mit meiner Krankheit, wo ich dachte: Was soll der Nutzen, der Sinn von meinem Leben sein?

Wie ihr wisst, bin ich damals verrückt geworden, ich fühlte mich von meinen Freunden verraten und all diese Dinge. Und ich erinnere mich, dass ich bei Freunden war, die früher Studenten von mir waren und die sehen konnten, was mit mir los war und wie sich mein Bewusstsein transformierte. Viele sahen nur meine Verrücktheit, aber der Freund und seine Frau sahen, dass ich durch einen Transformationsprozess ging. Sie gaben mir ein Buch zum Lesen mit dem Titel „Das Meisterspiel"[14], das genau davon handelte. Ich verstand damals nicht, warum sie mir dieses Buch gaben, später verstand ich es. Und sie hatten mich eingeladen, bei ihnen zu wohnen, das war sehr fürsorglich von ihnen.

Und eines Tages saß ich im Garten und war an dem Punkt tiefer Depression angelangt: Ich dachte über Selbstmord nach. Ich dachte darüber nach, wie ich das machen könnte, ohne damit meine Familie und meine Freunde zu verletzen, das ist nämlich die härteste Sache in solch einer Situation, in der du dich töten willst – wie kannst du das machen, ohne dass jemand weiß, dass es Selbstmord ist, ohne dass es jemand anderen verletzt? So dachte ich darüber nach und dabei sah ich auf die Rosen im Garten. Dabei stieg der Gedanke in mir auf: „Mein ganzes Leben bis jetzt habe ich Sachen der anderen gemacht, ich habe immer das Etikett von anderen übernommen: Ich war Paul

---

[14] De Ropp (o. J.): *Das Meisterspiel*. München: Knaur.

Rebillot, Lehrer am San Francisco College, Paul Rebillot von der Stanford University, von diesem und jenem Platz. Ich habe nie wirklich ganz das getan, was meines ist." Und ich sagte mir: „Okay, ich bin grade dabei, ich selbst zu werden!" Was immer das heißt, was immer ich tue, wie immer ich funktioniere. Und ich sah auf die Rose und dachte: „Aber die Rose tut genau das, sie versucht nicht, ein Gänseblümchen oder eine Kiefer zu sein. Die Rose ist die Rose und sie überlebt nicht nur, sondern sie hat für andere eine Funktion, sie blüht." Und an diesem Punkt dachte ich weiter: „Warum kann ich das nicht? Warum kann ich nicht ich selbst sein und nicht Paul von der Stanford University, sondern Paul von Paul Rebillot? Ich kann immer auch das andere tun, kann mich selbst töten, aber ich kann mich auch fragen, warum ich mich nicht so akzeptiere wie ich bin." Und das war für mich ein Augenblick des Lichtes in einer Zeit der Dunkelheit. Und es war wie eine Erleuchtung für mich zu erkennen, dass es die Rose war, also meine Mutter, die Rose heißt, die mir diese Lektion erteilte.

Helga: Wann starb sie?

Paul: Sie starb 2000 im Alter von 102, am Karfreitag.

Manfred: Da ist dein Thema von „Tod und Auferstehung"

Paul: Ja genau, meine Mutter war eine sehr katholisch geprägte religiöse Frau.

Manfred: Der Weg von dort, wo du geboren bist in einer solchen Familie, bis zum Regisseur und Schauspieler, also vor deiner Krise, die ausschlaggebend war, war keine Kleinigkeit. Du hast da große Schritte gemacht.

Paul: Ja, große Schritte.

Meiner Mutter wäre es am liebsten gewesen, ich wäre Priester geworden; Kaufleute oder Rechtsanwälte gab es in der Familie. Zuallererst habe ich mich durch all meinen Hass, Wut und Groll gegen meine Mutter durchgearbeitet, und das habe ich in Esalen getan. Da bekam ich auch eine Rolfing-Behandlung in meinem Gesicht. Das löste viel und meine Tränen flossen. Als ich in dieser Stimmung danach meine Mutter angerufen habe, wies sie mich barsch zurück und fragte: „Bist du betrunken?" Ich musste erst allmählich herausfinden, wie ich einen Zugang zu ihr finden konnte, um ihr zu vermitteln, dass ich in meinem Beruf glücklich, erfolgreich und auch eine Art von Priester war.

Drei Brüder beim 90. Geburtstag der Mutter

Bei der Beerdigung meines Vaters war ich entsetzt darüber, wie der Priester sie begleitete. Das verstärkte meine kritische Distanz zur katholischen Kirche nur noch. Aber dann war ich einmal in der Kathedrale St. Michel in Brüssel und folgte den Stationen des Kreuzwegs, die dort sehr schön geschnitzt sind. Als ich sie betrachtete, kam mir auf einmal der Gedanke: „Mein Gott, das ist ja eine Heldenreise! Die Stationen des Kreuzwegs bilden eine Heldenreise!" Die letzte Station ist die Grablegung am Eingang in die Unterwelt und der Gang über die Schwelle. Die nächste Station in der Mitte der Kirche sollte dann doch das Bild des wiederauferstandenen Christus sein! Aber stattdessen findet man meist einen nackten Mann blutend und leidend an einem Baum hängen, so auch in Brüssel. Damit war es den Römern leicht, allen Katholiken Schuldgefühle zu machen und in Europa Polizei einzusparen.

Aber in der Kirche St. Johannes, die meine Mutter immer aufsuchte, sah ich einen wiederauferstandenen Christus, der seine Arme der Gemeinde öffnet.

Helga und Manfred: Wie in Assisi, wie in Assisi!

Paul: Dort war ich nicht, aber schön war es! Und als ich dann in St. Johannes auch die veränderte Messe in englischer Sprache, mit einem Gitarrenspieler und einer ganz anderen Art von Feier miterlebte, fiel es mir endlich leichter, meiner Mutter zu vermitteln, was mir am Herzen lag.

Ich wünschte nur, das wäre mir auch mit meinem Vater möglich gewesen. Bis zu seiner Beerdigung hatte ich das Bild, meine Entwicklung sei ihm ziemlich gleichgültig gewesen, weil ich doch ganz andere Dinge tat als er. Bei seiner Beisetzung traf ich dann all diese würdig dreinschauenden Geschäftsleute im Anzug. Meine Mutter kommentierte das so: „Sie sind hier, weil dein Vater ihren Job hätte haben können, aber nicht wollte. Denn er wollte keine Geschäftspost schreiben und nicht befördert werden, sondern war lieber nahe an der Fertigung tätig als im Büro." Und als ich ihnen dann vorgestellt wurde, sagte einer von ihnen zu mir: „Ach, du bist der Paul, von dem er immer gesprochen hat!" Da sah ich, dass mein Bild von ihm falsch gewesen war, und ich war tief bewegt.

Das Interessante und Spezielle an meiner Familie war, dass meine Leute nicht sehr gebildet waren, aber dadurch hatten sie auch keine Vorurteile gegenüber Künstlern. Und das war gut, weil ich dadurch keinerlei Verbote hatte, Künstler zu sein und meinem Traum zu folgen. Sie haben vielleicht gedacht, dass das ein schweres Leben werden könnte, aber sie wussten darüber nichts. Es war für sie ein Mysterium …

Helfer am Pfad des Künstlers zum Heiler

Helga: Gestern haben wir über dein Logo, den Kontakt mit deiner Lebensaufgabe, über deine Eltern und deinen Weg zur Kunst gesprochen. Paul, wie hat sich deine Beziehung zur Kunst verändert?

Paul: Ich erzähle in meinem Buch „The Call to Adventure" darüber. Ich spielte im Theaterstück „Der schlafende Prinz" vor 2000 Leuten und mitten im Stück, als ich gerade nach einer witzigen Bemerkung eine sogenannte „Lachpause" für das Publikum ließ, ging mir ganz plötzlich der Satz durch den Kopf: „Was machst du eigentlich mit deinem Leben? Ist es das, was du willst – 2000 Leuten Zeit geben über dich zu lachen?" Also, wenn ich das jetzt betrachte, war das keine schlechte Gelegenheit. Die Welt braucht Komödianten, aber es war nicht das, was ich für mich wollte, und so hörte ich mitten auf der Bühne mitten im Stück meinen Ruf, der mein bisheriges Lebensziel wegnahm – vollständig wegnahm. Glücklicherweise war ich professionell genug, das Stück zu Ende zu spielen. Aber ein Teil von mir ist mir verloren gegangen und das war der Teil des Verführers, des Unterhalters, das, was Orpheus tat, bevor Eurydike starb. Und das führte dazu, dass ich durch eine Reihe von Transformationen durchgehen musste, einschließlich Verrücktheit ...

Helga: ... und in eine andere Welt gehen ....

Paul: Ja, in eine andere Welt gehen und dieses große lange Abenteuer zu versuchen, ein neues Ziel für mein Leben zu finden, eine neue Richtung. Ich hatte ein Ziel realisiert, das für viele meiner Bekannten, für meine Familie unrealisierbar schien. An so etwas hatte niemand gedacht: vor einem Publikum zu stehen und so etwas wie ein Star zu sein! Eher in einer Fabrik zu arbeiten, oder wie mein Bruder ein Rechtsanwalt zu werden, der für eine Versicherungsgesellschaft arbeitete, oder ein Lehrer, aber ein Entertainer zu sein, das war eine große Sache, eine außerordentlich große Sache! Und das war ich im Alter von 38 oder 39 Jahren und da ging mir der Nektar, die Süße verloren – es war nicht länger das, was ich wollte.

Ab diesem Zeitpunkt ging ich durch eine Periode von nervlichen Zusammenbrüchen. Ich unterrichtete noch, machte weiterhin meine Sachen, professionell genug konnte ich das. Aber da war immer ein Teil in mir, der sagte: „Was soll ich für den Rest meines Lebens tun?" Und ich erinnerte mich daran, dass ich als Kind, als Jugendlicher so in den 20ern, dachte: „Eines Tages möchte ich Komponist werden, ich möchte Musiker werden." Und ich dachte: „Gut, vielleicht solltest du Musik studieren." Aber das ist ja auch Unterhaltung und ich fühlte, dass da etwas nicht stimmte. Verstehst Du? Ich kann es nicht besser beschreiben.

Helga: Ja, ich verstehe ...

Paul: Und dann dachte ich weiter: „Vielleicht sollte ich auf die Universität gehen, studieren und Psychotherapeut, Psychiater oder Psychoanalytiker werden." Denn da wusste ich, dass deren Arbeit für Menschen hilfreich ist, heilsam, ihnen hilft ganz zu werden, in der Art. Aber nachdem ich eine Weile darüber nachgedacht hatte, sagte ein anderer Teil in mir: „Warte eine Minute, 15 Jahre Theaterspielen muss doch auch einen Wert für etwas haben, es ist ja nicht nichts!" Und vielleicht muss ich nicht weggehen vom Theater, sondern tiefer ins Theater eintauchen, es war ja ein wichtiger Teil in meinem bisherigen Leben. Meine „Musik" – wie Orpheus – nicht weggeben, sondern die wirkliche Tiefe dieser „Musik" finden. Und so begann ich, mich mit dem griechischen Theater zu beschäftigen, das ja für die Griechen ein notwendiger Teil ihres Lebens war, indem sie eine Mythologie miteinander teilten. Und Mythologie ist für das Studium der menschlichen Seele so wichtig, dass das ganze 20. Jahrhundert von einem kleinen Teil des Ödipusmythos beeinflusst wurde! Stellt euch vor, das ganze 20. Jahrhundert wurde komplett kontrolliert von einem ganz kleinen Teil, nicht einmal dem wichtigsten Teil des Ödipusmythos! Der wichtigste ist nicht, dass er mit seiner Mutter schläft, sondern dass er das Orakel versucht zu betrügen, bzw. außer Kraft zu setzen!

Helga: Ja, ja, genau das ist es. Das ist ein wichtiger Angriff sowohl auf gute Orakel als auch auf Mythen!

Paul: Genau, und das beinhaltet auch die Tatsache, dass Mythen offensichtlich darüber hinaus einen solchen Reichtum haben, den wir in unserer Gesellschaft nicht wahrnehmen. Deshalb kam ich zurück zum griechischen Theater und versuchte, die Bedeutung von dem zu verstehen, was sie damit versuchten. Warum kamen die Griechen viele Meilen auf Eseln geritten, saßen den ganzen Tag in der heißen griechischen Sonne und sahen sich das Theater an? Das enthüllte etwas, was für sie sehr wichtig war, wichtig nicht nur für die Elite der Griechen, sondern für ganz normale Leute, Handwerker, Schuhmacher, Straßenfeger. Sie erlebten einen gemeinsamen Mythos, sie kommunizierten miteinander, sie studierten nicht bloß so, wie wir das auf der Universität tun, sondern sie machten die gemeinsame Erfahrung damit. Und diese Erfahrung bewirkte eine Transformation ihrer Persönlichkeit. Denn sie konnten nicht Diana oder eine andere Göttin beobachten, wie sie ihren Sohn tötet, und dann heimgehen und den eigenen Sohn in den Krieg schicken, was dasselbe ist, wie ihn zu töten. Vielleicht konnten sie dadurch Teile der Dunkelheit in sich reinigen, indem sie diese Stücke miterlebten.

So begann ich, den rituellen Aspekt des Theaters, den spirituellen, den mythologischen, den psychologischen Aspekt des Theaters zu erforschen, als Versuch, herauszufinden, was ich mit meinem Leben tun will, versteht ihr? Das war die Frage, die zu diesem Zeitpunkt auf der Bühne auftauchte. Am höchsten Punkt des Erfolges auf der Bühne kam die Dunkelheit und stellte mir die Frage. Und es brauchte Jahre, all das zu studieren und endlich mein Eigenes zu entwickeln. Ich musste vorher durch die Erfahrung meiner eigenen Verrücktheit gehen.

Helga: In dieser Krise, gab es da eine hilfreiche Umgebung, oder einige Menschen, die dir geholfen haben – so wie im Mythos der Inanna Helfer auftauchen, als sie tot in der Unterwelt ist?

Paul: Ja, klar, ich habe mir damals auch eine Gemeinschaft organisiert – die „Gestalt Fools" nannten wir uns. Als Gruppe von ca. 25 Studenten mieteten wir eine wunderschöne Villa in einem noblen Teil von San Francisco und dort lebten wir alle zusammen.

Gleichheit war unser Ideal: Jeder hat etwas beizutragen, jede ist ersetzbar. Es kam vor, dass jemand in letzter Minute aus der Hauptrolle eines Stücks ausstieg und ein anderer oder eine andere übernehmen musste. Das ging so ein knappes Jahr lang.

Und in gewisser Weise war das für mich eine Unterstützung. So versuchte ich auch spirituelle Rituale zum Teil unserer Arbeit zu machen, aber das doch eher in rudimentärer Form, wie das eben in einer Gruppe von konkurrierenden Schauspielern mit großem Ego möglich ist. Es war wie eine Gruppe Höhlenmenschen, die versuchen herauszufinden, wie sie miteinander leben können. *(Lachen.)* In anderer Weise war das eher wie ein Anker um meinen Hals – es waren ja auch meine Studenten. Eine Herausforderung für mich, Führerschaft zu lernen.

Als ich also verrückt wurde (Drogen haben dabei auch eine Rolle gespielt), wurde eben „Daddy" plötzlich verrückt. Was bedeutete das? Es war wie eine Auflösung, eine große Zersetzung der Gemeinschaft, mit dem großen Führer, der immer große Worte hatte, bla, bla, bla … und plötzlich wird er verrückt und brabbelt herum. Und für viele, ja, für die meisten war das ganz schwierig zu akzeptieren, und sie brauchten diese Auflösung, diese Zersetzung, um weiter zu wachsen. Aber ich litt mit ihnen. So waren einige hilfreich und andere nicht ... Ich verließ dann diese Gruppe und traf ein Paar, das mich aufnahm, als ich mitten in der Krise steckte. Ich habe sie schon erwähnt. Im Unterschied zu den Leuten, mit denen ich in der Gruppe lebte und die irgendwie erschrocken waren, was mit mir passierte, waren sie entfernt genug, zu beobachten, dass das eine Transformation war, die stattfand. So nahmen sie mich auf und es war auch in ihrem Haus, wo ich die Erfahrung mit der Rose gemacht habe.

Manfred: Wenn du auf dein Inneres schaust, während all dies geschah, taucht da so etwas wie ein „innerer Partner", eine innere Stimme auf, der du mehr vertraust? Ein innerer Dialogpartner?

Paul: So etwas wie ein innerer Führer, na ja, einerseits ja, andererseits nein, ich kann das eigentlich nicht präzisieren. Denn als ich vollständig vom

Stuhl fiel, also total verrückt wurde und nicht wusste, wer ich bin, was ich bin, was dieser Planet ist oder was meine Arbeit auf diesem Planeten ist, da wusste ich eben nichts. Das war eine Zeit, als ich (in der Psychiatrie) in einem Raum mit zwei grünen Türen eingesperrt war – ich erzähle in einer anderen Geschichte davon – und ein Mann kam öfter vorbei und schob mit einem Stock eine Schüssel mit Essen in den Raum. Wenn ich jetzt darüber nachdenke, muss ich zu dieser Zeit sehr gewalttätig gewesen sein, sodass der Mann Angst hatte, in den Raum zu gehen.

Ich erinnere mich an keine Gewalt. Diese Zeit ist mir nicht in bewusster Erinnerung. Zum Teil liegt das daran, dass immer dann, wenn ich von meinen Erfahrungen in einer anderen Welt zurückkam, Leute um mich herum saßen und mich anstarrten, als ob gerade etwas Schreckliches passiert ist. So war meine erste Reaktion: Es ist besser, eine Mauer darum zu errichten. So sperrte ich bewusst oder unbewusst meine Erfahrungen mit dieser anderen Welt, diesem anderen Ort, wo immer er ist, weg. Und ich realisierte, dass ich keine Führung, keine schamanische Führung, dass ich niemand anderen habe, um mich zu beruhigen, als mich selbst.

Und dieser Mann brachte mir das Essen und mit der Zeit kam er näher und näher und letztlich saß er neben mir. Und einmal, als er neben mir saß, rannte ich zur Tür. Daraufhin schloss er die Tür und beim nächsten Mal schob er wieder das Essen hinein. So konnte ich sehen, was das Problem war: Nämlich, dass ich mich nicht so verhielt, wie er wollte, dass ich mich verhalte, was ja verständlich ist an einem Ort wie der Psychiatrie. So aß ich mein Essen und langsam kam er wieder näher und wir unterhielten uns. Er hieß Mr. Preebles und ich beschloss, dass ich einer von Mr. Preebles Leuten bin, dass er eine Gruppe von Leuten gefangen hielt wie mich, dass er ihnen Essen brachte und ich einer von seinen Leuten war. Ich versuchte eben herauszufinden, wo ich eigentlich war, versteht ihr? Dann fand ich heraus, wenn ich dringend aus der Tür laufen wollte oder andere Dinge tun wollte, die er nicht akzeptieren konnte – dass ich mein Verhalten ja ändern konnte, um weiterhin mit ihm eine gute Beziehung zu haben. Ich lernte dabei, dass ich nicht mich selbst verändern muss, sondern mein Handeln verändern kann, wenn ich einen Freund gewinnen will. Diese Entdeckung war für mich damals sehr wichtig. Denn mein ganzes Leben vorher dachte ich wie die meisten Menschen, dass etwas nicht stimmt mit mir und dass ich mich verändern muss, um in dieser Welt zu leben, wie die meisten das tun. Aber an diesem Punkt begriff ich, dass ich nicht *mich* verändern muss, sondern nur das, was ich tue – und dann kann ich in dieser Welt leben.

Das war ein entscheidender Moment für mich und meine Erkenntnis war: Ich kann mich selbst sehen, kann mich selbst verhalten und kann die anderen in der gleichen Weise wahrnehmen.

Also, da war damals keine Person, kein indianischer Führer, niemand erschien als Helfer ...

Helga: Es war mehr praktisch und sehr erdig ...

Paul: Sehr, sehr erdig. Und ich denke, das war ein Teil meiner Verrücktheit, über außerordentliche Begrenzungen zu gehen, um dann letztlich real zu werden, auf dem Planeten Erde zu reinkarnieren und auf diesem Platz zu sein. Ich bin nicht dort irgendwo draußen im Raum, ich gehöre zum Planeten Erde! Das war wichtig für mich.

Schamanismus, Heilen und der Schatten des Künstlers

Manfred: Du hältst in deiner Arbeit die schamanische Seite mehr im Hintergrund und stellst die künstlerische Seite mehr in den Vordergrund. Viele Personen tun das genau umgekehrt: Sie stellen die schamanische Seite mehr in den Vordergrund und die Kunst in den Hintergrund.

Paul: Ich verstehe, was du damit sagen willst, und ein Teil davon kommt von dem, was ich für mich „Trickster"-Charakter nenne.

Helga: Du magst den Gott Merkur, stimmt's?

Paul: Merkur, klar! Ich sag' zum Beispiel zu jemandem „Probiere mal das ein bisschen." Und er probiert es und findet sich selbst mitten in einem Prozess mit einer Thematik wieder, von der er nie gedacht hat, dass ihn das beschäftigen würde. Und ich weiß, das ist Teil meines „Tricksters" in meinem Charakter und ich mache zum Beispiel den Leuten, wenn ich arbeite, Vorschläge mehr in der Richtung, dass es Experimente ihrer Kunst oder ihres Theaterspielens sind, als dass sie therapeutische Erfahrungen machen. Das tue ich, weil ich denke, wenn Leute in Therapie gehen, legen sie Scheuklappen an und schauen nur nach wenigen Dingen. Wenn sie sich aber auf ein künstlerisches Experiment einlassen, nehmen sie ihre Scheuklappen herunter und sehen viel mehr.[15] Und ich möchte, dass die Leute mehr sehen, einen weiteren Blick bekommen. Ich vermute, in gewisser Weise hat das mit der hervorragenden Fähigkeit des Täuschens zu tun, wie sie Künstlern und Schamanen eigen ist. Aber ich bin nicht sicher, ob es einen Unterschied zwischen einer künstlerischen und einer schamanischen Arbeit mit Menschen gibt. Ich meine, wenn ein Künstler allein arbeitet, das ist eine Sache, aber ein Künstler, der mit Menschen arbeitet … Nein, das stimmt nicht! Ich vermute, man kann

---

[15] Vom Theater kommend lag für Paul nahe, die Gestalten eines Mythos oder Traums zu verkörpern. Das ist die Spur, auf die bereits C. G. Jung mit der „aktiven Imagination" gekommen ist. Siehe.Jung, C. G. (1916/1958).

auch Künstler im Theater sein und großartige Stücke hinlegen und Leute durch diesen Prozess beeinflussen, das ist wahr.

Ich denke, dass ich so war in diesem Punkt. Als ich Theaterregisseur war, war ich genial, war berühmt, war als Regisseur im „Who's who" der Westküste der USA. Wenn Leute meine Stücke sahen, staunten sie über die Qualität der Inszenierungen. Aber die Ausrichtung meiner Arbeit war eine Selbstreflexion. Und es war in gewisser Weise wie Schwarzmagie: Ich war im Zentrum von dem, was ich tat.

Ich glaube, der ganze Prozess, durch den ich ging in der Veränderung meiner Arbeit vom Künstler als Unterhalter zum Künstler als Heiler, bestand in der Transformation, einfach nicht mehr länger mich selbst ins Zentrum von allem zu stellen, sondern jeden und jede ins Zentrum zu stellen und das zur Ausrichtung meiner Arbeit zu machen.

Wurde ich früher nach meiner Meinung zum Beispiel über eine Opernaufführung gefragt, liebte ich es, großartige bewertende Expertenstatements abzugeben. Nach meiner Episode in der Psychiatrie kam stattdessen Einfachheit in mein Feedback, ich sagte vielleicht: „Sie haben gut gearbeitet und Freude dran gehabt. Mir hat es auch Spaß gemacht!"

Helga: Ja, das ist ein sehr wichtiger Unterschied.

Paul: Ich denke jetzt mehr in Richtung Verkörperung und es muss so etwas wie die Verkörperung von dunklen Kräften, Kräften des Schattens sein. Der Unterschied zwischen einem schwarzen und einen weißen Magier ist: Der weiße Magier stellt eine Kerze ins Zentrum des Raums und alle schauen auf die Kerze. Der schwarze Magier stellt sich selbst ins Zentrum des Raumes und alle schauen auf ihn.

Helga: Das ist eine gute Beschreibung!

Paul: Stanford pflegte zu sagen, man verwandelt einen Schwarzmagier in einen Weißmagier, indem man ihn verrückt macht. *(Lachen.)* Da gibt es auch die Geschichte vom Dieb, der einen spirituellen Meister aufsucht, weil der goldene Teller manifestieren kann. Und der Dieb denkt bei sich: „Das wäre toll, ich könnte eine Menge Geld damit machen, wenn ich auch goldene Teller manifestieren könnte." So geht er zum Meister, der da mit einem Schüler sitzt, und sagt zu ihm: „O Meister, ich würde gerne dein Schüler werden, weil ich gerne von dir lernen würde, goldene Teller zu manifestieren." Und der Meister sagt: „Fein, du wirst mein Schüler, besorge dir dein Gewand." Er gab ihm noch mehr Anweisungen. Und er sagte: „Für so viele Jahre wirst du bei mir sein und dann wirst du fähig sein, goldene Teller zu manifestieren." Als er gegangen war, sagte der Schüler zum Meister: „Wie konntest du das nur tun? Der Mann ist ein Dieb!" Und der Meister entgegnete: „Wenn er goldene Teller manifestieren kann, wird er ein Heiliger sein." *(Lachen.)* -

Und ich denke, das ist auch der gleiche Unterschied zwischen dem Künstler, der sein Ego oder seine eigene Großartigkeit manifestiert, und dem Künstler, der eine andere Funktion hat.

Ich erinnere mich: Als ich einmal den Workshop „Tod und Auferstehung" machte und dabei versuchte zu verstehen, was ich eigentlich tue – denn ich begreife nicht immer was ich tue –, realisierte ich, dass die meisten Künstler die Tendenz haben, ein Medium zu nutzen und durch dieses Medium die Menschen zu berühren, die Seele der Personen. Aber in meiner Arbeit ist es so, dass ich direkt auf die Seelenebene gehe, direkt mit der Seele arbeite. Vielleicht ist das jetzt ein bisschen übertrieben, wenn ich das sage, aber ich glaube wirklich, dass ich das tue. Ich arbeite direkt auf der Seelenebene der Menschen und das macht es schamanisch, oder? Deshalb ist es auch wichtig für mich, dass ich dauernd meine Ausrichtung kläre, denn wenn ich dabei mit der Seele der Menschen für meine eigene Großartigkeit arbeite, ist das sehr gefährlich. Ein Freund von mir geht oft nach Bali, ich war noch nie dort, und er erzählte mir, dass er einen sehr intelligenten bekannten Universitätsprofessor in Bali traf, der ein Konzept entwickelt hat, dass die Künstler die Vision der Zukunft der Menschheit imaginieren und manifestieren. Ihre Aufgabe ist es, diese Vision der Menschheit auszudrücken, die dann die Menschen Schritt und Schritt umsetzen, realisieren. Also für mich ist das eine sehr gute Vorstellung von dem, was ein Künstler ist.

Und das ist auch mein Bild davon, was ein Künstler tun muss. Ich muss eine Vision der Menschheit in meiner Arbeit haben. In all meiner Arbeit strebe ich nach mehr Ganzheit, Vollständigkeit, Schönheit als Vision für die Menschen. Und obwohl ich dunkle und traurige Momente erleide, Enttäuschungen und all das, habe ich diese Vision nie verloren, diese Richtung nie gewechselt. Und ich habe sie nie ganz erreicht, so wie Moses oder Martin Luther King nie das gelobte Land erreichten. Aber ich fühle, dass es meine Aufgabe ist, diese Vision, diese positive Vision der Menschheit lebendig zu halten. Wenn ich all die verzweifelten und enttäuschten Menschen höre, nehme ich das mehr als Enttäuschung wahr denn als Wahrheit.

Helga: Das ist jetzt sehr klar, was du über Schamanismus und Kunst gesagt hast. Spielt Musik in deiner Arbeit eine besondere Rolle?

Paul: Ja. Eines der Dinge, die ich als Theaterdirektor beim Inszenieren von Theaterstücken geliebt habe, war, den Stücken einen musikalischen Background zu geben, Musik als Vollendung der Stücke. Und ich habe Stunden darauf verwendet, ganze Nächte, um Tonbänder zu schneiden und wieder zusammenzusetzen … Ich habe damit auch einige Experimente gemacht in Stücken wie „Jaros Tochter" und den „Bakchen" nach Euripides. Ich war sehr interessiert an der Wirkung der Töne auf die Psyche und auf Menschen, sowohl positiv als auch negativ, und ich denke, dass ich diese Theatererfahrungen mit Musik direkt in meiner jetzigen Arbeit anwende. In der Heldenreise leitet meine Harfe den Gruppenprozess und ich folge nur meiner Harfe.

Helga: Das habe ich auch so erlebt, auch bei der größten Prüfung in der Heldenreise. Da sehe ich auch einen Zusammenhang zum Schamanismus. Meine Erfahrungen mit Schamanen sind, dass ihre Lieder, Musik und Rhythmen eine ganz zentrale Rolle spielen. Auch, weil sie mich oft in die andere Welt geführt haben.

Paul: Das erinnert mich an Stan Grof. Als ich mit einer seiner Trainingsgruppen die Heldenreise machen konnte, hat er mich als jemand vorgestellt, der die Kunst in die therapeutische Szene gebracht hat. Und ich fühlte mich dadurch sehr geehrt und am Abend hat dann ein Schamane von den Yaqui-

Indianern aus Mexiko ein Ritual begleitet. Und er hat Musik gemacht, gesungen, getanzt, all das hat er getan. Und ich habe dann gesagt: „Ich brachte nicht die Kunst in die therapeutische Szene. Ich habe sie nur dorthin zurückgebracht, wo sie hingehört, das ist alles. Denn sie war in den alten Traditionen immer dort." Kunst war immer mit Therapie verbunden. Von Anfang an war Kunst in Beziehung zum therapeutischen Prozess, war Teil von ihm.

Die großartigen Elemente, die aus Afrika zu uns gekommen sind, sind Singen, Klang, Rhythmus und Chanten. Dort sind die Chöre und die Art ekstatischer Erfahrung mit Gott, die Liebesbeziehung zu Gott, die dem Christentum und vor allem dem Protestantismus abgehen. Es ist einfach zu aufwendig, gut zu sein und arbeitsorientiert und all das, um dann auch noch eine Liebesbeziehung zu haben. *(Lachen.)*

Stan Grof brachte übrigens die Yaqui-Indianer nach Esalen. Es war meine erste Begegnung mit diesen schamanischen Traditionen. Sie verwenden auch Peyote, aber er wurde ihnen an der Grenze abgenommen, weil er in den USA illegal ist. Ich hatte aber noch einen Sack voll Peyote-Knöpfe und dachte, dass ich sie den Indianern als Geschenk geben wollte. Und ich bereitete in der Nacht einen Peyote-Tee zu und stellte ihnen den Tee vor die Türe. Und als sie in der Früh aufwachten, sahen sie den Topf voll Peyote-Tee und tranken ihn. Sie erfuhren nie, von wem sie ihn bekommen hatten, es war für sie wie ein Gottesgeschenk. Ich konnte sie dann bei ihren Ritualen beobachten, zum Teil mit meinen Musikinstrumenten daran teilnehmen, wir machten gemeinsam Musik. Und an einem Punkt haben sie dann kleine Kunstwerke gemacht, aus Holz, aus dem man auch Bleistifte macht, das tauchten sie in Bienenwachs und mit buntem Garn machten sie dann wunderschöne Bilder, viel Arbeit und gute Kunst! Und dann gingen sie hinunter zum Meer und machten ihr Ritual. Und die Schamanin stand am Strand mit dem Kunstwerk in der Hand und schrie zum Ozean genauso, als ob sie zur Nachbarin im nächsten Haus schreien würde: „Komm schon! Ich hab' dir etwas gemacht. Mach schon und nimm es von mir. Also vorwärts bitte, nimm's jetzt von mir!" Sie redete ganz normal wie mit einer anderen Person und das ist eine ganz andere Beziehung zur spirituellen Welt, viel familiärer. Und ich beobachtete das Meer und es stieg und stieg und nahm tatsächlich das Holz aus ihrer Hand und sank dann wieder. Das Holz ist verschwunden und niemals wieder aufgetaucht.

Helga: Das ist das Wesentliche an Ritualen, dass die andere Welt Zeichen gibt. Und was hast du dann gemacht, Paul?

Paul: Ich hatte das gesehen. Dann ging ich auf mein Zimmer und holte ein Bild von mir, ein pointillistisches Portrait. Und als niemand mehr in der Nähe war, ging ich zum Meer hinunter und machte dasselbe wie sie. Ich tat es in meiner Art, erzählte dem Wasser, dass ich ein Kind des Meeres bin und wieder eines Tages dorthin zurückkommen werde. Und ich bat, dass das Meer mein Geschenk annehmen möge.

Manfred: In der Kosmologie der westafrikanischen Dagara gehörst du mit deinem Geburtsjahrgang 1931 dem Element Wasser an.

Paul: Wirklich? Ja, und es geschah dasselbe wie bei der Schamanin zuvor und es war für mich ein sehr spezieller Augenblick! …

Aber da ist noch etwas, was mich ein bisschen stört, bevor wir zu einem anderen Thema kommen. In der heutigen Zeit ist die Idee des Schamanismus eine Art „Würze des Tages" geworden. Jeder will ein Schamane, jede will eine Schamanin sein. Ich denke, das ist ein bisschen gefährlich. Ich will nicht Schamane genannt werden. Also jemand wie Malidoma Somé, euer Freund, der ist ein Schamane. Er ging durch einen Initiationsprozess und hat dabei viele Erfahrungen gemacht. So ist er ein Schamane. Aber wenn jemand zum Beispiel an einem Workshop Michael Harners teilgenommen hat oder irgendeines anderen und sagt „nun bin ich Schamane" – da bin ich sehr, sehr misstrauisch. Und damit möchte ich nichts zu tun haben. So ist es einerseits wahr, wenn mich Leute Schamane nennen, denn ich bin durch eine schamanische Erfahrung gegangen. Aber andererseits möchte ich nicht Schamane genannt werden.

Helga und Manfred: Da stimmen wir dir sehr zu. Das ist immer eine Frage, wo jemand durchgehen muss bzw. durchgegangen ist. Und eine Frage der Kultur: Wir leben nicht in einer Kultur, in der Schamanen aufwachsen können.

Paul: Das stimmt. Es gibt auch Schamanen in unserer Kultur, aber sie werden nicht viel beachtet. Wir haben Heiler, wir haben Schamanen, alles, aber sie machen ihre Arbeit auf ihre Weise. Sie gehen durch eine wichtige Erfahrung und leben ihr eigenes Leben. Es gibt einen Rinpoche, ich denke, es war Rinpoche Trungpa, der einmal über „spirituellen Materialismus" sprach, wie er es nannte.[16] Und das ist, wenn du aus spirituellen Themen wie Schamanismus versuchst, ein materielles Ding, eine Ware zu machen. Davon gibt es sehr viel in der New-Age-Bewegung und das ist es, was mich misstrauisch macht. Es stößt mich ab, mein Körper wehrt sich dagegen, weil ich es einfach nicht glaube.

Ich erinnere mich an einen Workshop in Findhorn. Die Leiterin war eine nette Frau und sie unterrichtete die Leute in Auralesen und Ähnlichem, was ja ein spirituelles Thema ist. Ich glaube, es war bevor sie den Workshop begonnen hat und die Teilnehmerinnen schon im Raum saßen, sie war noch nicht da. Als ich den Raum betrat, fragte mich ein Teilnehmer: „Paul, siehst du die Aura?" Und ich antwortete: „Nein, tue ich nicht. Warum sollte ich? Ich habe keinen Grund, die Aura zu sehen. Wenn ich einen Grund hätte, würde ich sie sehen!" Und in Findhorn gab es einen Mann, seinen Namen weiß ich nicht mehr, der den Gott Pan sah. Und er lud die Leute ein, hinauszugehen, um Gott Pan zu sehen. Man sollte in den Wald gehen und jeder sollte hinter Steinen und hinter Pflanzen schauen und Naturgeister, Satyrn und Gott Pan sehen. Sogar ich schaute und plötzlich hielt ich inne und fragte mich: „Was suchst du eigentlich? Ich meine, wenn sie zu mir wollen und mit mir reden und wenn sie einen Grund für Kontakt mit mir haben, dann werden sie in Kontakt gehen!" Es ist spiritueller Materialismus, hinauszugehen und zu sagen: „Ja weißt du, ich sah Gott Pan. Schau wie gut ich bin!" Ich denke, das

---

[16] Chögyam Trungpa Rinpoche (1975): *Spiritueller Materialismus.* Freiburg: Aurum oder Chögyam Trungpa Rinpoche (1989): *Spirituellen Materialismus durchschneiden.* Küsnacht: Theseus

ist ein gefährlicher Teil in jeder spirituellen Bewegung und das gibt es auch in der New-Age-Bewegung.

Helga: Man könnte ja sagen, dass der Materialismus der Dämon des Widerstandes auf dem Pfad vom Künstler zum Heiler ist, oder wie siehst du das, Paul?

Paul: Ja, ich denke, dass für mich der Schatten oder die Kehrseite vom Künstler der Geschäftsmann in mir ist. Mein ganzes Leben habe ich mehr Zeit verwendet, Geschäft und Geld zu managen und zu organisieren als mit kreativen Tätigkeiten. Für mich muss das Kreative völlig frei sein, dann kann ich kreativ sein. Die meisten Neuschöpfungen machte ich, als ich nicht über Geldverdienen nachdenken musste. Wie hier mit meinen kleinen Kunstwerken, die ich mache, nur aus Freude, sie zu machen, weil ich es liebe, sie zu schaffen, mit Liebe und aus Liebe. Wenn ich sie mache, weil ich Geld verdienen muss – und ich muss Geld verdienen – habe ich mehr Schwierigkeiten damit. Das ist vielleicht eine neurotische Funktion von mir und ich wünschte, es wäre nicht so. Aber so ist es!

Ich meine, ich könnte mich auch mehr aufs Geschäft konzentrieren, mehr Zeit dafür verwenden, aber ich merke, je mehr ich das tue, desto weniger kreativ bin ich in Richtung Herzenserguss meiner Großartigkeit, ich meine, das ist mehr ein Herzenserguss in Art eines praktischen Fundamentes. Und das ist dann für mich die Ebene des Geschäftes – ich weiß nicht, ob das überhaupt so ist oder nur meine Erfahrung mit dem Gebiet von Business – da gibt es Elemente von ... – was ist das Wort, das ich suche?... – Unechtheit, nicht authentisch sein. In gewissen Bereichen des Business musst du eben manipulativ sein ...

Helga: Hat Unechtheit etwas mit Rollen zu tun? In Rollen schlüpfen, wie das Schauspieler tun müssen oder eben wie Manager manchmal in Rollen schlüpfen müssen?...

Paul: Du meinst, ob das so sein könnte?

Helga: Ja.

Paul: Na ja, ein Schauspieler muss, was immer er ist, so aufrichtig und authentisch wie möglich sein, welche Rolle er auch immer spielt. Ich meine, das ist das Ziel eines Schauspielers. Wenn du Judas spielst – und Judas ist eine sehr zwiespältige Rolle, trotzdem willst du Judas spielen – dann denkt Judas nicht, dass er irgendetwas Böses tut. Er denkt, dass er etwas Richtiges tut. Und dann musst du herausfinden, wie du die Rolle authentisch spielst. Als ich Schauspielunterricht gab und mich Schauspieler fragten: „Wie kann ich ein besserer Schauspieler werden?", antwortete ich: „Werde ein besserer Mensch!", ein ganzheitlicherer Mensch, einer, der jeden Teil von sich selbst integriert hat.

So ist für mich die Rolle des erfolgreichen und kreativen Geschäftsmanns in gewisser Weise ein Schatten, ein dunkler ausgegrenzter Teil. (…) Ich denke, es hat mit meiner Familie zu tun. Ich wurde in einer Depression geboren und bin zum Teil Ergebnis dieser Depression. Und die Konflikte, die ich mit meiner Mutter und meinem Vater hatte, kreisten immer um das Thema Geld. Geld und wie wir zu Geld kommen können. Meine Familie war da sehr zurechtgestutzt und das Schlimmste für die Familie war, wenn jemand von der Wohlfahrt oder staatlicher Unterstützung lebte und nicht eigenes Geld verdienen konnte. All diese Dinge waren immer irgendwie in meinem Kopf und ich fürchte, dass das einer meiner größten Mängel ist.

Dazu möchte ich erzählen, dass ich in meinen Kabbala-Studien seit 1971 den Fokus formuliert hatte: *„Nackt in dieser Welt überleben."* Fast ein Jahr lang bin ich auch wie ein mittelloser Nomade umhergezogen. Wenn ich auch nie reich geworden bin, habe ich doch andererseits auch nicht an Mittellosigkeit oder Armut gelitten.

Als die britische Queen einmal Kalifornien besuchte, gab es allerdings einen Vorfall, bei dem ich die Hilfe eines immateriellen Helfers brauchte.

Im Abstand einer Meile (ca. 1,6 Kilometer) gab es südlich und nördlich von meinem Haus in San Francisco je einen Erdrutsch: Die Straße war blockiert und die Erdrutsche waren gefährlich und unpassierbar, wir waren eingeschlossen. Aber ich hatte doch meine Miete zu zahlen, Rechnungen für dies und für das, und ich hatte Befürchtungen, nicht nach Esalen, nicht nach Europa zu kommen, um dort Gruppen zu leiten … Was sollte ich tun?

Ich konnte gar nichts tun, ich war eingeschlossen. Und so ging ich in eine Meditation, ging auf eine innere Reise, fuhr in einem Boot und traf die Eule, mein Krafttier. Ich fragte sie, was ich denn in dieser Situation tun könne? Als Antwort ließ die männliche Eule solange Mäuse in mein Boot fallen, bis es voll war. Und dann fragte sie mich: „Wieviel brauchst du?" Ich hatte ja alles, Essen im Kühlschrank, genug Geld, um Essen für den nächsten Tag zu kaufen, alles hat geklappt. Es waren nur meine Sorgen, meinen Verantwortlichkeiten nicht nachkommen zu können. Das war eine wichtige Lektion für mich, welche Art Nahrung ich brauche, um mich sicher zu fühlen. Im physischen Überleben war ich sicher. Unsicher war ich darin, meinen Verantwortlichkeiten nachzukommen, die Erwartungen anderer Menschen an mich zu erfüllen.

Mythos und Kunst, Magie und Heilen

Helga: Welche Rolle spielen Mythen in deiner Arbeit, Paul?

Paul: Einer der Mythen, die ich selbst für mich durchgearbeitet habe, ist der Mythos von Orpheus, dem Musiker, dem großartigen Musiker, und seine Beziehung zur Kunst, wie sich die verändert hat, nachdem er in das Land der Toten gegangen ist und versucht hat, Eurydike zurückzuholen. Denn vorher war er der größte Musiker der Welt und er sang und jeder Mann und jede Frau hörten ihm zu. Er spielt im Felsentheater und er spielt im Tal und alle kommen und applaudieren, Männer, Frauen von weit her und die Hasen lauschen ihm und das Gras teilt sich vor ihm … Er ist ein Charmeur, seine Kunst ist Verführung, das bringt ihm alles, was er braucht, das bringt ihm alles, was er sich wünscht.

Und dann verliebt er sich. Sein Herz öffnet sich und er verliebt sich in eine Frau, die – kurz nachdem sie einander lieben – stirbt. Und er ist so von Schmerz über ihren Tod überwältigt, dass er beschließt, in das Land der Toten zu gehen, zu Hades, um sie wieder zurückzuholen, weil sie zu früh gestorben ist, sie ist jung. So bricht er auf, nimmt all seinen Mut zusammen und geht zum Eingangstor vom Reich des Hades. Dort ist Zerberus, das Monster mit den drei Köpfen, der dreiköpfige Hund, und bellt ihn an. Er spielt seine Harfe und Zerberus ist verzaubert und lässt ihn eintreten. Und Orpheus geht und spielt und verzaubert alle, die er trifft, bis er ins Zentrum kommt, wo er Hades und Persephone trifft, das Königspaar des Hades. Und er sagt, dass er für seine Liebe, für Eurydike, spielt und beide lauschen und denken eine Weile nach und sagen dann: „Ja, gut, du kannst sie wieder ins Land der Lebenden zurückführen unter einer speziellen Bedingung: Sie nimmt deine Hand und du führst sie ins Land der Lebenden, aber du darfst dich niemals umdrehen und sie anschauen, bis du mit ihr in der Sonne bist.“

Und er nimmt ihre Hand und geht, läuft, läuft, läuft und er ist so glücklich, dass er sie wieder bekommen hat und ihre Hand halten kann. Und so kommt er schnell aus der Höhle zum Eingang von Hades' Reich und er fühlt schon das Sonnenlicht auf seinem Körper, also dreht er sich um, sie zu begrüßen – aber sie war noch im Schatten. So geht sie wieder zurück ins Land der Schatten – und in diesem Augenblick verändert sich seine Beziehung zur Musik. Denn da spielt er nicht mehr, um zu verführen und das zu bekommen, was er will, sondern er spielt aus Trauer, aus Liebe, aus seiner Beziehung zu Eurydike ...

Helga: ... und aus Schmerz ...

Paul: ... aus Schmerz. Und dadurch wird es eine heilsame Musik. Er versucht, sich selbst zu heilen, er spielt für die Berge, für die Bäume, für alles und mitten in diesem Prozess kommen die Mänaden und reißen ihn in Stücke. Sie zerstören ihn wie einen Schamanen, wie du weißt, und er wird ein Schamane in diesem Augenblick, weil alle auf dem Weg der Initiation zum Schamanen zerlegt, in Stücke gerissen werden, das ist der Beginn eines schamanischen Weges. Und sie reißen ihm den Kopf ab und werfen ihn ins Wasser, und dort schwimmt er und singt und er ist der Gesang des Wassers. Ja, der Gesang des Wassers. So geht er weiter vom Ausdruck seiner Trauer zum Ausdruck der Stimme der Natur. An diesem Punkt erreicht er die spirituelle Ebene. In der Zwischenzeit kommen die Musen, die ja Orpheus liebten, weil er ja nach all dem auch Ausdruck ihrer Größe war, sammeln seine Körperteile ein und begraben sie. Und es heißt, dass am Ende der Geschichte die Nachtigallen, die Vögel der Nacht, noch süßer gesungen haben als irgendjemand auf der Welt.

Und das ist für mich die Geschichte der Transformation vom Künstler als Verführer, Kunst als Unterhaltung oder was immer, zur Kunst als Heilung und zur Kunst als Ausdruck des Herzens!

Helga: Wann kamst du nach Esalen und welche Erfahrungen hast du dort gemacht?

Paul: Nach meiner Erfahrung mit Verrücktheit und als ich wieder in die Gegenwart zurückkam, war ich sehr verletzlich; sehr verloren versuchte ich Schritt für Schritt in diese Wirklichkeit zurückzukommen und ich lebte ungefähr ein Jahr lang in einer Gruppe, die ich organisiert hatte, die „Gestalt-

Narren" – das waren ehemalige Schüler, manche hilfreich, manche nicht. Und ich war nicht mehr die zentrale Person … Nach einem Jahr wollte ich die Gruppe verlassen. Damals beschäftigte ich mich sehr mit Magie, Ritualen, studierte die Kabbala, ich denke, dass ich eine Art schamanistisches Training mit mir selbst machte, ich hatte keinen Lehrer, niemand. Damals hatte ich alle meine Dinge, die ich besessen hatte, weggegeben, ich hatte nichts mehr, kein Geld, kein Auto, nichts. Ich hatte nur ein wenig Kleidung, meine Tarotkarten und mein magisches Viereck mit und zog so durch Kalifornien.

Helga: Zwei Jahre lang hast du das gemacht?

Paul: Nicht ganz, eher ein Jahr. Und es endete in Esalen. Für die meisten Menschen ist Esalen supertoll, ein außergewöhnlicher Platz. Für mich war es wie ein Zurückkommen in eine normale Mittelstandsgesellschaft von dem Ort, wo ich vorher in meiner Verrücktheit war ... Wart ihr einmal in Esalen?

Helga und Manfred: Nein, nie.

Paul: Als ich – nachdem ich ja mit den vier Richtungen der Kabbala schon arbeitete – Esalen das erste Mal sah, wusste ich, dass es perfekt für magische Rituale ist: im Norden die Erde mit den Bergen im Rücken, der Süden, das Feuer, wo die Sonne über den Ozean wandert, der Osten, die Luft, wo die Sonne aufgeht, und der Westen, das Wasser, wo sie untergeht. Ich dachte: „Das ist der Platz an dem ich bleiben muss!" Der Platz wurde auf einer alten Indianerbegräbnisstätte gebaut. Man fand dort Skelette von Indianern, die in einer Meditationshaltung begraben wurden. Es war ein heiliger Platz und ich musste einen Platz finden, damit ich bleiben konnte. So wurde ich in das ganze psychologische, spirituelle, was immer, Esalen-Projekt involviert. Dort fand ich einen Kerl, Hector Pastera war sein Name, und es war so, als ob zwei alte Schuhe wieder zueinanderfinden, also der rechte und der linke, wir waren auf dem gleichen Weg. Er war Herzspezialist in New York und er war nach Esalen gekommen, um LSD auszuprobieren, denn Esalen war groß in Experimenten mit bewusstseinserweiternden Drogen[17] und er wurde Rolfer und Lehrer für Bioenergetik und Gestalt. Als wir uns trafen, war es wie eine nicht sexuelle Liebesaffäre, wir liebten einander.

Und er stellte mich Dick Price vor, dem Mann, der der Gestalter von Esalen war. Er und Michael Murphy waren die beiden Männer, die Esalen gründeten. Dick Price war als Zwilling geboren, er zuerst, und sein jüngerer Bruder starb. Und mein älterer Bruder (kein Zwilling) starb, als ich fünf Jahre alt war, und das veränderte in gewisser Weise mein Leben.

In meiner Vision in einer anderen Welt, als ich verrückt war, kam ich vom Planeten Pluto und die Idee war, dass meine Frau und ich irgendwann vom Planeten Pluto und voneinander getrennt wurden, um auf dem Planeten Erde wiedergeboren zu werden. Dort sollten wir herausfinden, warum die Geschöpfe nicht erkennen, dass sie alle ein Wesen sind, dass sie sich als getrennt erleben, sogar, wenn sie zusammen sein sollten. Was sind die Regeln der Trennung, die das menschliche Bewusstsein getrennt halten? Und wenn wir hier einander wiederfinden würden, hätten wir den Schlüssel zum menschlichen Bewusstsein. Das war die große Wende, die in meiner Existenz in einer anderen Welt zu mir kam.

Und als ich Dick Price traf – er verlor seinen jüngeren Bruder, ich meinen älteren und beide waren sehr wichtig in unserem Leben – spürte ich, dass er vielleicht der Partner war, den ich suchte. Er lehrte Gestalt, war Gestalttherapeut und dadurch lehrte er mich, mich zu erden, ich lernte durch Gestalt mehr und mehr, mich wieder zu erden. Und das war eine sehr wichtige Erfahrung für mich – egal, ob er jetzt mein Partner aus meinem Mythos ist oder nicht. Aber deshalb wollte ich mit ihm arbeiten.

---

[17] Naranjo, Claudio (1979): *Die Reise zum Ich. Psychotherapie mit heilenden Drogen. Behandlungsprotokolle.* Frankfurt a. M.: Fischer Taschenbuch Verlag. Erhältlich bei buchversand@i-cons.info

Das war auch die Bedeutung von Esalen für mich, dass ich durch die Gestaltarbeit lernte, mich immer mehr zu erden.

Gerade deshalb, weil ich in meiner Verrücktheit auf diesem Platz in der anderen Welt war, fand ich es auch sehr schwer herauszufinden, was der Unterschied zwischen der anderen und dieser Welt ist, und zu differenzieren zwischen dem, was real, und dem, was Fantasie ist. Durch die Gestalterfahrungen lernte ich das und zugleich begann ich in diesem Prozess Gestalt zu lehren. Ich lernte beides, tatsächlich wird man ja so Gestalttherapeut.

Ich saß wie ein Bär im Raum als Gestalttherapeut, lauschte den Leuten und arbeitete mit ihnen in einer sehr nicht-direktiven Art und Weise. Denn Fritz Perls war ein sehr nicht-direktiver Gestalttherapeut, er war sehr lunar, obwohl er der Star in den Gestaltsitzungen war. Aber er konnte die Person, die gerade arbeitete, zum Star der Sitzung machen. Und das war für mich als Schauspieler und Regisseur sehr wichtig zu lernen, denn ich war solar. Also zu lernen, mehr lunar zu sein, das heißt, dem Prozess mehr zu folgen, als ihn zu leiten.

Helga: Wir Gruppendynamik-Trainerinnen tun das auch. Das ist die Art und Weise, wie sich Gruppen bilden können. Und jeder Gruppenbildungsprozess ist auch eine Heldenreise für alle. Wie hängt das mit unserem Thema „vom Künstler zum Heiler" zusammen, Paul?

Paul: Zu lernen, mehr dem Prozess zu folgen, als ihn zu leiten, das ist eine wichtige Sache. Ein ehemaliger Student der Universität von San Francisco, welche sehr katholisch war, rief mich an und bat mich, in deren Masterprogramm als Lehrer ein Wochenende zu gestalten. Ich dachte, dass er ein Gestaltseminar wollte, doch als wir darüber sprachen, worum es bei diesem Wochenende gehen sollte, meinte er: „Wir möchten nicht nur Gestaltarbeit, sondern mehr diese archetypischen Dinge lernen, so wie du zum Beispiel das Tarot lehrst". Und da ich vor Jahren im Trudock-Spital mit den Leuten dort eine Heldenreise gemacht und über einen Heldenreiseprozess nachgedacht habe – ihr erinnert euch an die Geschichte –, so dachte ich jetzt, das ist eine gute Gelegenheit, diesen Prozess zu entwickeln, und ich sagte: Okay. Und ich designte den Heldenreiseprozess nur für ein Wochenende. Und einige Jahre später wurde ich zu einem sehr bekannten therapeutischen Kongress mit dem Titel „Der Künstler als Heiler" eingeladen. Er war organisiert von Carl Stone – er nannte seine Methode „Voice Dialogue". Ich sollte dort ein Beispiel des Heldenreise-Trainings zeigen. Und ich tat es und die Konfrontationen fanden auf der Bühne statt, mit Musik und Theaterelementen und ich war ein sehr sanfter Facilitator. Die Zuschauer kamen näher an die Bühne und lernten mit und nahmen Anteil, waren in den Dialog involviert. Und am Ende sagten Held und Dämon zueinander: „Ich kann dich heilen, ich kann dich lieben". Dann ließ ich den Akteur die Augenbinde runternehmen und er sagte dann den Satz: „Ich kann mich heilen, ich kann mich lieben" – wie in der Heldenreise. Und plötzlich sah ich von der Bühne aus, wie das Publikum und alle Teilnehmer zu Tränen gerührt waren.

Da bekam ich die Antwort auf meine Frage, die Jahre vorher auch auf der Bühne aufgetaucht war: „Was soll ich mit meinem Leben machen?". Genau das wollte ich machen. Es war, als ob ich die Musik von Orpheus hörte, nachdem er Eurydike verloren hatte – ich hörte sie damals auf dieser Bühne und sah den Wandel.

Helga und Manfred: Das war ein großes Geschenk, das du da bekommen hast.

Lernen und Lehren

Helga: Du erwähnst öfter den Satz: „Wenn der Schüler bereit ist, erscheint der Lehrer." Das ist ein spirituelles Prinzip. Wie hat sich dieses Prinzip im Bereich der Kunst für dich gezeigt?

Paul: Ich erinnere mich, als ich ungefähr 13 Jahre alt war, war ich ein Jahr lang krank. Ich musste ein ganzes Jahr lang im Bett liegen. In dieser Zeit begann ich zu zeichnen und zu malen und Kunst zu produzieren. Ich hatte das vorher nie in irgendeiner Weise getan. Und ich dachte zuerst: „Ich sollte Kunst studieren, Aktzeichnen oder etwas Ähnliches." Aber dann dachte ich weiter: „Also, wenn Michelangelo wusste wie es geht, dann muss ich es auch wissen!" Dieser Gedanke muss aus dem kollektiven Unbewussten aufgestiegen sein – ich meine, solche Gedanken mit 12 oder 13 Jahren! Und das war Unterstützung von meinen Eltern, eine Art Achtsamkeit, dass ich Dinge tun kann, von denen ich nicht wusste, dass ich sie kann. Obwohl beide sehr scheue Menschen waren, vermittelten sie mir das Selbstvertrauen, das mich denken ließ: Wenn Michelangelo das kann, warum sollte ich nicht Kunst machen können?

Und ich erinnere mich weiter, dass da eine Lehrerin auf meinem Weg auftauchte, als Helferin für diesen Weg. Ich traf diese wunderbare Frau, sie hieß Evelyn, damals in Detroit, wo wir lebten. Ein Freund hatte mir von ihr erzählt, dass sie eine wunderbare Frau, wie ein Mythos, sei, sehr katholisch bzw. religiös und sehr, sehr sensibel und wunderschön. Wenn ihr jemand etwas geschenkt hatte, was immer es war – eine zerbrochene Puppe, eine Rose, einen Diamantring: Das stellte sie in ihrem Haus aus. Keines der Geschenke wurde jemals von ihr versteckt, denn sie dachte: Wenn ich ein Geschenk bekommen habe, müssen es die Leute sehen. So wollte ich ihr auch ein Geschenk machen und malte ein Bild der Gottesmutter, der Jungfrau Maria. Ich malte ihr Gesicht und sie hatte einen etwas orientalischen Ausdruck und ihre Hände malte ich so, als ob sie gerade für jemanden beten wollte, sie berührten sich aber nicht. Sie hatte keinen Körper – und das war das Bild. Ich hatte hart daran gearbeitet, besonders an der Munddarstellung hatte ich hart gearbeitet, denn ich war nicht ganz glücklich mit dem Mund. Und ich schenkte Evelyn das Bild und sie sah es sich an. Und ich sagte währenddessen: „Ich hab' das nicht so gut hingekriegt wie ich könnte, vor allem den Mund." Sie drückte daraufhin das Bild an ihre Brust und sagte: „Wie kannst du es wagen, so etwas zu sagen! Das ist doch eines deiner Kinder! Wie würdest du das mögen, wenn eine Mutter zu jemandem sagen würde, dass ihr Kind ganz okay ist, aber nicht so gut, wie es eigentlich sein könnte. Und dieses Kind müsste dann sein Leben lang besser sein. Sag das niemals wieder über eines deiner Kinder!" Das war eine wichtige erste Lektion für mich als Künstler. Und Evelyn stellte das Bild an einen wichtigen Platz in ihrem Haus. So war sie eine herausragende Lehrerin für mich.

Helga: Oh ja, und diese Art Erfahrung mit Kunst, die du gemacht hast – dass Künstler ihre eigene Kunst nicht genug schätzen – die machen viele Menschen und nicht jeder begegnet da so einem Lehrer, so einer Lehrerin.

Paul: Ja, es gab da irgendetwas an ihr, das mich besonders berührte, sie berührte mich tief. Als sie einmal wieder mein Gottesmutter-Bild ansah, sagte sie zu mir: „Du wirst einmal in den Orient reisen!" Und tatsächlich reiste ich nach Japan und es war ein sehr wichtiger Teil in meinem Leben und beeinflusste mich sehr. Diese wunderbare Frau sah das in meinem Bild.

Und die spannende Frage für mich ist: Sah sie das in dem Bild oder entschied ich mich damals, als ich das Angebot in der Armee bekam: Paris oder Japan, für den Orient, weil Evelyn das gesagt hat?

Wer weiß das?

Helga: Ja, wer weiß das schon? Ich denke es spielt keine Rolle – die Lehrer tauchen auf, wenn die Schüler bereit sind. Gab es weitere Lehrer?

Paul: Eine sehr enge Freundin ist Carol Proudfoot-Edgar, sie ist halb indianischer, halb irischer Abstammung. Ein Onkel hat sie in den indianischen Lehren unterwiesen. In der Heldenreise hatte sie das starke Bild eines Wolfs mit den Wundmalen Christi: die Aufforderung, auch die irische Tradition einzubeziehen, was sie dann auch tat. Sie gab mir diese Trommel, sie hat mich in indianischen Ritualen unterwiesen, sie ist sehr wichtig für mich. Als ich die Eule traf, fand ich heraus, dass einer ihrer Namen „Graue Eule" ist …

Paul mit Carol Proudfoot-Edgar

Manfred: … sodass du hierdurch eine hohe Resonanz in allen Eulenfragen entwickelt hast …

Paul: Ja, richtig. *(Lachen.)* Als ich in Big Sur wohnte, saß ich gern auf der Terrasse und rief die Eule, sobald ich in der Ferne ihren Ruf hörte. Und bald darauf hörte ich ihren Ruf von einem Ast ganz in der Nähe. Um herauszufinden, was sie will, muss man sie fragen. Ohne Frage keine Antwort.

Ich vermute, dass manche Lehrer bei mir nur sehr kurz auftauchen, Menschen, die ich zum Beispiel nur einmal getroffen habe und von ihm oder ihr gelernt habe wie von Evelyn. Ich hatte nicht die Nahrung eines Meisters – ausgenommen Dick Price, er war Gestaltlehrer und ich nannte ihn meinen Meister. Ich sah ihn als Meister. Aber nur in der Gestaltarbeit und nicht im Bereich der Kunst, denn im Bereich der Kunst kannte er sich nicht aus, nein, wirklich nicht. Dick war genial als Gestalttherapeut und es war fantastisch, ihn in seiner Arbeit mit jemandem zu beobachten …

Helga: War er ein Heiler?

Paul: Er war ein Heiler, aber er war auch ein Magier in der Kunst von Gestalt. Er sagte ein Wort und plötzlich passierte etwas, es war zauberhaft zu beobachten. Aber er war auch blind in gewissen anderen Dingen, er war blind für Gruppenprozesse, er verstand Gruppenprozesse nicht wirklich. Er verstand individuelle Prozesse, aber keine Gruppenprozesse.

Es war einerseits eine seltsam erheiternde Blindheit in der Beziehung zu mir. Ich war ja eine Zeit lang sein Kooperationspartner und er ließ mich mit seinen Gruppen arbeiten und ich steuerte grundlegend den Gruppenprozess. Und einer meiner Wege, wie ich das mit Gruppen tue, ist Theater spielen oder künstlerische Übungen anbieten, damit der eine mit dem anderen interagiert. Und er nannte das, was ich tat, immer „kleine Spiele“. Wisst ihr, er dachte nicht, dass sie genauso wichtig seien wie die individuellen Prozesse. Es gab „die Arbeit“ und „Pauls kleine Spiele“ und das hat mich ziemlich gekränkt. Ich habe erst nach seinem Tod realisiert, wie sehr ich mich dadurch gekränkt fühlte. Aber es hat mich immer verletzt und gleichzeitig glaubte ich ihm aber auch, weil er mein Meister war: Mein Meister sagt, das sind „meine kleinen Spielereien“.

Darum war ich auch überrascht, als dieser Mann mich einlud, das Wochenende in San Francisco zu gestalten. Und er wollte nicht „Gestalt“ von mir, sondern „meine kleinen Spielereien“, wie er sagte „meinen archetypischen Kram, den ich gewohnt war zu machen“. Also, er gab „meinen kleinen Spielereien“ plötzlich eine andere Bedeutung. Andererseits hatte Dick seinen blinden Fleck, wenn er sagte: „Weißt du, ich verstehe nicht, warum einige Gruppen eine Gruppe werden und ein Gemeinschaftsgefühl haben und andere nicht.“ Er strengte sich nie an, wahrzunehmen, dass die einen jene Gruppen waren, die ich mit ihm geleitet hatte. Sie bekamen ein Gruppengefühl, weil ich das gefördert habe. Das war kein magischer Prozess, es war ein gruppendynamischer Prozess.

In diesem Bereich war das ein Weg, auf dem ich von Dick auf der Schattenebene gelernt habe. Ich lernte den Wert meiner eigenen Arbeit dadurch schätzen, dass ich sah, dass er das nicht so bewertete. Und ich bemerkte das erst, als er gestorben war. Da sagte ich mir plötzlich: „Warte mal, das sind nicht bloß „kleine Spielereien".

Manfred: Hat das etwas mit dem Lernen durch Schmerzen zu tun?

Paul: Ja, ja, das ist richtig. Das ist diese dunkle und die helle Seite, über die wir schon öfter gesprochen haben, manchmal habe ich durch die dunkle und manchmal durch die helle Seite gelernt.

Manfred: Ich denke, da gibt es einen sehr wichtigen Aspekt in dem, was du vorhin erwähnt hast, nämlich, dass es notwendig ist, dass jemand von außen bestätigt, dass du auf dem richtigen Weg bist mit deiner Arbeit mit Gruppen und den Archetypen. Vielleicht ist das dasselbe im Bereich der Kunst und auch der Spiritualität, dass wir manchmal Personen oder etwas von außen brauchen, was uns Bestätigung gibt oder eine Empfehlung, welchen Weg wir einschlagen und worauf wir mehr Energie verwenden sollen.

Paul: Ja, ich denke, dass wir Feedback brauchen, denn wir leben nicht in einem Vakuum. Wenn wir das versuchen, ist das verrückt, genau das ist Verrücktheit. Deshalb ist mir die Heldenreise so wichtig, denn sie ist ein Individuationsprozess, geschieht aber im Kontext einer Gruppe. Wir bekommen von außen Feedback und das ist auch Führung. Und manchmal bekommen wir positives Feedback durch Bestätigung und manchmal ist es auch notwendig, betrogen zu werden, wie Dick das mit meinen „kleinen Spielereien" getan hat – das war eine Art Verrat und auch der ist notwendig.

Kürzlich erlebte ich einen sehr großen Verrat durch diese Leute in Frankreich, die eine große Organisation mit meiner Arbeit geschaffen haben, eine weltweite Organisation, und mich dann verraten haben, indem sie versucht haben, mir meine Arbeit zu stehlen. Ich fühlte mich dadurch wie gekreuzigt, denn ich hoffte, dass sie mir helfen würden, meine Arbeit und mein Ansehen zu verbreiten, sodass ich mich auch zur Ruhe setzen kann. Und plötzlich betrogen sie mich und richteten sich komplett gegen mich. Und als mir das passierte, bemerkte ich wieder einmal den Wert meiner Arbeit. Aber zuerst musste ich durch den Schmerz durch, den so ein Verrat in meinem Alter auslöst. Und danach begann ich dann, meine Arbeit neu zu bewerten. Und ich näherte mich auch der Umwertung meiner Arbeit in der Weise an, dass ich mich nicht größer, sondern kleiner zu machen versuchte. Kleiner nicht im Sinne von weniger wichtig, sondern bloß kleinere Schritte zu machen statt zu versuchen, irgendetwas Großartiges zu machen.

So glaube ich, dass Verrat gleich wichtig ist wie Bestätigung – er ist nur nicht so vergnüglich!

Helga: Zum Thema Lernen und Lehren noch eine letzte Frage: Wie hat sich deine Beziehung zu Kindern, Jugendlichen, Studenten entwickelt?

Paul: In den 60ern begann ich, am San Francisco College zu lehren, und zwar bevor die neue Generation der 60er kam, und ich erinnere mich, dass ich diesen Wechsel gut beobachtete. Denn als ich begann, saßen meine Studenten in den Klassen noch mit der Haltung: „Zeig mir, was du hast". In den folgenden Jahren saßen sie dann mit einer Begeisterung fürs Lernen. Und diese Begeisterung fürs Lernen erzeugte eine Begeisterung fürs Lehren bei mir. So empfand ich die Studenten bald als meine Lehrer. Ich lernte von ihrer Begeisterung in den Augen, wie ich lehren musste.

Als mein Vater starb, musste ich mit meinem Beruf aufhören, damit ich meine Mutter unterstützen konnte. Das tat ich, indem ich in einer Secondary School unterrichtete, das sind Kinder zwischen 12 und 13 Jahren, die gerade in der Pubertät sind und vom Kind zum Erwachsenen wechseln. Ich liebte es, diese Kinder zu unterrichten, ich entwickelte Übungen und machte viel mit ihnen, und sie gehörten zu dieser Gruppe, die beim Lernen nicht warteten, sondern begeistert waren.

Ich habe mich immer sehr eng verbunden gefühlt mit ihnen, obwohl ich 20 Jahre älter war als sie. Ich wusste, dass ich von ihnen viel lernen konnte. Denn meine Generation wurde die „stille Generation" genannt und das Bild dieser Generation war, dass wir auf etwas warteten. So wie die Jünger auf Christus gewartet haben. Und mein Gefühl war, dass das, worauf ich gewartet hatte, die 60er-Generation war. Denn ich fühlte wie sie und die Beteiligung an der politischen, sozialen und spirituellen Revolution in den 60ern war eine der wichtigsten Phasen in meinem Leben … Es war eine wundervolle Zeit und wir konnten sterben für unseren Glauben, eine großartige Zeit, meine Studenten waren zur selben Zeit meine Lehrer ... So war ich in dieser Zeit eine Person, die Brücken baut, sowohl zwischen den Generationen als auch kulturell: Von Vaters Seite kommt meine Familie aus dem Elsass, das zwischen Frankreich und Deutschland liegt, und von Mutters Seite aus Kaschubien, das in Polen an der Grenze zu Deutschland liegt. Ich fühlte mich als Brücke zwischen diesem und jenem, auch hier in San Francisco mit der Golden Gate Bridge.

Ende und Anfang

Helga: Wir haben mit „dem Ganzen" begonnen, jetzt geht die Zeit langsam zu Ende. Es ist vergleichbar mit den drei Lebensphasen, wie die chinesische Tradition sie beschreibt: 20 Jahre lernen, 20 Jahre kämpfen, 20 + x Jahre lernen, weise zu werden. Paul, daher meine Frage: Was waren letztlich die wichtigsten Ereignisse auf deinem persönlichen Weg als heilender Künstler?

Paul: Ich denke, das erste wichtige Ereignis, die Erfahrung auf der Bühne, war in der Mitte meines Lebens, es war der Ruf zu einer neuen Richtung meiner Arbeit. Und das nächste, eigentlich wichtigste Ereignis für mich war der Tod meines Partners.

Damals lebte ich mein Leben, alles war gut geplant und ich dachte, dass alles in eine Richtung geht – und plötzlich kommt wie aus heiterem Himmel ein Stoß und ich musste komplett in eine andere Richtung. Das war, als ich herausfand, dass mein Partner Aids hatte, das änderte alles für mich. Denn unsere Beziehung, die eine sehr intime, persönliche Beziehung war, war auch die Unterstützung meiner Arbeit. Und in diesem Moment begriff ich, dass das genau umgekehrt ist: dass die Arbeit die Unterstützung der Beziehung ist. Und so ging all meine Energie ab diesem Zeitpunkt in die Beziehung. Es gab natürlich Probleme in der Beziehung – so wie in jeder –, unsere war eine homosexuelle Beziehung und das häufigste Problem in solchen Beziehungen hat mit Monogamie zu tun. Stanford, mein Partner, war nicht monogam und durch sein Fremdgehen verursachte er das Problem – er bekam Aids und brachte dies in unseren Haushalt, unsere Familie. Ich war wütend auf ihn; als ich das herausfand, zerriss es mich in Stücke.

Helga: Oh ja, das kann ich mir gut vorstellen!

Paul: Und eines der Stücke war: „Ich sagte dir doch, sei vorsichtig! Ich mag's nicht, wenn du fremdgehst, aber ich kann's akzeptieren. Und du bist fremdgegangen und hast nicht aufgepasst! Es war wie ein Verrat, ein weiterer Verrat in der Beziehung. Der, mit dem ich mich am sichersten fühlte, mit dem ich in einem Bett lag und ihn liebte, da gab es plötzlich ein Monster zwischen uns, das Aidsvirus, verstehst du?

Und meine erste Reaktion war, ihn rauszuwerfen, weil ich nicht wollte, dass er weiter in meinem Haus wohnt. Aber das konnte nicht funktionieren, weil mein Herz zu sehr mit seinem verbunden war. Interessanterweise hatten wir während dieser Zeit auch weniger sexuellen Kontakt und ich denke, das war mein Körper, der sich und mich geschützt hat. Mein Körper wusste, was mein Bewusstsein noch nicht wusste. Ich liebte ihn sehr, aber ich war nicht sicher, ob ich in dieser Stresssituation für ihn da sein wollte. Auch das kommt in jeder Beziehung vor. Dann ging ich nach Europa und er konnte nicht mitkommen, weil er sich gerade einer Behandlung unterziehen musste. Und während ich weg war, las ich ein Buch über Aids und dabei ging ich durch alle Phasen des Sterbeprozesses. Und im Buch stand: Vielleicht willst du das jetzt gar nicht lesen, weil du erst am Anfang bist. Aber ich las es und nachdem ich es ganz gelesen hatte, realisierte ich, dass es leicht ist, mit jemandem zusammen zu sein, wenn alles gut ist und leicht. Aber es ist wichtig, zusammen zu sein, wenn es nicht leicht ist, dann ist es wirklich wichtig. Und das sagt man einander auch, wenn man heiratet: Ich will mit dir zusammen sein, sowohl in guten wie auch in schlechten Zeiten. Also nicht nur in den locker flockigen, tanzenden, hellen und guten Zeiten, sondern auch in den dunklen. So dachte ich längere Zeit darüber nach und da erkannte ich, dass die Liebe, die ich fühlte, stärker und größer war als die Angst und all die anderen Dinge, die ich auch fühlte. So rief ich ihn von Europa aus an, und als er am Telefon war, sagte ich ihm diese Hochzeitsworte: Du bist mein Partner für Gutes und Schlechtes, für Reiches und Armes. Und das hat ihn sehr bewegt. In Wirklichkeit sagte ich ihm damit: Ich bin mit dir bis zu deinem Ende. Und später holten wir auch einen Priester der Episkopalkirche ins Haus und gaben uns das Ehegelübde. So waren wir faktisch verheiratet. Das war ein wichtiges Ereignis für mich, durch diesen Prozess durchzugehen. Durch den Sterbeprozess durchzugehen war nicht leicht, es war hart. Was ich dabei entdeckte, war die Fähigkeit zu lieben ohne Erwartung, dass später etwas zu mir zurückkommt. Weißt du, es war nicht mehr: Ich werde dir den Rücken kratzen, wenn du auch meinen kratzt –, einfach weil er nicht mehr fähig war, meinen Rücken zu kratzen.

Wisst ihr, das große Geschenk, das ich bekam, war, zu erkennen, dass ich lieben konnte ohne Versprechen und das war sehr wichtig. Ihn im Sterbeprozess Schritt für Schritt zu begleiten war ein sehr bewegender und kraftvoller Reifungsprozess für mich. Da gäbe es viele Geschichten, die ich davon erzählen könnte, stundenlang, weil so viele Dinge in diesem Prozess geschahen, der ja ein Prozess des Lebens und Sterbens ist, und es gibt eine Reihe von Dingen, die mit meiner Arbeit verbunden sind. An einem Punkt sagte ich zu einem anderen Freund von mir: Ich weiß nicht, ob ich fähig bin, das durchzustehen. Und er antwortete: Aber du machst doch diesen Prozess von „Tod und Auferstehung", warum baust du ihn jetzt nicht in dein Leben ein? Und das war das, was ich tat.

Stanford und ich gingen beide durch den Prozess von Tod und Auferstehung. Der Sterbeprozess dauerte in etwa acht Monate, acht Monate vom Entdecken seiner Aids-Krankheit an. Also gingen wir durch diesen Prozess, Schritt für Schritt, so gut wir konnten, und versuchten, ihn zu vervollständigen, soweit wir konnten. Am Ende, als er gestorben war, schrieb ich einen Artikel mit dem Titel: *Er starb als geheilter Mann.* Denn das hatte ich gefühlt, dass er das war, dass er im Verlauf seines Sterbens durch die größte Heilung gegangen ist. Sterben ist nicht bloß kränker und kränker zu werden, sondern es kann auch sein, dass du dich immer besser fühlst, und so war es. So hat das

Haus, in dem er die letzte Woche seines Lebens verbrachte, geleuchtet, es war voller Licht. Es war, als ob wir auf einer Art heiligen Platz gelebt hätten, weil er so viel gereinigt, so viel Kram verbrannt hatte, dass der Ort wirklich geleuchtet hat.

Und Menschen riefen mich an und sagten: Ich werde nicht kommen, denn ich will Stanford so in Erinnerung behalten, wie er war. Und es war auch so, dass er nicht mehr der wunderschöne Mann wie vorher war. Sein Gesicht hatte Pickel, die eitrig waren, sein Körper … Also, er war in einem furchtbaren Zustand. Aber was da durch ihn hindurchleuchtete, war so unvorstellbar schön, dass ich den Leuten antwortete: Dir entgeht etwas, dir entgeht der schönste Moment im Leben dieses Mannes, wenn du ihn nicht besuchen kommst, nur weil du Angst hast vorm Sterben oder Angst, wie du jemand begegnen sollst, der stirbt. Darum kamen sie nämlich nicht.

Einige hatten Angst vor Aids, einige vorm Sterben und einige schlicht Angst. Da war ein befreundetes Paar, das von der Schweiz nach Arizona kam, und sie riefen nicht einmal an, als sie in Arizona waren. Und als ich mit der Frau darüber sprach, als sie da war, sagte sie zu mir: „Du machst, dass ich mich schuldig fühle." Und ich sagte darauf: „Gut. Du kannst dich auch schuldig fühlen, weil das, was du gemacht hast, unmenschlich war, gewissenlos, so nah zu sein und nicht einmal anzurufen und ‚Hallo' zu sagen!" Ich tat auch alles, damit sie sich schuldig fühlte, denn sie sagte auch noch: „Ich fühle mich wie eine Schwester von Stanford!" Eine Schwester würde sich aber nicht so benehmen.

Helga: Paul, du hast gesagt, dass du viele Geschichten über deine Begleitung des Sterbeprozesses von Stanford erzählen könntest. Welche fallen dir jetzt ein?

Paul: Ja. Es war ungefähr die letzten beiden Wochen und Stanford saß im Badezimmer in der Wanne. Es war das letzte Bad, das er in seinem Leben nehmen konnte, und wir sprachen über die Idee, dass er sich das Leben nehmen könnte. Er wollte nicht in eine Depression versinken und er fragte mich: „Wenn du in meiner Lage wärest, was würdest du tun?" Ihr müsst wissen, dass Stanford 18 Jahre jünger war als ich, er war nicht mal 39 Jahre alt. Und ich antwortete: „Gut, ich würde nach jemandem Ausschau halten, der vom Sterben etwas versteht. Einen Lehrer. Und ich würde ihn bitten, zu mir zu kommen und mich das Sterben zu lehren." Stanford wartete einen Augenblick und sagte dann: „Aber ich habe doch dich!" – und es war einerseits ein sehr bewegender Augenblick für mich, aber andererseits fühlte ich auch eine sehr große Last, die plötzlich auf meinen Schultern landete: Wie konnte ich das tun? Ich bin nicht sein Lehrer, ich bin sein Liebhaber. Versteht ihr, wie schwer es mir fiel, diese Rolle zu übernehmen, und wie viele Ebenen es da gab?

Helga: Ja, das ist eine Rollenkonfusion, die schwierig ist.

Paul: Zur selben Zeit kam ein Typ, er ist jetzt schon gestorben und ich weiß nicht mehr, wie er hieß. Vor Jahren wurde er Transvestit, fiel dann in die Drogenabhängigkeit, aber transformierte sich schließlich zum Zen-Priester. Er kam zu uns, um Stanford zu besuchen. Und ich war sehr glücklich darüber, weil ich dachte: Vielleicht kann er Stanford helfen, ihn etwas lehren. Und Stanford, den ich gerade mit dem Rollstuhl aus dem Bad geführt und angekleidet hatte, saß jetzt im Rollstuhl mitten in diesem Zimmer, wo wir jetzt sind, und sagte zu ihm: „Erzähl mir etwas über den Tod." Und der Typ (er war in San Francisco sehr bekannt) antwortete ihm: „Ich? Wieso ich? Ich sterbe ja gerade nicht. *Du* kannst mir etwas über den Tod erzählen! Du stirbst! Du musst mir etwas erzählen! *(Lachen.)* Was soll ich dir schon erzählen, du musst erzählen!" Und als er das sagte, fühlte ich, wie die große Last von meinen Schultern fiel, es erleichterte mich. Stanford war im Sterbeprozess – ich konnte ihn etwas über das Leben lehren, wie das Leben vollständiger wird, das ist meine Gestaltarbeit – aber wie man stirbt oder was Tod ist, konnte ich von Stanford lernen, ich konnte ihn nichts lehren. Das war ein Augenblick großer Erkenntnis für mich …

Und in Stanfords letztem Monat musste ich, nachdem wir mit einem Priester geheiratet hatten, nach Europa, einen Teil meiner Reise hatte ich schon gestrichen, weil ich auch am Buch „The Call to Adventure" schrieb, das von der Rockefeller-Stiftung subventioniert wurde. Aus Europa rief ich Stanford an und er sagte: „Komm bitte nach Hause, so bald wie möglich!"

Und ich kam, weil ich spürte, was los war. Ich sollte aber noch einen Monat später einen Workshop „Tod und Auferstehung" im Süden Frankreichs machen und da ich in meinem Rundbrief über Stanfords Zustand und all das informiert hatte, beobachteten uns die Leute, was wir jetzt tun bzw. wie wir miteinander umgehen würden. Claude, die Organisatorin des Workshops, schlug vor, die Gruppe auf 50 Teilnehmer zu begrenzen, weil ich allein war, ohne Assistent. Ich wollte auch nicht mehr, obwohl ich von einer Warteliste von 20 Teilnehmerinnen wusste. So besprach ich das mit Stanford, der auch mehr der Geschäftsmann war, und überlegte mit ihm, ob ich die Gruppe auf 60 Leute aufstocken sollte. Und er sagte: „Mach es! Keine Frage!" Und ich sagte: „Aber wenn ich es mache, musst du mir helfen. Du musst mir helfen, in irgendeiner Weise, diese Gruppe zu leiten. Du kannst nicht dabei sein, aber ich brauche deine Hilfe, wie man eine Gruppe dieser Größe leitet." Eine Woche später starb Stanford. Und sein Tod war in gewisser Weise die Hilfe, die ich von ihm bekam, denn es war eine sehr starke Erfahrung. Und ich konnte diese Erfahrung im Workshop als Beispiel bringen und die Teilnehmer waren sehr bewegt und fühlten, dass Stanford mit dabei war. Er war bei mir.

Und ich denke jetzt, dass meine Erfahrung mit Verrücktheit eine Transformation vom Künstler als Verführer zum Künstler als Heiler war. Und der Tod von Stanford brachte diese Bewegung von außen nach innen, sie öffnete das Herz.

Zwei kleine Beispiele dazu: Als ich mit ihm im Schlafzimmer saß, wir schauten grad Fernsehen oder so etwas, hielt ich seine Hand und mir kamen die Tränen. Er fragte: „Warum weinst du?" Sehr rau und brüsk fragte er – er war auch Gefühlstherapeut – und ich antwortete: „Weil ich gerade dachte, was dir passiert ..." „Aber es passiert nicht jetzt!" sagte er, „Ich lebe noch! Bleib lebendig bei mir! Ich bin noch nicht tot!" Das war auch eine wichtige Offenbarung für mich, wie schnell wir in katastrophale Zukunftserwartungen flüchten und dadurch den gegenwärtigen Augenblick verlieren. Da gab es eine Reihe von Dingen, die ich von ihm lernte. Er lehrte mich viel über das Sterben und viel über Liebe und zwar jene Liebe, die nicht nur süß und schön ist.

An eine weitere Situation erinnere ich mich. Sein Immunsystem war sehr schwach und sein linker Fuß stank sehr. Und wenn ich ihm die Füße wusch, atmete ich immer tief ein und hielt den Atem an, weil das so stank. Und Stanford sagte: Kannst du dir vorstellen, was das mit mir macht, wenn ich dich dabei beobachte? Und ich antwortete: Für mich ist das eine Frage, ob ich das tue oder nicht. Ich kann mir nicht vorstellen, dass es nicht furchtbar riecht. Ich kann es nur so tun, wie ich es mache, mit Luftanhalten. Und ich tue es, weil ich dich liebe. Und Stanford konnte das hören.

Helga: Ich erinnere mich, dass du kurz über den Tod deiner Mutter gesprochen hast – das hat mich sehr berührt – sie ist ja erst dieses Jahr gestorben.

Paul: Ja, der Tod der Mutter ist auch ein sehr wichtiges Ereignis. Denn der Tod einer oder eines Geliebten ist eine Sache, aber der Tod der Mutter ist auf einer ganz anderen Ebene der Erfahrung. Denn plötzlich hast du keinen Platz mehr, heimzukommen – es gibt kein Zuhause mehr.

Die Mutter ist der Nährboden, die Matrix, der Platz, wo das Leben beginnt. Solange die Mutter lebte, hatte ich immer das Gefühl, heimkommen zu können. Als sie starb, erkannte ich, dass ich allein bin. Da ist der Tod meiner Mutter und da ist der Tod von Dick Price. Er war mein Lehrer und wir waren einander sehr nah. Obwohl er mich auch verraten hat und ich Esalen verlassen musste, kamen wir wieder zusammen, erneut sehr nah. Und ich hatte immer das Gefühl, dass ich, wenn ich Schwierigkeiten habe, zu ihm gehen kann. Als er starb, gab es dafür keinen Platz mehr.

Manfred: Wie alt war deine Mutter?

Paul: Sie wurde 102 Jahre alt – sie ist im 19. Jahrhundert geboren und im 21. gestorben – sie erlebte drei Jahrhunderte und nicht viele Menschen können diese Erfahrung machen. Sie starb am Karfreitag zwischen 12 und 15 Uhr – in der Zeit, als Jesus am Kreuz starb. Ich war gerade in Mexiko und mein Bruder schrieb mir eine E-Mail. Es bewegte sehr meine Gefühle und so legte ich mich nieder, fiel in eine Art Halbschlaf und hatte so etwas wie einen

Traum: Ich hatte zu Hause meine Mutter besucht und sie erzählte mir, dass sie in letzter Zeit viel von meinem Vater geträumt hätte. Ich erwiderte: „Das ist normal, du wirst ihn ja bald sehen und bei ihm sein." Und sie sagte: „Aber er ist ärgerlich auf mich, er ist böse auf mich wegen irgendetwas." Nach einiger Zeit fragte ich: „Wo hast du die Gebetskarte von Dad's Begräbnis, ich konnte sie nicht finden?" – Wisst ihr, in der katholischen Kirche ist es bei uns üblich, dass du kleine Gebetskarten bekommst, wenn jemand gestorben ist, damit du für ihn beten kannst. – Und sie antwortete: „Weißt du, ich hab' sie verloren, ich hab' sie nicht mehr!" Und da lachten wir beide, denn wir hatten immer miteinander Freude. Und dann suchte ich die Karte zwischen den Messbüchern und fand sie und sagte: „Da ist sie doch! Wahrscheinlich ist er jetzt noch böser, weil du nicht nachgeschaut hast!" Und dann lachten wir beide noch mehr!

Meine Mutter hatte einen wunderbaren Humor und das war erst die Einleitung zum Traum, den ich hatte, als sie starb: Ich sah sie in der Nacht allein aufstehen und dann niederfallen und niemand war da und konnte sie hören. Und dann sah sie meinen Vater in meinem Traum. Sie sah ihn und er sagte zu ihr: „Rose, da bin ich, komm mit mir." Und sie antwortete: „Oh, schau mich nicht an, ich bin eine alte Frau." Und er: „Nein, bist du nicht, du bist meine wunderschöne Rose." Und sie: „Sei nicht verrückt, schau auf meinen alten Körper." Und er: „Aber schau, schau doch!" Und sie sah an sich herunter und sah, dass sie wieder jung war und sagte: „Oh, ich muss träumen!" Und er: „Nein Rose, du träumst nicht!"

Und dieser Traum oder diese Vision erzählt mir viel über den Moment, als sie starb, über ihren Tod. Und als ich dies meinem Bruder schrieb, sagte er: „Du konntest schon immer sehr aktiv imaginieren." Und ich erwiderte: „Ich denke, dass es nicht wirklich eine Imagination war, sondern eine Vision. Sie kam so spontan, aber wer weiß das schon?"

Helga: Ich glaube, dass wir die Dinge, die wir wissen, auch wirklich wissen! Wir wissen es einfach!

Paul: Das ist richtig. Und es war so wichtig für meine Mutter, dass mein Vater kam, so war es eine glückliche Vereinigung. Und bei ihrer Bestattung, die am Ostermontag war, war die Kirche voller Blumen und es sah alles wunderschön aus – Und ich erinnerte mich an eine Meditation des Lama Rinpoche, die man unternimmt, wenn eine Person stirbt oder gestorben ist, in der man von allen Sünden gereinigt wird. Und ich tat dies für meine Mutter.[18] Für meine süße, kleine Mutter, die immer für andere Leute gebetet hatte. Das war ihr Job und sie liebte es, für andere zu beten. Ich machte für sie diese intensive Meditation. Und plötzlich erkannte ich, dass ich den Job meiner Mutter übernommen habe: zu beten für sie, für andere! Diese Erkenntnis war schön.

Helga: Deine Antwort hat mir jetzt viel gebracht. Denn die Erfahrung mit dem Tod deiner Mutter zeigt mir, dass du als Künstler und Heiler eine andere Beziehung zur anderen Welt hast, dass du Verbündete wie deine Mutter hast.

Paul: Ja, ich hätte mir nur gewünscht, dass ich diese Chance auch mit meinem Vater gehabt hätte, bevor er gestorben ist. Aber ich war erst 28 Jahre alt, als er gestorben ist, und mir fehlte die Vervollständigung meiner Beziehung mit ihm selbst. Es macht einen Unterschied, ob du die Chance hast, mit jemandem selbst ins Reine zu kommen oder ob du das in deiner Imagination tun musst.

Manfred: In der afrikanischen Dagarakultur sind die Namen, die die Menschen bei der Initiation bekommen, immer auch ein Wegweiser für die

---

[18] Paul beschrieb: „Du stellst dir die Tote oder den Sterbenden liegend vor und bittest Buddha, Christus oder wen sonst, vor ihr, vor ihm zu stehen. Als Erstes bittest du um Vergebung für alle Verfehlungen (Sünden) und das tun die Tibeter einfach so, dass sie bei den Füßen an Verfehlungen aus Zorn und Wut denken, bei den Genitalien denken sie an Sex und an Verfehlungen der Gier, beim Solarplexus an Ignoranz, beim Herz an Verfehlungen der Sehnsucht, bei der Kehle an Neid, beim dritten Auge an Stolz. Ich fügte das Kronenchakra hinzu und Verfehlungen aus Verzweiflung."

Lebensaufgabe, die sie haben. Malidoma zum Beispiel heißt: „Sei dem Frem-
den ein Freund." Hast du eine Erklärung für deinen Namen?

Paul: Mein vollständiger Name ist Eugene Paul Jude Rebillot. Eugene
bedeutet „wohlgeboren" und Paul „klein". Jude hat Wurzeln im Stamm Judah
und bedeutet „der von Gott Gepriesene", weil der Stamm Judah von Gott ge-
priesen ist. Und Rebillot heißt vielleicht Rebellion, es würde mir zumindest
gefallen. Vielleicht hat er auch andere Bedeutungen ... Mein voller Name
heißt also: der wohlgeborene kleine, von Gott gepriesene Rebell.

Ausklang von Manfred Weule

Von Kindheit an werden die Kinder in vielen Kulturkreisen gelehrt,
ja nicht zu viel zu sehen. Auf keinen Fall sollte man es wagen,
sich selbst als Künstler oder Dichter zu betrachten.
Auch wenn man etwas vollkommen anderes spürt,
muss man sich mit der Übereinkunft abfinden,
dass nur den Dingen im Leben Bedeutung zugemessen wird,
deren Atome so dicht gedrängt sind,
dass sie von allen wahrgenommen werden können.
Clarissa Pinkola Estés

In Übergangssituationen unseres Lebens wird der Panzer eigener Gewohnheiten im Denken, Fühlen, Handeln durchlässiger, wir können Signale der Sehnsucht leichter wahrnehmen. Nicht irgendeiner Sehnsucht, sondern der Sehnsucht, die uns immer wieder zu dem führt, was uns Sinn und Fülle gibt: dem inneren Visionär oder der inneren Künstlerin (Estés).

Das wird ermöglicht durch Augenblicke der Berührung. Oder durch einen richtigen „Schuss vor den Bug", wie man ihn in einer veritablen Krise – wie aktuell der Corona-Krise – bekommt. Beide stiften neue Ideen, die sich als neue Gewohnheiten etablieren können. Dafür gibt Paul Rebillot in diesem Gespräch freimütig viele Beispiele aus seinem Leben – freimütiger, als dies in Therapieschulen gewöhnlich der Fall ist, und in krassem Gegensatz zu vielen Bereichen des akademischen Lebens, wo induktives Beziehen auf eigene Erfahrungen in wissenschaftlichen Arbeiten meist noch immer als „unwissenschaftlich" untersagt ist. Aber wie sollen denn in den aktuellen globalen Krisen neue Wege gefunden werden, wenn nicht durch interdisziplinäre und interkulturelle Zusammenarbeit von Menschen, die auch aus sich und aus der

Natur[19] zu schöpfen versuchen? Auch Pauls Beitrag zur Homosexualität in diesem Buch ist dafür ein sehr gutes Beispiel.

Persönlich bekam ich einen Moment tiefster Berührung in Westafrika, als ein Stier in einem Opferritual sein Leben dafür gab, dass mein Lebensgang wieder in Fluss kommt. Dies hat mir erfahrbar gemacht, dass wir füreinander Nahrung sind und wir Menschen nur eines von vielen Völkern auf der Erde.[20] Meiner Kindheitssehnsucht zu folgen, ins traditionelle Afrika zu gehen, dafür brauchte ich den Anstoß einer Lebenskrise. Bereits einer meiner Ahnen – mein Großonkel Karl Weule, Völkerkundler in Leipzig – ging 1907 nach Afrika.[21] Seinem Beispiel folgend hatte ich im West-Berlin der 1970er-Jahre Ethnologie studiert.

Ähnlich wie Paul im alten Griechenland und in Japan, Helga in Peru und in Afrika tauchte auch ich in Westafrika in eine unbekannte Kultur ein. Sie ermöglicht eine Außensicht auf die eigene Kultur und gibt damit Anstöße zum interdisziplinären, interkulturellen Entdecken.[22] Als Deutscher, der seit 1993 als Berater und Supervisor im Ausland Österreich wohnt, ist das für mich bereits Alltag geworden.

Als ich gerade diesen Weg mit Malidoma Patrice Somé[23] als Lehrer und Kooperationspartner zu gehen begann, wurde ich 1998 auch auf Paul

---

[19] Nur ein Beispiel dafür: Narby, Jeremy (2006): *Intelligenz in der Natur. Eine Spurensuche an den Grenzen des Wissens.* Baden und München: AT-Verlag.

[20] Weule, Manfred (2016): *Auswildern im Gespräch mit Tieren.* Schalchen: Institut Bewusstseinsstrategien. Bei buchversand@i-cons.info

[21] Weule, Karl (1908): Negerleben in Ostafrika. Ergebnisse einer ethnologischen Forschungsreise. Leipzig: Verlag F..A. Brockhaus.

[22] Mehr darüber in Weule, Manfred (2013/2015)„*Harzer Ahnenerde. Wiedereinwurzeln durch Sehnsucht, Mutter Afrika und Sturheit*". Wilhering: Bayer Verlag. Erhältlich bei buchversand@i-cons.info

[23] Somé, Malidoma Patrice (1994): *Of water and the spirit. Ritual, magic and initiation in the life of an African shaman.* New York: Penguin Arkana. (ein autobiografischer Erlebnisbericht). Somé, Malidoma Patrice (2000): *Die Weisheit Afrikas. Rituale, Natur und der Sinn*

Rebillots Heldenreise aufmerksam. Ein berührendes Erlebnis, das lehrt, innere Tore ins Unbewusste und Unbekannte zu öffnen. Ein Seminarprozess, der in Qualität und Methodenreichtum einer künstlerischen Initiation im Westen gleichkommt und uns – ähnlich wie unser „Leitbild-Seminar"[24] – auf die Spur der eigenen Lebensaufgabe führt. Dadurch, dass er den Prozess der Konfrontation von Held und Dämon des Widerstands weitgehend den Teilnehmerinnen selbst in die Hand gibt, lässt er sie damit einen Anfangsschritt der Gemeinschaftsbildung in einem rituellen Raum tun. Damit ist auch schon angesprochen, was die Heldenreise sofort in meinem Leben und meiner Beratungsarbeit bekräftigt hat: die Spur des Leitbildes verfolgen, inneren Widerstand, Zweifel und Schmerz einladen, sich als Konfliktpartner mit an den Tisch zu setzen und die in ihnen gebundene Lebendigkeit in den Alltag einzubringen.

Wir gründeten 2000 mit Malidoma Somé das Institut Bewusstseinsstrategien, organisierten bald Heldenreise-Seminare mit Paul in Österreich und lernten in seinem Gesamtkunstwerk von ihm.

2003 entwickelten Helga und ich mit Malidoma Somé ein interkulturelles westafrikanisch-europäisches Lernprojekt „*Die Fülle leben in einer Welt des Mangels. Ein Training im Handwerk geistiger Medizin und in Gemeinschaftsbildung*". Ahnen- und Ritualarbeit dieser Tradition wie auch die Kunst der Kaurimuschel-Orakelbefragung nahmen von da ihren Weg in die deutschsprachigen Länder.[25]

Paul erklärt im Interview, dass seine Arbeit mit Kunst und Archetypen – das Verkörpern und Spielen innerer Instanzen und mythischer Charaktere – eine weitende und öffnende Arbeit direkt in der Seele ist. Sie spricht uns

---

des Lebens. München: Diederichs Verlag (Bearbeitung: Manfred Weule) – (ein Arbeitsbuch zu Kosmologie und Ritualentwicklung).

[24] Siehe die Beschreibung des Seminars „*Leitbild. Das Feuer der Sehnsucht*" auf www.i-cons.info. 1991 hieß es „Leitbild – Eine Zeit zur Entdeckung der persönlichen Sinngebung".

[25] Weule, Manfred (2020): *Brücken zwischen Europa und Westafrika. Geschichten von Sichtbarem und Unsichtbarem.* Videodokumentation (50 Minuten). Erhältlich bei buchversand@i-cons.info

durch Gefühle an. Helga hatte auf der Suche nach Navigationsimpulsen der Selbststeuerung für ihre Trainings- und Lehrtätigkeit in Gruppendynamik und Organisationsentwicklung im Rahmen der Österreichischen Gesellschaft für Gruppendynamik und Organisationsberatung (ÖGGO) 1991 Wielant Machleidts „Grundgefühlszyklus" entdeckt. Ihn machten wir zur Grundlage einer qualitativen Datenerhebung unter Managern.[26] Uns fiel bald auf, dass der Prozess der Heldenreise mit dem Grundgefühlszyklus korreliert.[27] Wir nutzen ihn seitdem als „Kompass" in der Choreografie von „Heldenreisen aller Art": also Veränderungs- und Entwicklungsprozessen und auch in Prozessen der Gruppen- und Gemeinschaftsbildung. Wir müssen zugeben: Diese „Landkarte" entfaltet ihren Nutzen erst in Prozessen selbstgesteuerten Lernens. Im Kern heißt „Ausbilden" nichts anderes als: *aus sich* eigene Bilder und kreative Ideen *schöpfen*.

2006 leiteten wir zum ersten Mal eine Heldenreise mit Teilnehmenden aus fünf europäischen Ländern. Sie formten anschließend ein Netzwerk, den Verein „Abenteuer Leben", der zum Ziel hat, Heldenreiseleiter heranzubilden und Elemente der Heldenreise in die Erwachsenenaus- und weiterbildung einzubringen, indem Heldenreisen als Lernfeld organisiert und eigene Projekte von Mitgliedern gefördert werden sowie praxisnahe Vertiefungsseminare stattfinden. Als Mitglieder sind kulturelle und soziale Aktivisten, psychologische Beraterinnen, Erwachsenenbildner und Dramatherapeutinnen aktiv. Aus diesem Zusammenhang entstand 2019 das von Erasmus+ geförderte 19-monatige Forschungsprojekt „Helden der Inklusion und Transformation (HIT)", worin 25 Menschen aus sechs Ländern Gefühle und Schattenthemen in ihrer eigenen beruflichen Praxis und Kultur in einem gemeinschaftlichen Forschungsprojekt untersuchten.

Paul hat keine „Schule" als Institution gegründet, er verstand sich als Prozessarbeiter. So arbeiten Menschen in vielen Ländern mit seinem Ansatz

---

[26] Weule, Helga und Weule, Manfred (1998)

[27] Weule, Helga und Weule, Manfred (2020): *Grundgefühle als Kompass für Heldenreisen aller Art* in: „info@lebensberater.at" März 2020 und unter „Publikationen" auf www.i-cons.info

weiter, meist als innovative kleine Gruppen. Einige von ihnen kommen in diesem Buch zu Wort. Pauls 90. Geburtstag und die planetarische Dimension der Corona-Krise könnten Anlass für Feste, Treffen und Austausch sein.

Warum ich diese Hoffnung ausspreche? Dem Interview mit Paul die jetzige Form zu geben, hat eine lange Reifezeit gebraucht. Erst mit dem Sammeln der Texte für dieses Buch zu Zeiten der Corona-Krise trat mir vor Augen, welche Vision uns Paul in seinem Text *„Tanzen mit den Göttern"* gegeben hat. Eine Ermutigung, unserer eigenen Vision, unserem inneren Künstler, unserer inneren Künstlerin, unserem Leitbild zu folgen und so ein kultureller Faktor für die Herbeiführung eines neuen Zeitalters zu sein: des Zeitalters des vollen androgynen Menschen.

Das Geheimnis der Rituellen Gestaltarbeit

Franz Mittermair

Die Arbeit von Paul Rebillot hat vor allem im deutschsprachigen Raum weite Verbreitung gefunden. Mehr als ein halbes Dutzend Institute bieten jedes Jahr über 100 Heldenreise-Seminare sowie zahlreiche weitere Seminarstrukturen nach Rebillot an. Dies ist sicher einerseits auf unsere rege Ausbildungstätigkeit am Institut für Gestalt und Erfahrung in Wasserburg am Inn zurückzuführen, welche seit mehr als 25 Jahren qualifizierte Heldenreise-Leiterinnen und Leiter hervorbringt.

Noch wesentlicher ist jedoch die enorme Wirksamkeit vor allem der Heldenreise, die sich immer mehr herumspricht und die inzwischen auch empirisch nachgewiesen werden konnte. In den 30 Jahren, in denen wir dieses Seminar anbieten, bekamen wir viele Hundert Rückmeldungen von Teilnehmerinnen und Teilnehmern, dass dieses Seminar ihr Leben sehr positiv verändert hat. Manche hatten zwar damit zu kämpfen, dass das Umfeld auf die Veränderungen nicht nur begeistert reagierte. So manche Symbiose funktionierte nicht mehr so wie vorher. Und manchen Heldinnen und Helden war bewusst geworden, dass sie dringend etwas an ihrer Situation ändern mussten. Insgesamt aber waren und sind die Rückmeldungen sehr positiv bis enthusiastisch. Eine empirische Studie, die ich in Zusammenarbeit mit der Universität Leipzig durchführte, ergab, dass Depressivität und psychischer Beschwerdedruck durch den Besuch der Heldenreise signifikant abnehmen und das Kohärenzgefühl (ein wichtiger gesunderhaltender Faktor nach Antonovsky) entsprechend zunimmt.[28] Diese Veränderungen bleiben langfristig weitgehend erhalten, auch wenn sich der massive „Energieschub", den die meisten Teilnehmer der Heldenreise erleben, mit der Zeit wieder verliert. Eine vergleichbare Veränderung war sonst nur bei mehrjähriger hochdosierter Einzeltherapie (fünf Stunden pro Woche) nachgewiesen worden.

---

[28] Mittermair und Singer (2008)

Worin liegt nun das Geheimnis der enormen Wirksamkeit der Heldenreise? Ich habe lange dazu geforscht und denke, dass ich inzwischen recht gut verstehe, worauf sie zurückzuführen ist.

Lehren und Lernen durch Erfahrung

Ein Faktor ist sicher, dass Paul Rebillots Ansatz konsequent erfahrungsbezogen ist. Er nannte deshalb sein amerikanisches Institut NASGET, North American School for Gestalt and Experiential Teaching.

Wir am Institut für Gestalt und Erfahrung arbeiten in Paul Rebillots Folge bei den Workshops und in den Ausbildungen ebenfalls durchgehend auf Erfahrung hin orientiert. Das bedeutet erst einmal, dass wir zu jedem Lernschritt nach Möglichkeiten suchen, wie das, was gelernt werden soll, direkt erfahrbar ist.

Einen hohen Stellenwert nehmen in Paul Rebillots Lehre die drei wichtigsten Energiezentren ein: Kopf, Herz und Bauch. Theorie ist natürlich im Kopfzentrum angesiedelt. Die Erfahrung bezieht sich jedoch vor allem auf das Brust- und das Bauchzentrum. Wir erfahren, indem wir fühlen. Das gilt für Körperempfindungen, die vor allem mit dem Bauchzentrum verbunden sind, wie auch für Emotionen, die wir vor allem im Brustzentrum empfinden.

Bewegung ist die Sprache des Bauchzentrums. Deshalb ist Bewegung in verschiedensten Formen, vom Rollenspiel bis zum Tanz, zentraler Bestandteil der Arbeit. Verschiedene Methoden der „Verkörperung" entnahm Rebillot Schulen der humanistischen Körpertherapie wie der Bioenergetik nach Alexander Lowen oder der Arbeit von Albert Pesso. Er entwickelte jedoch auch sehr wirksame neue Methoden. Fantasiereisen etwa werden in Rebillots Seminaren meist nicht wie gewöhnlich im Liegen, sondern in Bewegung erlebt. Der „Fool's Dance" ist ein „Tagebuch" des jeweiligen Workshops, bei dem die verschiedenen Phasen des Erlebten nicht aufgeschrieben, sondern in Körperhaltungen aneinandergereiht werden. In „Transformationstänzen", sehr intensiven Trancetanzeinheiten, kann erfahren werden, wie Energie sich völlig wandeln kann. Gestalttherapeutische Einheiten wie die „Stuhlarbeit" zwischen verschiedenen Persönlichkeitsanteilen finden ebenfalls nicht im Sitzen, sondern in Bewegung statt.

So werden die Strukturen von den Teilnehmerinnen häufig als intensives „Work-out" erlebt. Sehr oft hören wir Sätze wie: „Ich spüre Muskeln, von denen ich gar nicht wusste, dass ich sie habe."

Die Sprache des Brustzentrums ist der Ton. So spielen auch Musik, Singen und jede andere Form von stimmlichem Ausdruck eine große Rolle. Paul Rebillot begann seine Workshops zum Beispiel damit, dass er auf seiner Country Harp improvisierte und die Gruppe mit Perkussionsinstrumenten einstimmte. Für die Heldenreise und einige andere Workshops hat er sogar eigene Songs geschrieben. Auch Fantasiereisen begleitete er mit seiner Harfe.

Die Teilnehmer und Teilnehmerinnen werden immer wieder aufgefordert, ihre Stimme zu nutzen. Sie dürfen und sollen so laut sein, wie sie wollen, da die Stimme Emotionen transportiert, sei es Trauer oder Aggression.

Dann bedeutet erfahrungsbezogen, dass in der Regel erst die Erfahrung ermöglicht wird, dann kommt die Erklärung oder Theorie dazu. Dies hat verschiedene Vorteile. Theorie ist auf diese Art viel leichter verstehbar, als wenn sie ohne Erfahrungsbezug vermittelt wird. Eine Erwartungshaltung, die entsteht, wenn die Theorie zuerst kommt, kann so das Erleben nicht beeinträchtigen oder verfälschen. Oft sind die Erfahrungen überraschend und bleiben auf diese Weise viel länger im Gedächtnis haften.

So ist Paul Rebillots Arbeit im besten Sinne ganzheitlich. Rein kognitive Lernprozesse sind oft sehr schnell wieder vergessen. Da bei ihm der gesamte Organismus einbezogen ist, kann das emotionale Gedächtnis allmählich „umlernen". Ängste nehmen ab, neurotische Mechanismen können abgelegt werden, tiefgreifende Veränderungen werden möglich.

Gestalttherapie nach Dick Price

Paul Rebillot war sehr daran gelegen, seine Erfahrungen aus dem Theater als Schauspieler, Regisseur und Produzent mit der Gestalttherapie zu verbinden. Hervorragend zum ganzheitlichen Stil von Rebillots Ansatz des heilenden Theaters passte der gestalttherapeutische Stil von Dick (Richard) Price, dessen Schüler Paul Rebillot wurde.

1964 hatte Fritz Perls die Gestalttherapie in Esalen eingeführt, dem Zentrum für humanistische Persönlichkeitsentwicklung an der kalifornischen Pazifikküste, welches zwei Jahre zuvor von Michael Murphy und Dick Price gegründet worden war. Price begann 1966, Gestalttherapie bei Perls zu erfahren und zu lernen. Ende 1969 meinte Perls zu Price, es wäre Zeit für ihn, seine eigenen Gruppen zu leiten und selbst auszubilden.

Dick Price leitete von da an Gruppen in Esalen. Er nannte seinen Ansatz nicht mehr Therapie (ein Wort, das auch Perls zu dieser Zeit nicht mehr verwendete), sondern Praxis (practice). Was bei Perls früher noch Patient und Arzt genannt wurde, hieß bei Price nun *initiator* und *reflector*. Der Initiator ist die Person, die früher in der Patientenrolle war. Die Aufgabe des Reflectors ist es nur, zu spiegeln und zu klären, was an Wahrnehmungen, Gefühlen und Impulsen auftaucht. Der Initiator bleibt für seinen Prozess selbst verantwortlich. Er ist der Aktive, er trifft Entscheidungen und bestimmt, was geschieht. Im Gestaltprozess nach Price steht nicht Veränderung im Mittelpunkt, sondern Kontakt. Zentraler Wahlspruch von Price für den Reflector war: „Vertrau' dem Prozess, bleib' im Prozess und geh' aus dem Weg". Im Weg stehen könnte der Reflector mit Konzepten, Ratschlägen, Projektionen, eigenen Impulsen und vielem mehr. Dies gilt es zu vermeiden. Ziel ist, dem, was sich zeigen will, Raum zu geben, mit Vertrauen und ohne Bewertung oder Unterdrückung.

Der Reflector macht nur bewusst und bringt in die Gegenwart, was geschieht. Statt über die Vergangenheit oder Zukunft zu reden oder zu fantasieren, werden Erinnerungen, Wünsche und Ängste im Hier und Jetzt wiedererlebt. Dies gilt auch für die Arbeit mit Träumen. Der Initiator schlüpft in die verschiedenen Figuren und sogar Gegenstände im Traum.

Der Reflector unterstützt den Initiator, mit seinen Gefühlen und Erlebnissen direkt in Kontakt zu kommen. Er regt auch dazu an, mit vermiedenen Gefühlen oder Figuren in Verbindung zu treten. Doch die Entscheidung, sich mit diesen unangenehmen oder bisher ausgeblendeten Inhalten zu befassen oder nicht, bleibt weiter beim Initiator.

Paul Rebillot wurde Schüler von Dick Price und übernahm dessen Konzept. Statt vom Reflector sprach er aber vom Facilitator (Mittler, Moderator). In der Tradition von Price legte Rebillot den Schwerpunkt der Gestaltarbeit nicht auf den therapeutischen Kontakt zwischen „Therapeutin" und „Klientin", sondern auf die zunehmende Bewusstheit des Initiators in Bezug auf sich selbst, seine Emotionen, sein Handeln usw. – mit Unterstützung durch den Facilitator, der grundsätzlich auf derselben Ebene steht.

In einer idealtypischen Gestaltarbeit nach Paul Rebillot unterstützt der Facilitator den Initiator dabei, über die Wahrnehmung, Intensivierung und den Ausdruck von Körperempfindungen zur Bewusstheit einer dramatischen Situation zu gelangen, die dann in allen Rollen erfahren und ausagiert wird. Paul Rebillot entwickelte dazu einen typischen Ablauf für eine gestalttherapeutische Sitzung, den ich hier kurz skizziere:

Den Beginn der Sitzung bildet ein „awareness continuum" (Bewusstheitskontinuum). Der Initiator schließt die Augen und teilt dem Facilitator mit, welche Körperempfindungen er wahrnehmen kann. Er geht dabei mit seiner Aufmerksamkeit seinen gesamten Körper durch. Anschließend konzentriert er sich darauf, welche Körperempfindungen nicht zur momentanen Situation gehören. Dies sind meist mehr oder weniger starke Anspannungen, die von unterdrückten Emotionen herrühren.

Diese Anspannungen werden nach Möglichkeit verstärkt, entweder durch bewusste Muskelkontraktion oder durch Intensivierung des Atmens. Dadurch übernimmt der Initiator die Verantwortung für das Geschehen.

Im nächsten Schritt wird der Initiator dabei unterstützt, den Unterkiefer locker zu lassen und einen Ton von sich zu geben. Dies verstärkt meist den Gefühlsausdruck, wodurch sich die unterdrückten Emotionen zeigen können.

Wenn der Initiator den Ton deutlich ausdrückt, wird er gefragt, ob in seinem Bewusstsein ein Wort auftaucht. Wenn es ein Wort gibt, spricht der Initiator es aus. Der nächste Schritt besteht darin, eine Phrase und schließlich einen Satz zu entwickeln. Aus dem Satz kann eine Szene mit einer oder mehreren Personen aus Gegenwart oder Vergangenheit oder mit Anteilen der eigenen Person entstehen.

Den weiteren Ablauf betrachtete Paul Rebillot als „Gestaltdrama". Der Initiator entwickelt die Handlung durch Dialoge der auftretenden Figuren weiter, unter Verwendung von Stuhlarbeit oder, im Gruppensetting, mit Rollenspielern. Dabei wechselt der Initiator jeweils die Rollen, um zu antworten. Auf diese Weise wird versucht, Konflikte zu lösen oder zumindest bewusst zu machen und die zurückgehaltenen Emotionen auszudrücken. Wichtig war Rebillot, dass anders als im Psychodrama alle Inhalte vom Initianten selbst kommen, damit die Rollenspieler nichts Eigenes einbringen.

Zum Abschluss der Arbeit formuliert der Initiator einen Satz, der das Ergebnis ausdrückt, um es zu festigen. Gibt es keine Lösung, so drückt der Satz diesen Umstand aus und das Thema kann ein anderes Mal weiterbearbeitet werden.

Gruppendynamik

Rebillot hielt es für unerlässlich, in seiner Arbeit die Gruppendynamik im Auge zu behalten. Er griff dabei auf seine Arbeit mit William C. Schutz (1923-2002) zurück, der zur gleichen Zeit wie er selbst in Esalen lebte. Im Wesentlichen hat Schutz durch seine Technik der offenen Begegnung (Open Encounter) herausgearbeitet, dass Gruppen während ihres Bestehens einem bestimmten Ablaufmuster folgen: Auf eine Phase mit dem Fokus auf Einbeziehung *(inclusion)* versus Ausschluss *(exclusion)* folgt die Kontrollphase *(control)* mit dem Fokus auf Macht und Einfluss in der Gruppe und schließlich die Zuneigungsphase *(affection)* mit dem zentralen Thema Nähe und Distanz.[29]

In der ersten Phase achtete Paul Rebillot sehr darauf, Methoden einzubeziehen, die es den Teilnehmerinnen schnell ermöglichen, mit der ganzen Gruppe und mit möglichst vielen einzelnen Mitgliedern in Kontakt zu treten und dabei Vertrauen aufzubauen. Dazu dient zum Beispiel die Musik-Session der gesamten Gruppe zu Beginn des Workshops. Bei Aufwärmübungen sorgte er in dieser Phase für häufig wechselnde Paarkontakte, sodass sich die Teilnehmerinnen schnell näherkommen können. Wir haben zu diesem Zweck den „Fall" zu Beginn der Heldenreise eingefügt, bei dem sich die Teilneh-

---

[29] Siehe Schutz (1973) für eine detailliertere Darstellung.

merinnen von einem Stuhl, der auf einem Tisch steht, in die Arme der Gruppe fallen lassen.

In der zweiten Phase bekommen die Teilnehmer Gelegenheit, sich auf spielerische Art und Weise aneinanderzureiben, sodass dem Bedürfnis danach, die Stellung innerhalb der Gruppe zu klären, Rechnung getragen wird. Ein Beispiel dafür ist der „Dämonentanz der Macht" in der Heldenreise, bei dem die Teilnehmer sich gegenseitig ihre Kräfte zeigen und miteinander in Konkurrenz gehen.

Durch diese gezielte Vorgehensweise entstehen erst einmal kaum Konflikte zwischen den Gruppenmitgliedern. Sollten jedoch trotzdem erhebliche Störungen zwischen den Teilnehmerinnen auftreten, unterbrach Paul den vorgesehenen Ablauf für eine Sitzung zur Klärung, da sie sonst den Fortschritt der Arbeit behindern könnten. Dabei wandte er die Methode des „Encounter" an, auch „Löschen von Ressentiments" genannt.

In manchen Workshops wie dem „Schatten" (Owning The Shadow) sind Konflikte zwischen den Mitgliedern eher wahrscheinlich. In diesen Fällen ist das „Encounter" fester Bestandteil des Ablaufs.

Encounter

In einer ersten Runde gehen die Gruppenteilnehmer zu den einzelnen anderen Personen, mit denen noch eine Störung offen ist, setzen sich gegenüber
und drücken ihren Ärger aus.

Mich stört, ärgert …, dass du …
(konkretes Verhalten)
Partner wiederholt in eigenen Worten.

Ich wünsche mir, fordere … von dir, dass du

Partner wiederholt in eigenen Worten.

Ich übernehme Verantwortung für mich,
indem ich …
Partner wiederholt in eigenen Worten.

Danke, dass du mir zugehört hast.
Danke, dass du mir das gesagt hast.

In einer zweiten Runde wird Wertschätzung ausgedrückt.

Mir gefällt, ich mag an dir …, dass …
Partner wiederholt in eigenen Worten.

… und es ist gut, dass du das weißt.
… und es ist gut, dass ich das weiß.

Helga Weule und Manfred Weule haben zur Gruppendynamik und Gemeinschaftsbildung weitergeforscht. Hier folgt eine Kurzfassung ihrer Erkenntnisse:

Gruppenbildungsprozesse sind kollektive rituelle Heldenreisen, Heldenreisen sind innerpsychische Gruppendynamikprozesse.

Die Bewegung von 1968 brach vorhandene Autoritätsstrukturen und die „Konsensrealität" der Nachkriegszeit auf. In ihr war ein inhaltlicher Schwerpunkt gruppendynamischen Geschehens die Auseinandersetzung mit der Autorität der Gruppenleitung bzw. der Gruppendynamik-Trainerinnen[30]. Diese Auseinandersetzung war und ist die Schwelle ins Unbekannte einer Gruppenbildung, in der sich alle Beteiligten auf den neuen „Geist" ihrer Gruppe beziehen. Oder wie Paul das in Heldenreise-Seminaren erläuterte: einer Gruppe, in der nicht dauernd eine Person im Mittelpunkt steht, sondern eine Kerze als Symbol der kollektiven Reise zu einem gemeinsamen Ziel gewählt wird (vgl. Rebillots Unterscheidung zwischen schwarzer und weißer Magie in den Gesprächen).

Das Forschungsprojekt „Helden der Inklusion und Transformation – HIT" zeigte auch deutlich, dass im Prozess der Gruppenbildung in Richtung Gemeinschaft und in allen Veränderungsprozessen fünf Schritte wichtig sind:[31]

1. Entdecke den Wandlungsimpuls und zeige ihn.

2. Lade den Widerstand dagegen ein, sich zu zeigen.

3. Lass beide Seiten den Konflikt austragen und eine Entscheidung finden.

---

[30] Siehe auch die Deutsche und die Österreichische Gesellschaft für Gruppendynamik und Organisationsberatung (DGGO und ÖGGO).

[31] Weule, H. und Weule, M. (Hrsg.) (2019) und Weule, H. und Weule, M. (2020): *Grundgefühle als Kompass für Heldenreisen aller Art* in: info@lebensberater.at Nr.73 März 2020, S. 16-18 und auf www.i-cons.info unter „Publikationen".

4. Geh ins Unbekannte und stelle dich deinen Prüfungen.

5. Erkenne etwas Neues als Geschenk und mache es zum Bestandteil des
   Alltagslebens.

Diese fünf Schritte sind wesentlich in jedem Innovationsprozess, in
„Initiationen" und Krisenprozessen und allen selbst entwickelten kreativen
Ritualen.

Diesen fünf Schritten entsprechen im Grundgefühlszyklus die fünf
Grundgefühle Neugier – Angst – Aggression/Schmerz – Trauer – Freude
wie auch die fünf Schritte des Heldenreiseprozesses: Held und Helfer –
Dämon des Widerstandes – Konfrontation und Vereinbarung – Land des
Unbekannten und Prüfungen – Geschenke und Heimkehr. Sie bieten Ori-
entierung nicht nur für individuelle Entwicklungsprozesse, sondern auch
für Prozesse kollektiver Gemeinschaftsbildung.

Heilendes Theater

Der konsequent erfahrungsbezogene Ansatz, die Gestalttherapie in der
Tradition von Dick Price und die Beachtung der Gruppendynamik spielen sicher eine Rolle bei der Frage, wieso die Arbeit von Paul Rebillot und vor
allem die Heldenreise so wirksam sind. Sie können aber nur einen Teil erklären. Das eigentliche Geheimnis liegt woanders.

Paul Rebillots zentrales Interesse galt der Entwicklung eines modernen
heilenden Theaters. Er beschäftigte sich intensiv mit den Gesundungsprozes-
sen in antiken griechischen Heilungszentren wie Epidauros. Ein wichtiger
Teil davon war das Theater, die Tragödie, die heilende Wirkung der Auseinandersetzung mit Mythen und Archetypen.

Die Griechen erkannten die Beziehung zwischen Geist, Herz und Körper
und bauten in ihrem Heilzentrum nicht nur ein Hospital, sondern auch eine
Turnhalle, einen Tempel und ein Theater. Bestimmte Theaterstücke, die sich

mit der psychologischen Reflexion der Krankheit befassten, wurden einer Person als Teil der Heilung verordnet. Im jeweiligen Stück sah die Person den sterblichen Menschen in Konfrontation mit den ewigen Archetypen. Im ganzheitlichen Miterleben identifizierte sich das griechische Publikum so mit dem Schauspieler, dass es durch ihn die Heilkraft des Konflikts, der Krise und der Transformation des Protagonisten erfahren konnte.

Rebillot war davon überzeugt, dass es heute nicht mehr genügt, Mythen nur zu hören oder im Drama zu konsumieren. Wichtig sei in unserer Zeit, die Mythen nachzuerleben, sie in Gruppenprozessen zu inszenieren, um ihren Reichtum voll und ganz nutzen zu können. Anders als im Psychodrama übernimmt der Protagonist alle Rollen selbst oder erlebt in Übungssequenzen die Essenz einer mythischen oder mit einem Archetyp verbundenen Szene. Um die therapeutische Magie des Theaters wiederzugewinnen, müssen wir das Theater unserer eigenen Seele betreten, Hauptdarsteller in unserem eigenen kosmischen Drama werden und die Ewigkeit der mythologischen Struktur die Zeitlichkeit des Alltags durchdringen lassen.

So erschuf Rebillot eine völlig neue und höchst kreative Verbindung von Gestalttherapie und Tiefenpsychologie.

Ritual

Rebillots Arbeit ist eng mit dem Thema Ritual verbunden. Seine ganze Arbeit hat rituelle Form. Wir nennen sie deshalb Rituelle Gestaltarbeit.

Einerseits haben die Workshops, die er entwickelt hat, einen rituellen Aufbau. Andererseits nutzen wir in diesen Strukturen einzelne Rituale, um bestimmte Ziele zu erreichen.

Rituale waren aus unserer „aufgeklärten", westlich-abendländischen Kultur weitgehend verschwunden. Sie galten als unwissenschaftlich, als Aberglaube, Humbug, Zeitverschwendung. Doch langsam wird wieder deutlich, dass sie weit mehr sind und sehr wichtige Funktionen erfüllen.

Paul Rebillot hat gezeigt, dass Rituale sich auf gewisse Weise ähneln, völlig gleichgültig, aus welcher Kultur oder Tradition sie stammen. Sie haben überall ähnliche Elemente, eine einheitliche Grundstruktur. Über die Jahrtausende hat die Menschheit herausgefunden, dass wir über Rituale mit dem Unbewussten in uns oder auch mit anderen unsichtbaren Kräften kommunizieren können.

In seinen Ritualen integrierte Rebillot auf kreative Art und Weise Elemente verschiedenster Kulturen und psychologischer Schulen. Neben christlichen, buddhistischen und antiken griechischen Einflüssen stehen die Traditionen der nordamerikanischen Ureinwohner sowie Elemente der Tiefenpsychologie nach C. G. Jung und vieler Ansätze der humanistischen Psychologie wie Gestalttherapie, Psychodrama, Systemische Arbeit und verschiedener Richtungen humanistischer Körperarbeit. Zahlreiche Elemente, zum Beispiel die meisten Lieder, sind im Human Potential Movement entstanden.

Paul Rebillot schrieb über das Ritual:

„Das Ritual ist ein Tor, durch das wir aus unserer gewöhnlichen Welt in eine andere Dimension schreiten. Es ist die Überschneidung von Zeit und Ewigkeit – ein Ereignis, bei dem allgemeingültige Muster das Alltagsleben durchbrechen und befruchten. Unter diesen Umständen ist ein Ritual eine Bewusstseinsschwelle …

Der Ritualkreis bildet einen geschützten Bereich, den Menschen mit ihrem Körper und ihrem Bewusstsein schaffen, um in einem sicheren Rahmen veränderte Seinszustände zu erfahren. Der Kreis wird zu einem Tempel, in den wir das Göttliche einladen …

Im Ritual lernen wir, wie wir uns mit voller Absicht in erweiterte Bewusstseinszustände versetzen und diese wieder beenden können. Es ist sehr wichtig zu verstehen, dass wir mit dem Verlassen des rituellen Raumes auch die Wirklichkeiten und Gesetze des rituellen Raumes dort zurücklassen …

Wenn wir den rituellen Raum betreten, müssen wir (…) in der Lage sein, die Welt der Begrenzungen hinter uns zu lassen, um in die Welt einzutauchen, in der alles möglich ist und sie anschließend wieder zu verlassen und in die Welt der Begrenzungen zurückzukehren. Nur dann verstehen wir die beiden Seiten der Schwelle."[32]

Zusammengefasst ist ein wichtiger Beitrag Paul Rebillots sein modernes Verständnis von ritueller Arbeit als effektives Instrument der Kommunikation mit dem Unbewussten in Verbindung mit glaubensübergreifender Spiritualität.[33]

Doch da gibt es noch einen weiteren Faktor, der die Wirksamkeit seiner Arbeit, vor allem der Heldenreise, beeinflusst.

Der Monomythos

Rebillot war seit seinen Theatertagen von Campbells Begriff des „Monomythos" angezogen (der ursprünglich aus James Joyces *Finnegans Wake* stammt). Er wurde zu einer zentralen Komponente seiner Anwendung von Ritualen, um den Transformationsprozess zu gestalten. Campbell führt in der folgenden Passage das Wesentliche seines Begriffs vom Monomythos aus:

„Der Weg, den die mythische Abenteuerfahrt des Helden normalerweise beschreibt, folgt, in vergrößertem Maßstab der Formel, wie die Abfolge der *rites de passage* sie vorstellt: Trennung – Initiation – Wiederkehr, einer Formel, die der einheitliche Kern des Monomythos genannt werden kann. (...) Der Held verlässt die Welt des gemeinen Tages und sucht einen Bereich übernatürlicher Wunder auf: Fabelhafte Kräfte werden gemeistert und ein

---

[32] Rebillot, Paul mit Kay, Melissa (2016), S. 33 f.

[33] Eine ausführliche Beschreibung von Ritualen auf der Basis der Arbeit von Paul Rebillot findet sich in Mittermair, Franz (2021): *Kraftvolle Rituale selbst gestalten.*

entscheidender Sieg wird errungen, dann kehrt er mit der Kraft, seine Mitmenschen mit Segnungen zu versehen, von dieser geheimniserfüllten Fahrt zurück."[34]

So beschreibt der Monomythos, wie wir Menschen durch Reifungskrisen gehen. Es gibt immer wieder Phasen im Leben, in denen wir unser altes Selbstverständnis, überkommene Einstellungen und Verhaltensweisen oder nicht mehr greifende Sicherheiten aufgeben müssen, um zu reifen und neue Qualitäten und Fähigkeiten zu gewinnen. Solche Übergänge sind der Eintritt in Kindergarten oder Schule, die Pubertät, der Schritt ins Berufsleben, Heiraten oder Elternwerden, die Sinnkrise in der Lebensmitte, Trennungen, der Ausstieg aus dem Berufsleben und so weiter.

Diese Übergänge sind oft nicht einfach zu bewältigen. In früheren Kulturen gab es Übergangsrituale, die dabei Unterstützung boten. Heute werden wir damit weitgehend alleine gelassen. Nicht vollendete Übergänge verhindern die weitere Reifung. Ein Beispiel dafür sind Menschen, die ihre Pubertät nicht abgeschlossen haben und sich noch als Erwachsene wahllos allen Autoritäten unterordnen oder sie grundsätzlich bekämpfen, statt selbst Verantwortung zu übernehmen.

Paul Rebillot entwickelte nun, inspiriert von Campbells Konzept, ein Seminar, das dazu diente, jeder einzelnen Teilnehmerin die Inszenierung ihres persönlichen Heldenweges zu ermöglichen. Es enthielt zwei zentrale Themen. Einerseits das Thema des „Aufbruchs", des Kampfes zwischen dem Helden, der Seite, die sich weiterentwickeln will, seiner Sehnsucht folgen will und dem „Dämon des Widerstandes", der Ängste hat, am Alten festhalten will, sowie schließlich der Lösung dieses Konfliktes. Andererseits das Thema von „Tod und Auferstehung", das endgültige Loslassen des alten Konzeptes, der überkommenen Vorstellungen und Bindungen, um wie Phönix aus der Asche wieder aufzuerstehen, bereit für den neuen Lebensabschnitt. In der Tiefe bedeutet dieser Schritt den Tod des „kleinen Ichs" mit all seinen

---

[34] Campbell 1978, S. 36

egozentrischen Beschränkungen, Ängsten und Bedenken und die Geburt des weitaus größeren Selbst.

Nach einer Weile teilte Paul Rebillot dieses Seminar in zwei Teile auf, die seither die Strukturen der „Heldenreise" und von „Tod und Auferstehung" bilden.

Im Heldenreise-Seminar wird der geschilderte Konflikt zwischen dem Helden und dem Dämon bearbeitet und für die gegenwärtige Situation gelöst. Entweder erstreiten sich die beiden Kontrahenten einen Kompromiss oder der Konflikt löst sich auf. Dies kann geschehen, wenn der Dämon erkennt, dass seine meist noch aus der Kindheit stammenden Abwehrmuster und Ängste nicht mehr nötig sind.

Durch die Lösung des Konfliktes wird die Stagnation zwischen diesen beiden Persönlichkeitsanteilen aufgelöst und so die Ursache der Unzufriedenheit, der Depressivität oder der psychischen Probleme weitgehend behoben. Dann bekommen die Teilnehmer Gelegenheit, ins „Land der Wunder" zu reisen, in die innere Fantasiewelt, ins Reich des Unbewussten. Dort können sie sich Ängsten oder Erlebnissen, die ihren Problemen auf tieferer Ebene zugrunde liegen, stellen und sie bewältigen, aber auch großartige Erfahrungen machen, von Reisen um die ganze Welt bis zu spirituellen Visionen. Eine Belohnung, ein symbolischer Gegenstand, gibt wertvolle Hinweise für die Zukunft.

Meist tauchen hier bedeutsame Themen des persönlichen wie auch kollektiven Unbewussten auf. Und zwar gerade diejenigen, die in der momentanen Phase wahrgenommen und gelöst werden wollen. So ist es kein Wunder, dass sich hier oft das Thema „Tod und Auferstehung" zeigt.

Dass der essenzielle Konflikt zwischen dem expansiven Pol (Held) und dem kontraktiven Pol (Dämon) in der Regel auf tiefer Ebene gelöst wird und damit der Weg zu einem erfüllteren und gesünderen Leben frei ist, ist wohl der wichtigste Faktor für die außerordentliche Wirksamkeit der Heldenreise.

Neben der Heldenreise und dem Thema „Tod und Auferstehung" wandte sich Paul Rebillot im Laufe der Zeit anderen grundlegenden Themen menschlicher Entwicklung zu. Es entstand eine ganze Reihe weiterer außergewöhnlich kreativer Prozesse. Für sie gilt zwar nicht, dass sie den Grundkonflikt zwischen Veränderung und Beharren lösen. Sie verfügen aber über alle anderen zuvor genannten Faktoren der Wirksamkeit, weshalb auch sie sehr effektiv sind. Diese Strukturen stellen wir im nächsten Kapitel vor.

Rebillots Ziel war immer, moderne Formen der Bewusstseinsentwicklung mit uralten Wegen und uraltem Wissen über menschliche und spirituelle Entwicklung zu verbinden. Durch das Ansprechen aller menschlichen Ebenen wird das schlummernde Potenzial von selbstinitiierter Heilung und Entwicklung entfaltet und gefördert. Eine neue Qualität von individueller Selbsttherapie innerhalb eines schützenden, rituellen Gruppenrahmens ist so entstanden. Die Strukturen, die Paul Rebillot entwickelte, bieten uns heutigen, verstandesorientierten Menschen wieder Zugang zu unseren Gefühlen, zu unserer Lebendigkeit, und sie vermitteln uns Zugänge zu tiefen Antworten auf die Fragen, wer wir sind, woher wir kommen und wohin wir gehen.

Paul Rebillot schreibt zur Entstehung des Heldenreise-Prozesses:

„1972-73 arbeitete ich mit den Mitarbeitern der geschlossenen Abteilung in einem Krankenhaus in Turlock, Kalifornien. Der verantwortliche Psychiater und das Personal folgten Ronald D. Laings Idee, dass psychische Erkrankungen eigentlich keine Krankheit sind, sondern eine Bewegung in Richtung Gesundheit. Die Patienten erhielten Medikamente nur auf eigene Anfrage und so war die Station voller Menschen in ziemlich aktiven Störungszuständen. Wenn eine Patientin „überwacht" werden musste – sie saß in einem sicheren Raum, da sie einen Wutausbruch zum Beispiel über ihren Vater erlebte –, konnte die begleitende Mitarbeiterin eine Retraumatisierung erfahren, falls auch sie ungelöste Probleme mit ihrem Vater hatte. Ich war dort, um bei diesem Problem zu helfen und die Mitarbeiter beim Durcharbeiten ihres eigenen Materials zu unterstützen.

Als wir uns eines Abends nach der Arbeit entspannten, berichtete mir eine Krankenschwester, wie neidisch sie auf Patienten war, die es geschafft hatten, durch ihre Krankheit hindurchzugehen und auf die andere Seite zu kommen. Da durchzuckte mich eine Idee. Was wäre, wenn ich einen Übergangsritus für Ärzte, Krankenschwestern und psychiatrische Sozialarbeiter schaffen würde, um ihnen die Erfahrung ihrer eigenen Verrücktheit in einer Art ritueller Dramatisierung zu ermöglichen? Auf diese Weise würden sie „von innen" ahnen, was ihre Patienten erlebten, und hätten Hilfe, sich ihnen mehr aus einer vertrauten Position und weniger als Lehrbuchfall zu nähern.

Ich war bereits mit der Arbeit von Joseph Campbell (Campbell 1949, 1972) und John Weir Perry vertraut (Perry 1998). Beide weisen darauf hin, dass viele der Bilder, die im klassischen mythischen Archetyp der Heldenreise erscheinen, auch Bilder sind, die häufig in einer schizophrenen Episode auftauchen. Also nahm ich die von Campbell angegebene Handlungsstruktur und schuf eine Art rituelles Drama, das die Menschen durchleben konnten (Rebillot und Kay 2017).

Die Ergebnisse waren ziemlich dramatisch. Leute sagten mir, dass sie viel fähiger und bereit waren, Dinge zu tun, von denen sie vorher nur geträumt hatten. Dass sie eine Art Mut gefunden hatten, von dem sie nie geträumt hatten, dass sie ihn besäßen. Ob die Struktur Verrücktheit wirklich rituell dramatisiert hat, kann ich nicht sagen. Einige, die den Prozess durchlaufen hatten, dachten, dass dies der Fall war, andere waren anderer Meinung. Doch was auch immer geschah, war eindeutig eine Veränderung zum Besseren."[35]

---

[35] Rebillot, Paul (2006)

Die rituellen Seminarstrukturen

Franz Mittermair

Überblick

Zentrales Element der Arbeit Paul Rebillots sind seine rituellen Seminarstrukturen.

Diese Strukturen besitzen alle einen ähnlichen Aufbau. Sie durchlaufen eine Periode der Einstimmung und des Kennenlernens über eine mittlere Phase der Erforschung und Vertiefung des Themas bis zur Lösung und Abrundung.

Die erste Phase ermöglicht es der Gruppe, sich kennenzulernen und aufzuwärmen. Das Thema des Workshops wird eingeführt. Damit die Teilnehmerinnen möglichst schnell miteinander in Kontakt kommen, werden häufig wechselnde Paare gebildet.

In der Hauptphase wird das Thema mit verschiedensten Methoden bearbeitet, die zuvor schon geschildert wurden: Fantasiereisen, kreative Techniken wie Malen und Maskenbau, Rituale, Inszenierungen, Rollenspiel, Gestaltdrama, Tanz, Bioenergetik und vieles mehr.

In der dritten Phase wird das Thema abgerundet. Die mythische Ebene wird wieder verlassen. Vertragsarbeit unter den Teilnehmern bereitet die Rückkehr in den Alltag vor.

Paul Rebillot ordnete seine Strukturen immer einmal wieder etwas anders. Ich beziehe mich hier vor allem auf ein Handout aus der Ausbildung, die ich bei ihm besuchte.

Er war einerseits der Ansicht, dass die Gestaltprozesse „Family Circles" und „Demon Should" vor den weiteren Ritualstrukturen besucht werden sollten. Dies könne dafür sorgen, dass die toxische Energie minimiert wird, welche die Psyche aufgrund der Sozialisation transportiert, bevor man sich den machtvollen Archetypen zuwendet. Es sei auch deshalb sinnvoll, weil ungelöste Themen aus der Kindheit, vor allem mit den Eltern, die Arbeit mit dem Thema des aktuellen Workshops immer wieder stören oder überlagern. Andererseits steht in der Heldenreise und nur dort die Arbeit mit dem inneren Widerstand in Form des „Dämonen" im Mittelpunkt. Ist der Konflikt zwischen der Seite, die wachsen möchte, und dem ängstlichen und beharrenden Teil nicht gelöst, steht dieser wiederum der Arbeit mit den Themen aus der Kindheit im Wege.

Rebillots herausragende Schöpfungen sind wohl seine sogenannten „Ritualstrukturen", vier intensive Wochenseminare, die zusammen das bilden, was wir inzwischen die „Große Heldenreise" nennen.

Ursprünglich waren, wie bereits beschrieben, die „Heldenreise" und „Tod und Auferstehung" ein einziger Workshop, den er dann aufteilte.

In der „Lover's Journey", die später detaillierter beschrieben wird, liegt der Fokus auf positiven wie negativen männlichen und weiblichen Rollenbildern, die Einfluss auf die Liebesfähigkeit haben – besonders auf den Archetypen der Anima und des Animus (C. G. Jung). Die Qualitäten dieser Rollenbilder werden integriert und in einer mythischen Hochzeit vereint.

Auch der Workshop „Owning the Shadow" wird später genauer vorgestellt. Er konzentriert sich auf den Schatz in der dunklen Seite der Persönlichkeit, von C.G.Jung „Schatten" genannt. In allem, was wir an uns ablehnen oder uns nicht zugestehen, auf andere projizieren und dort bewundern oder bekämpfen, sind wichtige, (noch) nicht gelebte eigene Eigenschaften und Fähigkeiten verborgen, die angenommen und integriert werden können.

Neben den Ritualstrukturen entwickelte Rebillot seine „Gestalt-Prozesse". In diesen Workshops werden ungelöste Themen aus der Entwicklung

der Teilnehmer, unbewusst gefasste Entscheidungen und unreflektiert übernommene Glaubenssätze vor allem mit Mitteln der Gestalttherapie, aber dennoch sehr kreativ und mit vielfältigen Methoden bearbeitet. Mehr zu den Ritualstrukturen und Gestaltprozessen finden sich in Mittermair, Franz (2019).

Die Strukturen, die einzelnen Mythen folgen, entstanden zum Teil in Zusammenarbeit mit Teilnehmerinnen seiner Ausbildungen. Manche davon sind
nicht abgeschlossen.

Hier folgt eine Aufzählung seiner Strukturen. Die Daten geben an, soweit
bekannt, wann sie zuerst öffentlich angeboten wurden. Es wird der Titel genannt, unter dem die Workshops im deutschsprachigen Raum gebräuchlich
sind, mit gegebenenfalls einer Übersetzung in Klammern.

Rituale

Die Heldenreise (The Hero's Journey) – 1975

The Lover's Journey – 1982

Der Schatten (Owning the Shadow) – 1984

Tod und Auferstehung (Death and Resurrection) – 1975

Gestaltprozesse

Family Circles (Familienkreise) –1978

Exorcising the Demon Should (Der Dämon Du Sollst) – 1982

The Art of Saying Goodbye (Die Kunst, sich zu verabschieden)

Transformationsrituale (Rituals of Transformation)

Mythos

Die Suche nach dem Goldenen Vlies

Der Weg der Inanna – 1994

Die Suche nach dem Gral (Parzival)

Eros und Psyche (Sexualität)

Tristan und Isolde (Sexualität)

Love Stories (Sexualität)

Auf den Spuren Abrahams

Täin erleben

Faust: Der moderne Mensch und die Suche nach Macht

Selbstausdruck

Der persönliche Mythos

Selbstporträt

Theater-Improvisationen

Das Rad des Lebens (The Reincarnation Game)

Ausbildung

Der Tanz mit den Göttern (Dancing with the Gods – Myth)

Gestalt als Kunstform

    Die Teilnahme an Rebillots Workshops war ein intensives Unterfangen. Sie fanden in Seminarhäusern statt und dauerten meist sechs oder sieben Tage – manchmal länger – mit drei Arbeitssitzungen von jeweils drei Stunden an jedem ganzen Tag. Paul Rebillot arbeitete gerne in relativ großen Gruppen von 30 Personen und mehr. Aus diesem Grund bildete er sogenannte *„family groups"* von etwa fünf bis acht Personen, damit sich diese sicher fühlten und der Austausch untereinander nicht zu lange dauerte.

Die heute angebotenen Seminare finden immer noch in Seminarhäusern statt, dauern aber nur noch fünf bis sechs Tage und haben in der Regel zwischen 12 und 18 Teilnehmerinnen und Teilnehmer.

Die vier Gestaltrituale „Die Heldenreise", „The Lover's Journey", „Owning the Shadow" und „Death and Resurrection", die Gestaltprozesse „Family Circles" und „Demon Should" sowie die Mythen-Seminare „Der Weg der Inanna" und „Die Suche nach dem Goldenen Vlies" werden im Institut für Gestalt und Erfahrung (IGE) regelmäßig in deutscher Sprache angeboten, einige davon auch in anderen Instituten im deutschsprachigen Bereich. Das IGE bietet zudem Ausbildungen in Ritueller Gestaltarbeit an.

Im Anschluss beschreibe ich verschiedene Seminarstrukturen genauer. Dazu gehören die vier zentralen Workshops, die wir inzwischen zusammen mit dem Heldenreise-Seminar die „Große Heldenreise" nennen: „Family Circles", „The Lover's Journey", „Der Schatten" und „Tod und Auferstehung".

Als Beispiele für weitere Strukturen dienen „The Abraham Project", „The Dream Tarot" und „Der Weg der Inanna".

Family Circles

Paul Rebillot bot dieses Seminar zuerst 1978 an. Er schrieb zu diesem Seminar (undatiert):[36]

„Auf der Grundlage des Psychodramas, der Gestalt- und der psychomotorischen Arbeit von Moreno, Perls und Pezzo habe ich eine Struktur geschaffen, die den Teilnehmern effektiv ein neues Leben ermöglicht, indem sie ihnen die in der Kindheit verloren gegangene Kraft zurückgibt.

Die Absicht des „Family Circles"-Prozesses ist es, zurückzugehen und die Botschaften und Programme zu finden, die das ursprüngliche Potenzial der Kindheit zuerst verknotet haben und die weiterhin das Verhalten der Erwachsenen beeinflussen. Eine Botschaft wie ‚Kinder sollten gesehen und nicht gehört werden‘ kann dazu führen, dass sich ein Mensch auch im Erwachsenenalter nicht in der Lage fühlt, zu singen, zu schreien oder gar für sich selbst einzutreten. Die Botschaft ‚Lass' mich das machen, du kannst es nicht‘, die in der Kindheit oft genug vermittelt wurde, bleibt in der Psyche des Erwachsenen, der sich unfähig fühlt, einen Job zu erledigen oder eine Beziehung zum Funktionieren zu bringen.

Im „Family Circles"-Prozess erwecken wir diese Botschaften und Bilder in einer dramatischen Wiederinszenierung zum Leben, sodass wir aus unserer erwachsenen Sicht und mit unseren erwachsenen Fähigkeiten in der Lage sind, uns in Bezug auf sie zu behaupten und sie schließlich zu zerstören. Wir exorzieren sie aus unserer Psyche, sodass sie die Verwirklichung unseres Potenzials nicht mehr verhindern.

Der erste Schritt ist jedoch das Wiedererleben der Kindheitsreaktion; das Zurückfordern dieser Reaktion ist das Zurückfordern der Spontaneität. Traumatische Kindheitsreaktionen sind unter den Masken und Spielen

---

[36] Übersetzung von Franz Mittermair, ebenso bei den weiteren Originaltexten von Paul Rebillot in diesem Kapitel.

begraben, die wir entwickelt haben, um sie zu verbergen. Indem wir uns erlauben, das Trauma wiederzuerleben, setzen wir auch die enorme Menge an Energie frei, die wir benutzt haben, um es aus unserem Bewusstsein zu verdrängen. In der Freisetzung dieser beiden Energien – der ursprünglichen Reaktion und der verdrängenden Kraft – finden wir die Stärke, endlich auf die bedrohliche und hemmende Botschaft, die das Trauma zuerst hervorgebracht hat, zu reagieren und sie zu zerstören.

Jeder von uns ist ein unglaublich großer, vielkammeriger Nautilus[37] der Existenz. Und jeder der Räume hat einen Namen: Es gibt den Panikraum, den Angstraum, den Raum der sexuellen Ekstase, den Gottesraum, den Verzweiflungsraum. Und jeder von uns ist ein Bewusstseinspunkt, der sich durch die Korridore seines ‚Hauses‘ bewegt, der die Räume betritt und aus ihnen herauskommt oder durch sie in andere Räume geht. Aber wenn es einen Raum gibt, vor dessen Namen wir uns fürchten, einen, der vielleicht ‚das Unbekannte‘ heißt und an dem wir immer auf Zehenspitzen vorbeigehen, dann ist das der Raum, der unser Leben bestimmen wird. Die Türen, die wir nicht zu öffnen versuchen, sind die Räume, die mit den Erfahrungen gefüllt sind, die unser Leben bestimmen – bis wir diese Erfahrungen wieder zulassen.

Ein Teil des Wachstums, so scheint es mir, besteht also darin, so viele dieser Türen wie möglich zu öffnen, in die Mitte des Raumes zu gehen und so vollständig wie möglich zu erfahren, was dieser Raum zu bieten hat. Dann haben wir die Wahl, uns entweder umzudrehen und ihn wieder zu verlassen oder durch die Erfahrung zu gehen und herauszufinden, was sich auf der anderen Seite befindet. Wenn wir das tun können, wofür wir uns entscheiden, dann, so scheint es mir, sind wir bewusste Wesen, die sich selbst als die Quelle ihres Erlebens erfahren und die Verantwortung für ihr Leben übernehmen.

---

[37] Meeresschnecke, deren Schalen viele Kammern aufweist.

Im „Family-Circles“-Prozess geht die Person zurück zu den traumatischen Botschaften, die sie empfangen hat, und gibt sich die Erlaubnis, sich dieser Kindheitserfahrung hinzugeben. Dann beginnt sie allmählich, mit Unterstützung der Gruppe, die erwachsene Fähigkeit zu entwickeln, diesen Botschaften und Botschaftern mitzuteilen, was sie ihnen sagen will, und schließlich die negativen Botschaften zu zerstören. Auf diese Weise vervollständigt sie die ursprüngliche Erfahrung, indem sie sie vollständig fühlt und dann auf eine erwachsene, selbstverantwortliche Weise darauf reagiert.

Sobald die negativen Botschaften wieder erlebt und zerstört oder auf irgendeine bewusste Art und Weise inkorporiert sind, kann die Person zurückgehen und ihre Vergangenheit neu erschaffen. Durch den psychodynamischen Prozess des *„Reparenting“* schreibt die Person ihre Kindheit so um, wie sie sie gerne gehabt hätte. Sie erschafft für sich eine positive Erfahrung. Die negativen Botschaften haben Knoten in die Stränge ihres Potenzials geknüpft. Jetzt sind die Knoten gelöst, aber diese Aspekte ihres Wesens sind immer noch zerbrechlich, sie brauchen Stärkung und Ermutigung. Und so teilen ihr die idealen Eltern mit, was sie hören muss, um diesen Teilen ihres Wesens die größtmögliche Chance auf Wachstum zu geben.[38]

Wenn die negative Mutter sagte: ‚Sei still; Kinder sollten gesehen und nicht gehört werden‘, sagt die ideale Mutter: ‚Rede, so viel du willst, schreie und brülle, wenn du willst; es ist wunderbar zu hören, wie du dich ausdrückst.‘ Wenn der negative Elternteil sagte: ‚Fass’ mich nicht an; ich will dich nicht anfassen; du darfst niemanden berühren‘, dann sagt der ideale Elternteil: ‚Es ist gut, wenn du mich berührst; ich berühre dich gern. Es ist gut, in Kontakt mit anderen Menschen zu sein und es ist gut, ein sexuelles Wesen zu sein.‘

---

[38] Bei der Methode des Reparenting übernehmen zwei Gruppenmitglieder die Rollen eines idealen Vaters und einer idealen Mutter. Sie sprechen die heilsamen Sätze zum Initiator, die sich dieser wünscht.

So unterstützen die inneren idealen Eltern den Aspekt der Person, der durch das Negativprogramm zurückgeblieben ist. Die erwachsene Person hat nun die Möglichkeit, frei zwischen den Alternativen zu wählen: schreien oder nicht schreien, singen oder nicht singen, sexuell sein oder nicht sexuell sein, Kontakt aufnehmen oder nicht. Und so dehnen sich nach und nach die verknoteten Stränge des Seins und öffnen sich wieder zum Leben.

In diesem Prozess der Selbstheilung lernen wir auch Mitgefühl. Wie M. C. Richards es in ‚The Crossing Point' ausdrückt: ‚Es ist aus unseren Wunden, dass unser Mitgefühl fließt.' Indem wir unsere speziellen Probleme durcharbeiten, werden wir zu vollständigeren, tieferen menschlichen Wesen. Indem wir lernen, uns selbst zu heilen, lernen wir auch, andere zu heilen – offen und empfänglich zu bleiben für die Wunden, Themen und Prozesse anderer. Wir werden fähig, in mitfühlende Beziehungen von Wesen zu Wesen einzutreten."

The Lover's Journey

Die Lover's Journey bot Paul Rebillot das erste Mal im Jahr 1982 an.

Er selbst schrieb zu diesem Seminar:

„Mein Studium von C. G. Jungs ‚Psychologie der Übertragung'[39] regte mich an, das Konzept der alchemistischen Hochzeit als einen Prozess der Integration und Vereinigung der verschiedenen archetypischen Aspekte meiner selbst zu sehen. Indem ich meine eigenen Polaritäten erforschte, sah ich, wie sie die Organisation meiner Persönlichkeit beeinflussten. Indem ich mir der vier Aspekte meiner selbst bewusst wurde – des negativen und des positiven Mannes sowie der negativen und der positiven Frau – entdeckte ich, wann ich mit anderen Menschen authentisch bin und wann nicht. Alle vier müssen in mir zusammenleben, wenn ich Ganzheit erfahren will.

In der Konsequenz schuf ich einen Prozess, in dem Menschen durch die Entwicklung dieser Rollen entdecken können, wie sie ihre Beziehungen beleben oder verwirren. Indem sie diese Rollen ausspielen und Spaß mit ihnen haben, werden sie eher optional als obligatorisch.

Im Höhepunkt dieses Workshops gestalten die Teilnehmerinnen ein Vereinigungsritual. In dieser Hochzeitsfeier erschaffen sie die Möglichkeit, diese vier Aspekte tatsächlich mit sich selbst zu vereinen und damit das Gefühl der Ganzheit zu erwecken."

Anfangs wird in einer Fantasiereise in Bewegung die Entwicklung als Mann oder Frau bis zum aktuellen Zeitpunkt rekapituliert und es erscheint ein erstes Bild des Zieles der Reise, das in der Mitte eines Mandala-Bildes dargestellt wird.

---

[39] Jung, C. G. (1946)

Am zweiten Tag wird deutlich, dass die Struktur der Lover's Journey ungewöhnlich aufgebaut ist. Zuerst wird über den Fool's Dance eine „Landkarte" der einzelnen Teile des Seminares entwickelt, dann werden die Schritte im Laufe der weiteren Tage vertieft.

Den Anfang bildet die Auseinandersetzung mit der ersten Frau im Leben, der Mutter, und dem ersten Mann, dem Vater. In einer Bewegungsmeditation erfahren die Teilnehmerinnen den Einfluss der Eltern auf ihren Körper und befreien sich davon, soweit es möglich ist.

Weiter geht es zunächst mit dem positiven Bild des eigenen Geschlechts, das durch ein Heilungsritual für die (sexuellen) Verletzungen im Laufe des Mann- oder Frau-Werdens noch verstärkt und transformiert wird. Das Ergebnis wird, wie auch die weiteren Schritte, im Mandala-Bild festgehalten.

Dann folgt das negative Bild des eigenen Geschlechts. Im Rollenspiel wird es erforscht, was sehr viel Spaß machen kann, und in einem Transformationstanz verwandelt. In dieser Seminareinheit tanzen die Teilnehmer erst die „negative Macht-Fassade" dieser Figur, spüren dann dem tiefen Bedürfnis (need) dahinter nach, lassen anschließend allen Inhalt gehen und erlauben der Energie dieser Figur sich in eine positive, unterstützende Kraft zu verwandeln.

Das negative andere Geschlecht zeigt sich im „Schimpansen-Krieg", bei dem aller Ärger und Zorn über Verletzungen durch Personen des anderen Geschlechts hemmungslos ausgedrückt werden darf, in vertiefenden Gestaltarbeiten mit einzelnen dieser Personen und in der Stegreif-Inszenierung einer „Single-Party des negativen anderen Geschlechts". Auch diese negative Energie wird im Tanz transformiert.

Schwerpunkt der Beschäftigung mit dem positiven anderen Geschlecht bilden Animus und Anima. In diese Figur gehen nach Jung verschiedene Qualitäten ein: ein Tier mit seiner besonderen Kraft, die junge Liebe mit dem Erwachen der Sexualität, die reife, verantwortliche Beziehung, oft verbunden mit der Elternschaft, jemand, der als Mentor oder Mentorin in eine andere

Welt führt und eine spirituelle Führerfigur. Die Teilnehmer können ihrem Animus oder ihrer Anima in einer geführten Fantasie begegnen und die Figur dann verkörpern.

Die Qualitäten dieser vier Rollenbilder werden in einer mythischen Hochzeit, einem besonders festlichen Ritual, vereint. Jede nimmt die verschiedenen Qualitäten in symbolischer Form zu sich, seien es die vier Elemente, vier Farben, Kleidungsstücke, Musikstücke usw. Der Fantasie sind keine Grenzen gesetzt!

Die Teilnehmerinnen haben durch den Workshop die Chance, Beziehungen in Zukunft offener und ehrlicher zu leben. Die Begegnung mit dem anderen Geschlecht findet direkter statt, da Fantasien wie Projektionen und Übertragungen bewusster wahrgenommen und als solche benannt werden können.

Zwei weiterführende Texte von Paul Rebillot zu den Themen „Homosexualität als Quelle der Heilung für sich selbst und die Kultur" und „Beziehungsfähigkeit" sind in diesem Buch auf den Seiten 161 und 180 zu finden.

Vertiefende Literatur zum Thema Animus und Anima: Mittermair, Franz: *Neue Helden braucht das Land*, Seite 132 ff. und Sanford, John A.: *Unsere unsichtbaren Partner*.

Owning the Shadow

Paul Rebillot schreibt zum Thema dieses Workshops:

„Eines der wichtigsten und regelmäßig vermiedenen Themen im Leben ist die Fähigkeit, den Teil von uns anzunehmen, den wir nicht mögen – den Teil, den Jung den ‚Schatten‘ nannte.

Je mehr wir uns selbst einschränken, indem wir das nicht erleben, also nicht annehmen, was wir als negative Eigenschaften empfinden, desto mehr werden diese Energien unterdrückt und verschwinden schließlich aus dem Bewusstsein. Dann beginnen sie, sich ‚anzuschleichen‘ und uns in der Außenwelt herauszufordern. Wir werden zu Projektoren unserer eigenen verleugneten Energie. Wir werden ständig von jenen unserer Teile verfolgt, die anzunehmen wir uns weigern und die dafür von anderen Menschen übernommen werden. Wir erschaffen Feinde in der Hoffnung, dass wir – indem wir den Gegner erschaffen und ihn für all die Dinge verantwortlich machen, die wir in uns selbst nicht annehmen – wütend genug werden, um diesen Feind zu zerstören. In der Zerstörung dieses Feindes streben wir danach, den Teil von uns selbst zu zerstören, an den wir nicht glauben oder den wir nicht kennen wollen.

Wer einen Mörder tötet, wird zu dem, was er verabscheut. Wenn wir uns diese Feinde vornehmen und in unserer Angst und unserem Hass versuchen, sie zu zerstören, sie zu verleumden, auf eine schwarze Liste zu setzen oder sie auf die eine oder andere Weise zum Objekt unserer Verachtung zu machen, verlieren wir den Kontakt zur Wahrheit unseres eigenen Wesens. Sollten wir irgendwie in der Lage sein, diesen Gegner zu töten, und es hilft uns nicht oder klärt nicht die Probleme, über die wir entsetzt sind, dann müssen wir einen anderen erschaffen. Der größte Teil der Zerstörung, des Rassismus und des Terrorismus in der Welt entsteht aus einem Gefühl der Ohnmacht und der Erschöpfung daraus, dass wir unseren eigenen Schatten nicht annehmen.

Im Workshop werden wir daran arbeiten, herauszufinden, was das ist, das wir in uns als ‚den Anderen‘, ‚den Bösen‘ erschaffen – denjenigen, den wir loswerden wollen oder den wir bekämpfen wollen. Wer ist das? Und wie sind wir selbst so? Wie können wir diesen Teil von uns zurückfordern, den wir so fleißig nach außen projiziert und als ‚schlecht‘ und ‚nicht wir‘ und ‚böse‘ und ‚Feind‘ bezeichnet haben? Wie können wir uns das zu eigen machen und herausfinden, wer das ist, von innen heraus, und diese Energie, diesen Aspekt von uns selbst ins Bewusstsein bringen, sodass wir im Hier und Jetzt und in uns selbst damit umgehen können? Wenn das geschehen ist, können wir hoffentlich die Türen öffnen, um auf menschlicher Ebene mit den anderen da draußen in der Welt umzugehen, auf die wir diesen ‚Feind‘ projiziert haben.

Der Workshop hat also einen doppelten Zweck. Zum einen geht es darum, den Schatten, die negativen, dunklen, gewalttätigen Energien in unserem Wesen anzunehmen. Zum anderen geht es darum, zu lernen, mit denen zu sprechen, auf die wir dieses negative Selbst projiziert haben, zu lernen, wie wir mit ihnen als Menschen und nicht als Feinde kommunizieren können.“

Dieser Prozess geht zurück auf C. G. Jungs „Schatten“-Begriff. Jung versteht unter dem Schatten das Gegenstück zum Ich-Ideal, also diejenigen Persönlichkeitsanteile, die nicht zum Bild des „Idealen Ichs“ passen und deshalb verdrängt, dadurch verändert bis pervertiert und anschließend auf andere Menschen projiziert werden. Häufig handelt es sich dabei um Aggression, um sexuelle Wünsche, aber auch vieles andere wie Schwäche, Feigheit, Stolz und so weiter. Kurz, alle Sünden der Welt und alles andere, was die diversen Menschen, mit denen wir in unserem Leben zu tun hatten (angefangen mit den Eltern), nicht wollten. Alles, was wir deshalb zu verbergen suchten, kann zu unserem eigenen Schatten gehören.

Wesentlich für den Schatten ist, dass er zum großen Teil unbewusst ist. So bedarf es einiger Tricks, ihn aufzuspüren. Und dies versucht der erste Teil des Prozesses.

Die Woche beginnt damit, dass die Teilnehmerinnen und Teilnehmer Licht und Schatten beobachten, deren Qualitäten und ihre Assoziationen dazu notieren und diese Qualitäten mit „Ich bin ...“ auf sich beziehen. Nach diesem ersten Versuch, Projektionen zurückzunehmen, gilt das Augenmerk den „Ventilen“, über die wir relativ gefahrlos etwas von den zurückgehaltenen Antrieben loswerden können. Jeder erzählt drei Witze: den Lieblingswitz, einen ekligen und einen grausamen. Schließlich entsteht die erste Wachsmalkreide-Skizze des Ich-Ideals und des Schattens.

Nun wird der Schatten über die „sieben Todsünden“ eingekreist, wie sie nach Dantes *Göttlicher Komödie* im Fegefeuer gebüßt werden: Hochmut, Neid, Zorn, Gleichgültigkeit, Habsucht, Völlerei und Wollust. Sie alle sind aus der Liebe entstanden als deren Perversion, Mangel oder Übertreibung. Die Teilnehmer finden zuerst einen Körperausdruck für jede dieser Sünden und haben dann bei einer grellen Schatten-Party die Chance, die für sie schwierigste Sünde auszuspielen. Ein wahrhaft fürchterliches Fest mit noch schlimmeren Gästen – und trotzdem macht es Spaß, wenn man nicht gerade den Neid verkörpert.

Dann kommt die Liste der „Fünfundzwanzig Ekel“. Es ist nicht einfach, auf Anhieb so viele Menschen zu notieren, mit denen man seine Probleme hat und dann auch noch jeweils einige der kritischen Eigenschaften dazu. Und was hat das mit mir zu tun? Doch wenn daraus dann fünf Felder, fünf Typen destilliert sind, kommt so langsam eine Ahnung davon auf, dass es gerade meine eigenen ungeliebten Seiten oder Wünsche sind, die mir bei anderen am meisten auf den Wecker gehen. Diese fünf Schattenanteile werden schließlich in einen großen Sack gemalt (wie ihn der „Krampus“ hat, in manchen Gegenden der Schatten des Nikolaus). Nebenbei gehen die gefundenen Schattenbilder auch in das Hauptmedium des Prozesses ein, die persönliche Maske. Im Laufe der Woche wird eine Gipsmaske vom Gesicht angefertigt, dann in eine Maske des Schattens umgeformt und schließlich bemalt.

Faszinierend zu sehen, wie sogar Leute, die behaupten, keinerlei künstlerische Fähigkeiten zu haben, in der Maske einen kraftvollen, kreativen und anrührenden Ausdruck ihrer inneren Welt gestalten. Einen Abend lang haben die Masken Gelegenheit, in einer dem antiken griechischen Theater nachempfundenen Form ihre Qualitäten voll zur Geltung zu bringen. Später werden sie zum Gesprächspartner, zum Gegenüber bei der Auseinandersetzung mit unserem Schatten durch Methoden der Gestalttherapie.

Die Transformation und Integration der Schattenanteile sieht der Prozess auf drei Ebenen vor.

Für die körperliche Umwandlung der ungeliebten und weitgehend ungelebten Anteile hat Rebillot den „Transformationstanz" entwickelt. Die Gruppenmitglieder suchen zuerst einen Körperausdruck des Schattens, bilden eine Art Statue, die ihren Schatten darstellt. Aus dieser Figur entsteht ein Tanz. Die Teilnehmenden versuchen, das in diesem „Tanz-Bild" verborgene tiefe Bedürfnis (need) zu spüren, zum Beispiel „Ich brauche Liebe". Mit der Zeit wird der Tanz über die Vorgaben „Ich will ...", „Ich verdiene ...", „Ich fordere ..." verwandelt zu „Ich bin ..." – sichtbar wird hier also die Fähigkeit, das Bedürfnis selbst zu stillen und schließlich auch anderen etwas davon abzugeben.

Die Ebenen des Verstandes und der Emotionen erhalten Transformation und Integration in der Gestaltarbeit. Die Maske wird zum Gegenüber im „Pillow-Talk", im Zwiegespräch von Teilen unseres Selbst, in diesem Falle zwischen unserem Ich-Ideal und unserem Schatten. Wesentlich ist hier, herauszufinden, welche positiven und wichtigen Persönlichkeitsanteile im Schatten verborgen und so für das bewusste Selbst verloren sind.

Für die spirituelle Ebene ist das „Medizinrad" gedacht, eine Art Visionsreise auf der Basis einer indigenen Zeremonie, mit der die Struktur abschließt. Hier bekommt man von höheren Kräften oder einer inneren Stimme, wie man will, Auskunft über den tieferen Sinn des persönlichen Schattens.

Natürlich ist es nicht möglich, in einer einzigen Woche den Schatten vollständig zu integrieren. Genauer gesagt: Dies ist nie möglich. Denn immer wird ein Konflikt bestehen zwischen unserer Natur und den sozialen Anforderungen, die an uns gestellt werden. Rebillots Schatten-Prozess kann aber dazu verhelfen, durchaus brauchbare und wichtige Schattenanteile wiederzu-gewinnen. Aggression zum Beispiel kann sehr hilfreich sein, um die zum Teil wirklich beängstigenden Bilder und Handlungsimpulse aus unserem Unbe-wussten verstehbarer und damit handhabbarer zu machen und unsere zwi-schenmenschlichen Beziehungen von sehr belastenden Projektionen zu be-freien. Und er hilft, wie auch alle anderen Strukturen Rebillots, Zugang zur reichen und bereichernden Welt unseres Unbewussten zu finden – ein Zu-gang, der ansonsten oft über sehr gefährliche Wege wie Drogenkonsum oder Okkultismus gesucht wird.

Weiterführende Literatur zum Schatten: Mittermair, Franz: *Neue Helden braucht das Land,* ab Seite 148 und Bly, Robert: *Der Schatten.*

Tod und Auferstehung (Death and Resurrection)

Ursprünglich war das Thema „Tod und Auferstehung" Teil des Helden-reise-Seminars. 1975 entstanden daraus die beiden Workshops „The Hero's Journey" und „Death and Resurrection".

Das Thema „Tod" gehört in unserer Gesellschaft zu den größten Tabus. Dies ist ein Zeichen dafür, dass die meisten die Auseinandersetzung mit die-sem existenziellen Thema so weit wie möglich von sich weghalten wollen, die Konfrontation damit aufschieben, bis es schließlich unausweichlich wird. Das ist traurig, denn die Konfrontation mit unserer Endlichkeit und das Los-lassen der Angst vor dem Tod befreit uns dazu, mit dem Leben zu beginnen. Befreit uns davon, unser Leben damit verbringen zu müssen, uns von unserer Sterblichkeit abzulenken durch Karriere, materiellen Wohlstand und vieles andere. Befreit uns von dem latenten Festhalten an vermeintlichen Sicherhei-ten und befähigt uns, Altes tiefgreifend loszulassen, um dem Neuen Platz zu machen.

Aus welchen Gründen es wichtig ist, sich mit dem Tod zu beschäftigen, beschreibe ich ausführlich in *„Neue Helden braucht das Land"* (S. 188 ff.).

Dass die Auseinandersetzung mit dem eigenen Tod auch für Paul Rebillot zu einer Neuorientierung im Leben führte, beschreibt er in einem privaten Brief, den ich 1994 von ihm erhielt. Ich möchte daraus zitieren, da ich denke, dass die folgenden Gedanken für ihn sehr bedeutsam waren:

„Die ersten Momente des Jahres 1994 waren für mich sehr wichtig. Es stellte für mich einen großen Erfolg dar, dass ich das Jahr 1993 überstanden hatte und immer noch am Leben war.

Im Jahr 1991, vor einer Operation, hatte ich mit einer sehr lieben Freundin gesprochen, die auch Astrologin ist. Ich bat sie, für mich in meine Sterne zu schauen, um zu sehen, was ihrer Meinung nach mit mir los sein könnte, was das körperliche Problem verursachte, mit dem ich zu kämpfen hatte. Sie war ganz wunderbar. Sie lebt in der Schweiz und unsere Wege haben sich nicht ganz gekreuzt, aber sie ist extra nach Paris gereist, um mich dort zu treffen und mir eine lange und sehr gründliche Deutung meines Horoskops zu geben. Wir sprachen den ganzen Nachmittag miteinander und am Ende des Nachmittags, nachdem sie die Details des Horoskops für die nächste Zeitperiode fertiggestellt hatte, kam sie mit einer Aussage, die mich auf den Boden holte. Sie sagte, dass ich 1993 eine große Veränderung erleben würde, wahrscheinlich eine der größten Veränderungen in meinem Leben; es könnte sogar eine Veränderung der Dimension sein. Ich schaute sie an und sagte: ‚Du meinst, ich könnte sterben?‘ Sie war ziemlich schockiert über meine Interpretation. Sie sagte: ‚Ja, es ist eine ausreichend große Veränderung; sicherlich könnte eine Veränderung der Dimension den Tod bedeuten.‘ Nun, ich glaube, ich habe noch nie einer astrologischen Deutung so tiefgründig zugehört wie dieser speziellen Aussage. Es beunruhigte mich sehr, nachdem ich den Tod von Stanford mit ihm durchgemacht hatte, den Tod von Jeanette Zuckerman mit ihr und nach all den anderen Todesfällen, die ich in den letzten sechs oder sieben Jahren ertragen musste. So dachte ich plötzlich, vielleicht bin ich jetzt dabei, meinen eigenen Tod zu erfüllen.

Als Erstes tat ich, was jeder vernünftige Mensch tun würde: Ich holte mir eine zweite Meinung ein. Ich rief eine andere Astrologin an und bat sie, mir mitzuteilen, was sie dachte. Ihre Meinung war so ziemlich die gleiche, nämlich dass eine große Veränderung stattfinden würde und dass es eine derart dramatische Veränderung sein könnte. Später sprach ich wieder mit Felicitas, der ersten Astrologin, die in der Zwischenzeit mit ihren geistigen Führern gesprochen hatte, Menschen, die für sie in England channeln. Sie erzählte ihren Führern, dass sie ziemlich schockiert war, dass ich diesen Zusammenhang mit ihrer Aussage hergestellt hatte, und sie fragte: ‚Bedeutet diese Veränderung, dass er tatsächlich sterben wird?‘ Sie antworteten ihr: ‚Nur, wenn er es will.‘ Nun, das brachte den Ball genau dorthin, wo er hingehörte – zurück zu mir.

Als ich darüber nachdachte, dachte ich, dass es nach dem Verlust so vieler meiner Freunde, besonders von Stanford und JZ, sehr wahrscheinlich sein könnte, dass ich nicht mehr weiterleben wollte. Das waren einige der wichtigsten Menschen in meinem Leben, und mit Stanfords Tod war es eine Frage, die mich noch lange Zeit danach plagte. Diese Andeutung von Felicitas ließ mich aufwachen und darüber nachdenken, ob ich wirklich weiterleben wollte oder nicht.

In den ersten Stunden des Jahres 1993 habe ich mir geschworen, dass ich weiterleben will, dass ich alles tun werde, was ich aus eigener Kraft tun kann, um weiterzuleben, und wenn ich sterben sollte, dann sozusagen nicht durch meine eigene Hand. Also ging ich in ein Fastenzentrum in Kalifornien und fastete zehn Tage lang, ich stellte meine Ernährung um und hielt mich ganz religiös an diese Diät; ich trieb regelmäßig Sport; ich tat alles, was ich konnte, um mich in guter Form zu halten. Es war also ein beglückender Moment, den ich erlebte, als die Uhr Ende 1993 die zwölf schlug und damit das Jahr 1994 einläutete. Uff! Das habe ich überstanden!

Dieses Jahr ist sozusagen der Anfang vom Rest meines Lebens, und darüber bin ich froh. Was irgendeine Art von großartiger Veränderung betrifft, die ich durchgemacht habe, so nehme ich an, dass ich bewusst und bereitwillig wieder Verantwortung für meine Gesundheit, für mein eigenes Wohlbefinden übernommen habe. Ich denke, das ist eine der Veränderungen, die ich durchgemacht habe. Es gibt noch eine weitere Veränderung.

Aufgrund der Tatsache, dass das Thema für mich seit Stanfords Tod – eigentlich seit Stanfords Krankheit 1986 – Tod, Sterben und Veränderung war, beschloss ich, dass es für mich an der Zeit war, mich ernsthaft mit dem Thema meines eigenen Todes zu beschäftigen. Als ich in Berkeley eine Signierstunde für Melissas und mein Buch ‚Der Ruf zum Abenteuer‘ gab, schenkte mir die Buchhandlung einen Gutschein dafür, dass ich zu diesem Vortrag und der Signierstunde kam. Ich bemerkte zufällig, dass Sogyal Rinpoches ‚*Das tibetische Buch vom Leben und vom Sterben*‘ dort lag, ein Buch, von dem ich schon oft dachte, dass ich es lesen wollte, weil ich schon seit einiger Zeit von Sogyal Rinpoches Arbeit beeindruckt bin. Ich nahm es also in die Hand und es ist, als ob ich mich plötzlich verliebt oder die Bibel gefunden hätte. Ich habe das Buch Kapitel für Kapitel gelesen und es in meinem Kopf herumgeschwenkt wie alten Wein im Mund – ich habe wirklich die Tatsache meines eigenen Todes betrachtet und darüber nachgedacht und meditiert; in der Zwischenzeit habe ich mich so gut wie möglich um meine Gesundheit gekümmert, damit ich so voll und ganz und so gesund wie möglich leben kann. Das war eine sehr wichtige Verschiebung des Fokus für mich.“

Paul beschreibt in diesem Brief auch noch eine weitere Veränderung, die darin bestand, regelmäßig für sich zu meditieren und nicht nur in den Seminaren.

Wie sieht nun das Seminar „Tod und Auferstehung“ aus? Hier folgt ein Artikel, in dem ich meine Erfahrungen damit in einer Zeitschrift ausführlich beschrieben habe:

Nur noch zwei Tage zu leben. Der Abschied von Mutter fiel leicht, leichter als erwartet. Kaum mehr Vorwürfe. Dafür ein tiefes Gefühl der Dankbarkeit. Dafür, dass sie mir das Leben geschenkt hat. Ich kann in Frieden von ihr gehen.

Bei Vater war es schwieriger. Vieles, was ich ihm nie gesagt hatte und jetzt erstmals loswerde. Doch zuletzt endlich auch Wärme, Liebe, Verständnis. Was sind schon alltägliche Kränkungen angesichts des Todes?

Zwei von den vier Tagen sind schon vorbei, die ich noch habe, um alles ein letztes Mal intensiv zu erleben und zu verabschieden, was mein Leben ausmacht. Zur Natur habe ich schon adieu gesagt, zu meinen Habseligkeiten, zu den Menschen, die mir wichtig sind.

Die Zeiten sind lange schon vorbei, wo ich es nicht ernst nahm, in ein paar Tagen sterben zu müssen. Jetzt bin ich mitten im Abschiedsprozess. Für mein Erleben ist es Realität. Viele Tränen, viel Schmerz, aber von Stunde zu Stunde wächst auch die Dankbarkeit. Und ich spüre ganz deutlich, wie mit allem, was ich abgebe, auch Last abfällt, wie ich immer leichter werde.

Wie wird es sein, meinen Körper noch einmal zu feiern und dann gehen zu lassen? Wie, alle Kontrolle restlos aufzugeben, nichts mehr beeinflussen, bestimmen zu können? Wie wird der letzte Atemzug sein – und was kommt danach?

Ein gutes Dutzend Menschen beschäftige sich am zweiten Tag eines Workshops mit solchen Gedanken. Sie bereiten sich auf ihren imaginären Tod vor. Anders als im richtigen Leben, in dem die Stunde des Todes normalerweise ungewiss ist, können sie in Ruhe alles erledigen, was zu erledigen ist, bevor sie aus dem Leben gehen. Sie haben die besondere Chance, genau zu wissen, wann sie sterben werden. Und zwar am vierten Abend des Workshops „Tod und Auferstehung", entwickelt von Paul Rebillot, dem Meister moderner Transformationsriten.

Wozu das Ganze? Wozu diesen Leidensweg auf sich nehmen? Die Antwort: Es gibt kaum einen kraftvolleren Weg der Transformation, als sich mit dem eigenen Tod zu konfrontieren.

Keine Entwicklung ist möglich, ohne das Alte aufzugeben. Altes muss sterben, um Neuem Platz zu machen. Keine Freiheit ohne Abschied, keine Neuordnung ohne Zerstörung der alten Struktur. Keine Transformation ohne Verbrennen des alten Lebens, wie schon im Phönix-Mythos beschrieben. Und nichts mahnt so nachdrücklich an, das Leben nicht zu vergeuden, sondern wirklich zu leben, als der Tod. Schon für Don Juan bei Castaneda ist der Tod der beste Ratgeber, den wir haben. Für Dürckheim war das Leben im Grunde Vorbereitung auf den Tod. Bei den tibetischen Buddhisten gipfelt der spirituelle Weg im Moment des Todes und alles Vorherige ist letztlich Vorbereitung auf diesen Moment.

Seltsamerweise hängen gerade Menschen, die ihre Zeit totschlagen, am meisten am Leben. Je größer die Angst vor dem Leben, desto größer auch die Angst vor dem Tod. Dies ist jedoch nicht verwunderlich, denn gerade, was nicht erfüllt ist, bindet uns am stärksten. So können die „Anhaftungen", die nach den Buddhisten alles Leid verursachen, vor allem durch Erfüllung losgelassen werden. Und deshalb wird im Prozess „Tod und Auferstehung" alles noch einmal genossen und gefeiert, bevor es verabschiedet wird.

Der Tod hilft, Wesentliches von Unwesentlichem zu unterscheiden. Was hätte ich in meinem Leben unbedingt verwirklichen sollen, um zufrieden und satt zu gehen? Was gibt meinem Leben Sinn? Was in meinem Leben würde ich beibehalten, bekäme ich noch einmal eine Chance, was würde ich verwirklichen, was ändern und worauf könnte ich getrost verzichten? Das sind Fragen, die unweigerlich auftauchen, wenn sich die Teilnehmenden dem Tod nähern.

Die Beschäftigung mit dem Sterben zur Klärung des Lebens ist keine neue Idee. Der Workshop „Tod und Auferstehung" greift auf uralte Quellen zurück.

Tod und Auferstehung sind Kern uralter und mächtiger Mythen. Schon in einer der ersten überlieferten Sagen, im etwa 4000 Jahre alten sumerischen Mythos von Inanna, gibt diese alles ab, was sie errungen hat, und steigt in die Unterwelt hinab zu ihrer dunklen Schwester Ereshkigal, stirbt dort und wird erst drei Tage später wieder ins Reich der Lebenden geholt. Im Mythos der Inanna dient dies dazu, dass Inanna ihre eigene dunkle, nicht gelebte Seite kennenlernt und integriert und so zu einem vollständigen Menschen wird. Zweitausend Jahre später folgt ihr Jesus von

Nazareth, der alles aufgibt, zuletzt sogar seine Hoffnung. „Mein Gott, warum hast du mich verlassen?" Auch er geht für drei Tage ins Reich der Toten, bevor er aufersteht in Herrlichkeit. Das Ziel? Er-Lösung.

Tod und Auferstehung – das ist der Kern, die Essenz aller Initiationsriten. Das alte Leben stirbt. Alles ist abzugeben. Alle Bindungen, Anhaftungen, alten Muster, alle „Besitztümer", Konzepte, sogar der Glauben. Das alte Leben wird verbrannt, geht in Rauch auf, wird gereinigt. Verwirrung tritt ein, Unsicherheit, dann eine unglaubliche Leichtigkeit, schließlich Leere. Nach einer Phase der Ruhe kann dann ein neues Leben beginnen. Ein Leben auf einer neuen Stufe – sozial, emotional, spirituell.

Alle Übergangsriten, seien es die Initiationsriten der Naturvölker, die Lehrreisen der Schamanen oder moderne Riten wie die Heldenreise, folgen diesem Schema in der einen oder anderen Ausformung. Tod und Auferstehung ist die Essenz. Zerstörung der alten Form, Chaos, Ruhe, Neuordnung.

Wie ergeht es den Teilnehmern der "Tod und Auferstehung"-Struktur weiter? Wenn sie mit ihrem alten Leben abgeschlossen haben, folgen die letzten Stunden in Sammlung und Achtsamkeit. In einem Atemprozess ähnlich dem holotropen Atmen von Stanislav Grof erleben sie den Todeskampf und den letzten Atemzug. Was dann folgt, hat faszinierende Parallelen zu den Nahtoderlebnissen, wie sie in einer umfangreichen Literatur beschrieben werden. Viele haben Visionen von Licht, Frieden, Leichtigkeit, erleben wunderbare Dinge, sie begegnen Menschen, die bereits gestorben sind, reisen durch das Weltall.

Nach einer Nacht in Stille kommt der eigentliche Lohn. Das neue Leben. Und dieser Lohn ist herrlich. Die strahlenden Augen der „Neugeborenen" sprechen Bände. Den Körper, die Sinne neu zu entdecken ist ein unbeschreiblicher Genuss. Im Grunde ist es zwar nur eine Frage der Wahrnehmung. Denn das Leben *ist* ein überaus kostbares Geschenk. Und wir *sind* frei, zu sein, wer wir sind. Doch es nicht nur zu denken oder zu wissen, sondern durch und durch zu spüren, das ist der Lohn der Konfrontation mit dem Tod. Und keiner hat es bereut.

In the Footsteps of Abraham – ein letztes großes Projekt

Von Andreas Wandtke-Grohmann

Es wird im Jahr 2005 gewesen sein, dass Paul Rebillot die Idee eines Abraham-Projektes skizzierte. Es ging um einen Gestalt-Prozess mit dem Material aus den Überlieferungen rund um die Figur des Abraham in den drei monotheistischen Religionen, die in ihm ihren Ahnen sehen: aus der Bibel, aus der außerbiblischen jüdischen und aus der muslimischen Tradition. Rebillot vermutete, dass hier eine (unbewusste) Wurzel des Konfliktes zu finden sei zwischen den muslimischen und den jüdisch-christlich geprägten Kulturen. Und daher auch eine Spur zur Versöhnung führen würde. Das alles damals unter dem Eindruck des „Clash of Civilizations", der Kriege im Gefolge von „9/11", dem Schock der Terror-Attentate am 11. September 2001.

Für mich war es eine großartige Gelegenheit, mit Paul und einer internationalen Gruppe zusammenzuarbeiten. Dabei waren Giddy Mellick-Felstead, Kathy O'Connor, Dorothee Kölle, Donal Dorr, Claude Bounieux und Tony Khabaz. Es verband sich für mich die prozessorientierte Gestaltarbeit mit all dem, was ich als Theologe und Bibliodrama-Leiter mitbrachte. Die Herausforderung war aber die Zusammenarbeit über weite Entfernungen hinweg, in englischer (und auch französischer und deutscher) Sprache, mit manchen gruppendynamischen Spannungen. In den Jahren 2006 und 2007 entstand der Workshop – schließlich auch mit realen Teilnehmenden, die uns wertvolle Rückmeldungen gaben. Im Jahr 2009 konnten wir in Irland einen Workshop mit etwa 20 Teilnehmenden anbieten, den die irischen Kolleginnen und Kollegen organisiert hatten. Paul war zu dieser Zeit schon in San Francisco, wir waren bei diesem „Gesellenstück" auf uns gestellt.

Der Workshop gliederte sich in fünf Schritte:

- Idols: Hier wird die außerbiblische Geschichte aus der Kindheit Abrahams erzählt, wie er in der Werkstatt seines Vaters Götzenbilder zerstört. Die Teilnehmenden gestalten Figuren, die für sie das (immaterielle) Erbe der Eltern darstellen – mit der Wahl, diese zu zerstören oder zu transformieren.

- Call: Hier geht es um den Aufbruch Abrahams ins Unbekannte, dem Ruf eines bildlosen Gottes folgend. Für die Teilnehmenden geht es um ihren Ruf zum Aufbruch in ihrer Lebenssituation hin zu einer neuen Erfahrung – und auch zu diesem Selbsterfahrungsprozess.

- Family: Wir erzählen die komplizierte Familiensituation Abrahams: Er wartet lange darauf, dass sich die Verheißung der Nachkommenschaft erfüllt – dann bringt die Sklavin Hagar den Sohn Ismael (Stammvater für die muslimische Tradition) zur Welt und schließlich die alte Sarah den Sohn Isaak. Die Bibel erzählt, dass Sarah um ihres Sohnes Isaak willen Abraham dazu veranlasst, Hagar und Ismael zu vertreiben, die aber unter besonderem Schutz Gottes geleitet werden. In der muslimischen Überlieferung geht Abraham mit Hagar und Ismael nach Arabien und errichtet mit ihm die Grundmauern des Heiligtums der Kaaba. Für die Teilnehmenden geht es um familiäre Loyalität und Eifersucht.

- Sacrifice: Wir erzählen in zwei Versionen die Geschichte von der Opferung des Sohnes: Auf Geheiß seines Gottes nimmt Abraham seinen Sohn Isaak mit auf eine Reise zum heiligen Berg Moria. Dort steigen sie allein mit Holz, Feuer und Messer hinauf und Abraham bindet Isaak auf den Altar. Im letzten Moment wird die Opferung des Sohnes verhindert und ein Bock an seiner Stelle geopfert. In der Version des Koran träumt Abraham den Befehl zum Opfer des Sohnes Ismael. Der ist selber bereit, geopfert zu werden, denn das sei Hingabe – eine Bedeutung des Wortes Islam. Für die Teilnehmenden geht es um den Widerstreit von mörderischem Furor und hilflosem Ausgeliefertsein – und auch um Gehorsam und Ergebung.

- Funeral: In der Bibel wird erzählt, dass Abraham nach diesen Ereignissen nicht mehr mit seiner Frau Sarah zusammenlebt. Als sie stirbt, erwirbt er für ihr Begräbnis die Höhle Machpela als seinen einzigen Grundbesitz.

Nach einem langen Leben stirbt auch Abraham und die getrennten Brüder Ismael und Isaak kommen wieder zusammen, um ihren Vater zu bestatten. Die Teilnehmenden rekapitulieren (in den Rollen von Isaak und Ismael), was sie mit Abraham erlebt haben, und gestalten ein Abschiedsritual.

Beim Erfinden und Gestalten dieses Workshops haben wir zunächst selbst den Prozess durchlaufen. Neben den intensiven Gefühlen wurde eine hintergründig wirkende Dynamik spürbar: Die furchtbare Sprachlosigkeit von Vater und Sohn, als sie auf den Berg hinaufsteigen, erinnerte uns an die Ahnungslosigkeit der jungen amerikanischen GIs, die in den Irakkrieg und nach Afghanistan geschickt wurden. Und die Bereitwilligkeit von Ismael, sein Leben zu opfern, schien wie eine Blaupause für die Suicide-Bomber, die muslimischen Selbstmordattentäter. Als ob die alten Geschichten in einer zwanghaften und unbewussten Logik immer wieder aktuell reinszeniert werden müssten. Und als ob dabei eine alte, mörderische Wut immer wieder auf den Bruder – und sein Volk, seine Kultur – gerichtet werden müsste.

Was war der mythische Ursprung der blutigen, gewalttätigen Geschichte, in der jeder der Brüder (und ihrer Völker) sich als Opfer fühlte und dann den anderen zu vernichten suchte? Die Vermutung: Die Gewalt entsteht in dieser Geschichte immer wieder durch die Umlenkung eines aggressiven Impulses, der sich ursprünglich gegen den Vater mit dem Messer richtete, der bereit war, den Sohn im Namen seines Gottes zu schlachten. Aber dieser Vater und sein Gott waren tabu, unantastbar. Es war undenkbar, den Impuls, sich zu wehren, zu spüren und den Vater (und seinen Gott) anzugreifen. Und dieses Tabu führte zur Umwendung der Reaktion gegen den Bruder und macht den gewalttätigen Bruderkonflikt bis heute unlösbar.

Um in diesem Workshop diese Dynamik wahrzunehmen und zu bearbeiten, hätten wir vermutlich strenggläubige Teilnehmende aus allen drei Abrahams-Religionen gebraucht – und gerade diese nehmen in der Regel nicht an Selbsterfahrungsworkshops teil. So entfaltete die Grundstruktur ihre Dynamik und Wirksamkeit auf der Ebene der familiären Erfahrungen. Geschwisterrivalität, Neid und Eifersucht, Entbehrungen und Bedrohungen durch die Eltern, das waren Themen, mit denen die Teilnehmenden rangen. In Irland kam noch etwas hinzu: Wir waren auf dem Gelände eines katholischen Missionsordens untergebracht, wo sonst Missionare sich erholen oder ihren Lebensabend verbringen. Zugleich gab es hier ein Seelsorgezentrum für die Umgebung. In der Zeit unseres Workshops wurden die jahrzehntelangen Misshandlungen und sexuellen Übergriffe gegen Kinder in katholischen Einrichtungen in Irland aufgedeckt und öffentlich diskutiert. Dies gab unserem Workshop eine ziemliche Brisanz.

Was sonst noch erinnernswert ist: Rund um unser Tagungshaus gab es einen Park mit unzähligen kleinen Landschaftsschönheiten. Die Teilnehmenden haben sich hier jeweils zu zweit einen besonderen Platz unter freiem Himmel für das Abschiedsritual gesucht. Das war schön und bewegend. Und dann die Momente, in denen wir am Abend gesungen haben. Und wie Cathy sehr charmant dreckige Witze erzählt hat. Irgendwie war genau da auch der Geist von Paul mit dabei.

The Dream Tarot

Von Marlis Afflerbach

Eine Struktur, die Paul sehr selten angeboten hat, die mich jedoch gerade wegen ihres sehr intensiven Zugangs zu den imaginären, kreativen Prozessen besonders beeindruckt hat und die mein therapeutisches Arbeiten nachhaltig geprägt hat, ist das Dream Tarot.

Dabei geht es um die Arbeit mit spontanen Nacht-Träumen, wie auch gelenkten oder freien Tag-Träumen, Fantasiereisen. Der Traum bietet einen sehr guten Zugang zu den unbewussten Prozessen und ist grundsätzlich lösungsorientiert. Er durchläuft einen Spannungsbogen wie ein Drama, oder eben auch die Heldenreise. Da wir auf dem Höhepunkt des Traumgeschehens, einer Konfrontation oder schwierigen Situation, in körperliche Erregung kommen, ist es uns oft nicht möglich, die Traumentspannung zu halten und wir wachen auf. Wir sind dann oft verängstigt oder irritiert, ein Zustand, der uns über eine ganze Weile begleiten kann. Der Traum ist nicht zu seiner Lösung gekommen.

Strephon Kaplan-Williams beschreibt die Traumarbeit bei den Senoi, einem Stamm von Ureinwohnern, die im Bergdschungel von Malaysia leben.[40] Die Senoi sind eine Gemeinschaft, deren Friedfertigkeit beachtlich ist und zu deren Kultur die gemeinschaftliche Besprechung von Träumen gehört. Unterbrochene Träume werden imaginär zu einem „guten Ende" geführt, wodurch die innere Spannung gemindert wird und ein Erfolgserleben entsteht, wo vorher vielleicht Versagen, Bedrohung war. Im therapeutischen Kontext sprechen wir von Selbstwirksamkeit. Diese stärkt das Zutrauen in die eigenen Fähigkeiten, das Selbstvertrauen und das Selbstwertempfinden – also das, was angestrebt wird.

Paul selbst schreibt in seiner Ankündigung des Workshops (1990):

Die Träume zum Leben bringen: Das Traum-Tarot

Dies ist ein Workshop über Träume: wie man ihnen zuhört, wie man sie in einem Tagebuch ausdrückt, wie man mit ihnen arbeitet, wie man mit ihnen spielt und wie man sie als Führer benutzt. Selbst Menschen, die „nicht träumen", können Wege entwickeln, sich an ihre eigenen Traumlandschaften zu erinnern und sie zu erforschen.

Fritz Perls sagte einmal, wenn man einen Traum komplett durcharbeiten könnte, könnte man sich durch seine Neurose arbeiten. Diese Traumbilder und -symbole enthalten alles, was notwendig ist, um das zu finden und zu füllen, was in der Persönlichkeit fehlt, und um zu lernen, was nötig ist, um alles zusammenzubringen.

---

[40] Kaplan-Williams, Strephon (1993): Durch Traumarbeit zum eigenen Selbst. Kreative Nutzung der Träume. München: Goldmann.

Anhaltende Konzentration auf Träume kann vieles ans Licht bringen. Die direkte und kreative Arbeit mit dem Material bringt uns in Kontakt mit tiefster schöpferischer Energie und mit unserem Instinkt für Selbstheilung und führt uns zu Sinn und Richtung in unserem Leben.

Im Dream Tarot arbeitet Paul mit vielfältigen Zugängen zum Verständnis des Traums, wie dem Wiedererleben, der Amplifikation, der Symbolvertiefung, Identifikation mit Personen oder auch Gegenständen aus dem Traum, Gestalt-Dialogen und vielem mehr.

Als Besonderheit führt Paul das Erstellen von Traumkarten in Postkartengröße ein. Die Karten werden so gestaltet, dass sie in künstlerischer, freier Weise eine Kernsituation des Traums erfassen und für den Träumenden sichtbar machen. Das kann ein Gefühl, eine Szene, eine Stimmung sein, die vollkommen frei durch Farben, Formen, abstrakt oder konkret auf der Karte festgehalten wird. Dies zusammen mit einer Aussage im weitesten Sinne (Statement), die erarbeitet wurde. Auf diese Weise entsteht ein Set von Karten, das die persönliche Symbolwelt der Träumenden repräsentiert und wie ein Tarot-Deck verwendet werden könnte. In jedem Fall ist es eine Art Schatzkästchen und Weisheitensammlung ganz persönlicher Art, indem bestimmte Themen in ihrer Entwicklung betrachtet oder Aspekte erinnert werden können oder welches einfach erfreut durch seine Vielfalt.

Neben klassischen Archetypen sowie kulturell-gesellschaftlicher Formensprache hat jeder Mensch seine eigene Symbolsprache, die kennenzulernen sich lohnt.

Ich arbeite in der Praxis sehr gerne mit Träumen, sind doch die Patienten immer wieder freudig überrascht, welch kreatives, unkonventionelles und einzigartiges inneres Potenzial in ihnen schlummert. Dies zu wecken, macht neugierig auf sich selbst. Und Neugier ist eine gute Motivation, um Angst zu überwinden, Neues zu probieren und sich wertschätzend mit sich selbst zu beschäftigen.

Der Weg der Inanna

Franz Mittermair

Es existiert wohl kaum ein anderer so faszinierender Mythos wie der von Inanna, der sumerischen Königin und Göttin. Er ist einer der ältesten schriftlich überlieferten Mythen der Menschheit, vor etwa 4000 Jahren in Keilschrift auf Tontafeln verfasst, vorher aber wohl schon Jahrhunderte oder Jahrtausende mündlich weitergegeben.

So ist die Geschichte der Inanna auch eine der ersten überlieferten Heldenreisen der Menschheitsgeschichte. Wie alle Heldenreisen handelt sie von wesentlichen Schritten des seelischen Wachstums- und Reifungsprozesses. Sie beschreibt den Aufbruch, die Auseinandersetzung mit der sexuellen und sozialen Identität, die Konfrontation mit der dunklen Seite, Tod und Auferstehung.

Die Reise der Inanna ist eine Art „weiblicher" Heldenreise, der Weg nach unten und innen statt nach oben und außen, gleichermaßen wichtig für Frauen wie Männer. In ihm wird auf großartige Weise der Weg zur Heilung, Integration und zum Wachstum der weiblichen Seele und des Weiblichen im Mann erzählt.

Der erste Teil der Überlieferung beschreibt die Entwicklung der jungen, noch kindlichen Inanna zur Königin der Natur und der Stadt – sie vertreibt ihre ungezügelten archaischen Impulse, nimmt ihren Körper und ihre Sexualität an und erringt zusätzlich die Fähigkeiten der Zivilisation.

Dennoch ist sie unvollständig – Ereshkigal, ihre dunkle Schwester, ist in die Unterwelt verbannt. Der Abstieg zu ihr wird für Inanna zu einer Erfahrung von Tod und Wiedergeburt. Ereshkigal wird gehört und getröstet und Inanna kehrt mit dem Bewusstsein der Notwendigkeit zurück, die dunkle Seite zu würdigen – auch ihr Mann Dumuzi muss schließlich zeitweise in die Unterwelt, auch wenn, oder gerade weil, er vor ihr flieht.

Der Weg der Inanna

Grafik: Franz Mittermair 2005

Dem Inanna-Mythos in Form eines Gestalt-Rituals zu folgen, eröffnet die Möglichkeit, uralte und dennoch unverändert aktuelle Weisheit für wichtige und machtvolle Erfahrung zu nutzen.

Anfang der 1990er-Jahre bildete sich eine Gruppe von Therapeutinnen und Therapeuten, die zusammen mit Paul Rebillot einen Workshop zum Inanna-Mythos entwickelten. Ich hatte das Glück, im Juni 1994 Teilnehmer bei der Premiere zu sein. Wenn auch die Methodik des dreitägigen Pilotseminars in manchem noch nicht ausgereift war, faszinierte mich doch die immense Dynamik des Mythos. Vor allem der Höhepunkt – oder Tiefpunkt? – der Geschichte, der Abstieg von Inanna in die Unterwelt zu ihrer dunklen Schwester Ereshkigal, ihr Tod und ihre Auferstehung bieten eine einzigartige Erfahrung.

Inzwischen haben meine Frau Sonja und ich den Workshop zu einer fünf-
tägigen Struktur weiterentwickelt, die ich im Folgenden umreiße:

Rückgrat des Seminars ist der Text des Mythos, den Samuel Noah Kramer aus dem Sumerischen ins Englische übertragen und Diane Wolkstein li-
terarisch verdichtet hat.[41] Dabei handelt es sich um eine Erzählung in Form
von Aufzählungen, sozusagen eine „Auferzählung", die mit der Zeit einen
meditativen, fast hypnotischen Charakter entwickelt. Die entsprechenden
Textstellen lesen wir jeweils vor den Erfahrungseinheiten vor.[42]

Die erste längere methodische Einheit ist eine Tanzmeditation zum
Huluppu-Baum, der von den Wassern des Euphrat aus der Erde gerissen und
später von Inanna aus dem Fluss gezogen und in ihren Garten gepflanzt wird.
Er steht symbolisch für die noch kindliche Inanna.

Im Mythos nisten sich nun bedrohliche Kräfte im Baum ein. In den Wurzeln baut eine Schlange, die nicht gezähmt werden kann, ihr Nest, der Anzu-
Vogel setzt seine Jungen in die Zweige und das dunkle Mädchen Lilith baut
sein Haus im Stamm. Allesamt Symbole für die inneren Antriebe, Gedanken,
Emotionen und Impulse, denen die jugendliche Inanna noch nicht gewachsen
ist. Schließlich hilft Inannas Bruder Gilgamesch ihr und vertreibt die Baum-
besetzer. Er baut ihr Bett und Thron, sie wird erwachsen. Die Teilnehmerinnen können diese Phase in einem Transformationstanz nachfühlen.

Die nächsten Schritte sind der Annahme der Verbindung zur Natur und
zur eigenen Natur, der eigenen Geschlechtlichkeit, gewidmet. Methodische
Schritte sind eine „Medizinwanderung",[43] Heilungsrituale für die sexuelle

---

[41] Wolkstein und Kramer (1983)

[42] Diane Wolkstein hat dem Eagle Books Verlag die Rechte an der deutschen Übersetzung
überlassen, die jedoch noch nicht veröffentlicht ist.

[43] Die „Medizinwanderung" stammt aus der Methodik der School of Lost Borders. Siehe
dazu Foster, Steven und Little, Meredith (2014): *Visionssuche*, Uhlstädt-Kirchhasel: Arun
Verlag 2014(5).

Entwicklungsgeschichte, die Entwicklungsgeschichte im Frau- oder Mannsein und eine Meditation zur Annahme der Vulva, des Phallus. Inanna krönt sich zur Königin des Weidelandes.

Zur Königin der Stadt wird Inanna durch die *Me*, die Errungenschaften der Zivilisation, die ihr Enki, der Gott der Weisheit, mehr oder weniger freiwillig abgibt. Die Teilnehmer finden in mehreren methodischen Schritten heraus, was ihre besonderen Errungenschaften, ihre Eigenschaften und Fähigkeiten sind, und verkörpern sie. In einer Fantasiereise trifft Inanna auf ihren Gatten Dumuzi und heiratet ihn.

Damit ist die Zeit gekommen für den Abstieg zur dunklen Schwester, Ereshkigal, den wir am Abend inszenieren. An den sieben Toren zur Unterwelt muss Inanna alles abgeben, was sie besitzt. Diesen Weg, den jede Teilnehmerin einzeln geht, gestalten wir durch ein kreatives Bühnenbild so eindrucksvoll wie möglich. Schließlich steht Inanna im Mythos nackt und gebeugt vor ihrer dunklen Schwester, die Teilnehmer folgen dieser Phase so, wie es für sie passend ist. Dann wechseln sie die Position, übernehmen die Rolle der Ereshkigal und drücken all den Zorn aus, den diese gegenüber Inanna hegt. Dabei zeigt sich viel Schattenenergie. Schließlich tötet Ereshkigal ihre Schwester.

Die Teilnehmerinnen wechseln wieder die Rolle und erleben die Nacht schweigend. Am anderen Tag wird Ereshkigal von Wesen, die Gott Enki geschickt hatte, gehört und besänftigt. Diese Erfahrung wird durch einen Transformationstanz für Ereshkigal nachfühlbar. In einem Ritual erlebt Inanna ihre Auferstehung.

Der nächste Teil des Mythos handelt von Inannas Ehemann Dumuzi, der statt Inanna in die Unterwelt gehen soll, jedoch vor deren Geistern flieht. Die Workshopteilnehmer setzen sich in einer Gestaltarbeit („Leerer Stuhl") mit dem Teil ihrer Psyche auseinander, der immer noch nicht bereit ist, sich seiner Angst und seinem Schatten zu stellen. Abgeschlossen wird die Struktur mit einem Ritual, bei dem die Teilnehmerinnen und Teilnehmer Samen für ihre Zukunft säen.

Ausbildung in Ritueller Gestalttherapie beim IGE 2007 in Ruhpolding

Ausbildungen

Franz Mittermair

Neben den Workshops waren die Ausbildungen ein wesentlicher Teil von Paul Rebillots Arbeit. Sie detailliert zu beschreiben, sprengt den Rahmen dieses Buches. Deshalb möchte ich nur einige Themen herausgreifen, die meiner Meinung nach allgemein interessant sind.

Trainings mit dem Ziel, dass die Teilnehmenden eigene neue Workshops entwickelten, fanden von 1987 bis 2007 in Nordamerika, in der Schweiz, in Frankreich, Deutschland, England und Irland statt.

1996 begann in Deutschland das „Rites of Passage"-Training zusammen mit Ilse Schmidt-Zimmermann vordringlich mit dem Ziel, die Teilnehmer darin auszubilden, Paul Rebillots Workshops qualifiziert durchzuführen. Die Entwicklung eigener neuer Workshops war darin ebenfalls enthalten, sodass diese Ausbildung Paul Rebillots Arbeit umfassend behandelte. Sie wird im Auftrag Paul Rebillots von mir im deutschsprachigen Raum weitergeführt.

Alle Ausbildungen und Ausbildungsschritte waren und sind sehr erfahrungsorientiert aufgebaut. Sämtliche Lernschritte werden durch Übungen erfahren, bevor sie theoretisch reflektiert und fundiert werden.

Fähigkeiten des Facilitators

Grundlegende und erste Ausbildungseinheit war bei Paul Rebillot und ist bei uns heute das Einüben der Fähigkeiten, die ein Facilitator benötigt. Facilitator, in unserer Übersetzung Unterstützerin, ist der Begriff Paul Rebillots für diejenige, die den Initiator, den Initianten oder Protagonisten bei seinem Prozess unterstützt (siehe Seite 102). Die Ziele des Prozesses sind der möglichst umfassende Ausdruck zurückgehaltener Emotionen, um den Organismus zu entlasten, sowie die Energie, die zum Unterdrücken aufgewendet wird, zu befreien und in neue, unterstützende Bahnen zu lenken.

Spiegeln

Die erste Fähigkeit ist Spiegeln. Damit ist gemeint, dass sich der Unterstützer körperlich und verbal auf die Initiantin einstellt. Auf körperlicher Ebene bedeutet dies, Haltungen und Bewegungen der Initiantin zu übernehmen, um sich auf deren „Energie" einzuschwingen, ihr zu signalisieren, dass sie auf körperlicher Ebene verstanden wird. Verbales Spiegeln besteht in „aktivem Zuhören", bei dem der Unterstützer immer wieder deutlich macht, was von den Aussagen der Initiantin bei ihm „angekommen" ist, was er verstanden hat: „Habe ich richtig verstanden, dass du ...?" Dadurch kann grundlegendes Vertrauen entstehen.

Unterstützen (Verstärken)

Hier gibt die Unterstützerin Energie dazu. Sie ermuntert, wieder über den Körper oder über Sprache, dazu, den Ausdruck zu verstärken, vor allem den Ausdruck von Emotionen. Erst spiegelt sie, dann unterstützt sie den Initianten dabei, die Bewegungen zu erweitern, den Ausdruck der Stimme zu verstärken, den Atem zu intensivieren usw.

Führen, Leiten

Die Übungen in dieser Phase befähigen die Unterstützerin, so unauffällig wie möglich zu führen, nach dem Motto von Dick Price, dass die beste Anleitung eine ist, die kaum wahrgenommen wird. Nur so viele Impulse wie nötig, diese jedoch so klar wie möglich, ist die Devise. Das Ziel ist, den Initianten dazu anzuleiten, den Weg selbstständig zu gehen. Die Aufmerksamkeit des Initianten sollte bei dem sein, was geschieht und was er tut, nicht bei der Unterstützerin.

Frustrieren

Eine Aufgabe des Unterstützers besteht darin, Bewusstheit und Verantwortung zu fördern, nach Fritz Perls zwei Säulen der Gestalttherapie. Dazu werden Verhaltensweisen der Initiantin, die für sie nicht hilfreich sind, frustriert. Dies erreicht der Unterstützer unter anderem dadurch, dass er eine unverbindliche Sprache („Man" oder „du" statt „ich", „ich kann nicht" statt „ich will nicht" usw.) sowie Maschen und Spiele der Initiantin aufdeckt.

Kontakt

Zentrale Aufgabe der Unterstützerin ist, den Kontakt des Initiators zu verbessern. Dazu bietet sie selbst klaren Kontakt an und fördert zudem den Kontakt des Initiators zu sich selbst, seinen Emotionen und seinen inneren Prozessen. Themen dieses Ausbildungsabschnittes sind auch der Kontaktzyklus und die psychischen Mechanismen, die in der Gestalttherapie früher Kontaktunterbrechungen genannt wurden, später dann Kontaktfunktionen wie Deflektion, Introjektion, Retroflektion, Projektion und Konfluenz. Beides ist für mich nicht ganz richtig, ich spreche deshalb lieber von Kontaktersatzfunktionen. Sie sind nicht wirklicher Kontakt, ersetzen ihn aber, wenn er nicht möglich ist.

Auf diese Einheiten zur Vermittlung der Fähigkeiten des Unterstützers folgt die Einübung der Gestalttherapiesitzung nach Paul Rebillot, die bereits früher beschrieben wurde (siehe Seite 103).

Leitung der Gestaltrituale – Rituelle Gestalttherapie

Paul Rebillots und auch unsere heutigen Ausbildungen in der Leitung der Heldenreise und seiner weiteren rituellen Strukturen hatten und haben das Ziel, die Studentinnen auf allen Ebenen zur Leitung dieser Seminare zu befähigen. Dazu gehören sehr viele Fähigkeiten und Kenntnisse, die ich hier nur kurz skizzieren kann.

Ein Bereich dieser Ausbildungen, noch unabhängig vom konkreten Thema des Workshops, ist die grundsätzliche Befähigung zur Leitung von Gruppen, also das Training von Moderation im Allgemeinen, von klarer Anleitung, Kontakt mit der Gruppe, Umgang mit Konflikten usw. Dies ist natürlich nur durch viel Training, Feedback und Reflexion möglich.

Zur Gruppenleitung gehört auch der Umgang mit den einzelnen Methoden. Wie leite ich eine Fantasiereise an, wie einen Transformationstanz, wie eine Paarübung, eine kreative Phase, eine gestalttherapeutische Dramaarbeit, ein Gruppenritual usw.? Dafür ist es hilfreich, den Hintergrund der einzelnen Methoden und ihrer Wirkungsweise zu kennen und die Anleitung immer wieder zu üben.

Ein weiterer wesentlicher Ausbildungsbereich sind Kenntnisse und Erfahrungen zum grundsätzlichen Ablauf von Gruppenprozessen. Dazu gehört der Spannungsbogen während eines Seminars vom optimalen Einstieg zum intensiven Höhepunkt zu einem abrundenden Ende. Bedeutsam sind dabei die bereits beschriebenen Themen der Gruppendynamik (siehe Seite 104 f.) wie Zugehörigkeit und Einfluss in der Gruppe, aber auch Erkennen und Bearbeiten von Projektionen und Übertragungen sowie vieles mehr.

Ein weiteres allgemeines Thema ist der Umgang mit „schwierigen“ Teilnehmern, womit vor allem Personen gemeint sind, die nicht bereit oder fähig sind, eigenverantwortlich und innerhalb des Rahmens der Ritualstruktur durch ihre Prozesse zu gehen. Da die Gestaltrituale sehr tiefgreifende Erfahrungen ermöglichen, halten wir eine fundierte gestalttherapeutische oder gleichwertige Ausbildung für notwendig, damit diese Erfahrungen heilsam und nicht retraumatisierend sind.

Ein zentrales Ziel der Arbeit von Paul Rebillot ist es, die Teilnehmer dazu zu befähigen, ihre Emotionen im geschützten Rahmen frei auszudrücken. Dies wird eine Leiterin aber nur dann unterstützen können, wenn sie selbst keine Angst vor diesen Gefühlen hat. Dazu muss sie selbst in der Lage sein, diese Emotionen zu zeigen.

Sehr wesentlich war Paul Rebillot und ist uns die Arbeit an der Haltung des Seminarleiters. Wir halten es für elementar, dass sie von der Grundhaltung der Gestalttherapie geprägt ist (siehe Seite 101). Die Leiterin ist Unterstützerin, Helferin, sie macht Angebote und hält den Rahmen, aber sie steht nicht über dem Teilnehmer, drängt oder manipuliert ihn nicht und gibt keine Ratschläge.

Über diese allgemeinen Fähigkeiten und Kenntnisse hinaus ist es selbstverständlich wichtig, sich mit dem Thema des jeweiligen Workshops auseinanderzusetzen und sich mit seinem theoretischen und praktischen Hintergrund zu beschäftigen. Wir bieten an, den Workshop auf verschiedenen Ebenen zu erfahren – als Teilnehmer, als Assistentin und schließlich als Leiter unter Supervision.

Training zur Entwicklung eigener Ritualstrukturen

Ziel dieser Ausbildungen war und ist, dass die Teilnehmer lernen, neue Workshops nach dem Modell Paul Rebillots zu entwickeln. Zugangsvoraussetzung ist, dass die Studenten vorher an einigen Workshops von Paul teilgenommen haben.

Tanz mit den Göttern

Den ersten Abschnitt bildet der Workshop „Tanz mit den Göttern". Die Bedeutung der Arbeit mit Mythen allgemein und des „Tanzes mit den Göttern" im Besonderen beschreibt Paul Rebillot im entsprechenden Kapitel dieses Buches (siehe Seite 19). Deshalb konzentriere ich mich hier auf den konkreten Ablauf des Workshops.

In diesem Seminar arbeiten die Studenten mit einem Mythos ihrer Wahl. Dabei sollte eine der Figuren eine übernatürliche, in irgendeiner Form göttliche, archetypische sein. Den Text des Mythos bringen sie zum Workshop mit.

Der Mythos wird dann im Seminar auf drei Arten erforscht: im Tempel des Körpers, des Theaters und der Initiation.

Tempel des Körpers

Die Teilnehmerinnen arbeiten zuerst fünf Hauptcharaktere des Mythos heraus. Dann folgt eine Bewegungsmeditation zu Musik, in der sie nacheinander spontan Tänze zu den fünf Charakteren entwickeln. Diese Erkundung der Persönlichkeit des jeweiligen Charakters und ihrer Funktion im Mythos endet mit einer Körperhaltung, welche die Eigenschaften und Verhalten dieser Figur zusammenfasst.

Der zweite Schritt besteht in der Gestaltung eines Fool's Dance zum gesamten Mythos, einer Reihe von Körperhaltungen ähnlich dem Tai-Chi. Zuerst wird die Handlung der Geschichte in eine Reihe von bis zu 50 kurzen Aussagen umgewandelt. Dann liest ein Partner diese Aussagen vor. Der Protagonist sucht für jede einzelne Aussage eine Körperhaltung und verbindet diese dann zum Tanz des Narren. Zum Abschluss führt jeder Teilnehmer seinen Fool's Dance in ritueller Weise vor der gesamten Gruppe auf.

Tempel des Theaters

Die nächste Aufgabe besteht in der Dramatisierung des Mythos. In Untergruppen hat jede Person etwa drei Stunden Zeit, ihre Geschichte zu inszenieren. Sie wählt einen Unterstützer, sozusagen den Regisseur, und einen Stellvertreter, welcher die Rolle der Hauptperson im Mythos übernimmt. Dann wählt sie die wichtigste(n) Episode(n) des Mythos aus und gibt anderen Gruppenteilnehmern die Rollen der weiteren wichtigen Charaktere. Manche Teilnehmer müssen eventuell mehrere Rollen übernehmen. Auch wählt sie, wenn ausreichend Platz ist, Bereiche im Raum für die Szenen aus, die von den Rollenspielern der betreffenden Episoden mit Tüchern oder anderen Requisiten in eine Art Szenenbild verwandelt werden. Diese Dekoration trägt dazu bei, einen magischen Ritualraum zu schaffen.

Sobald alle Räume fertig sind und die Rollenspieler ein Verständnis für die Handlung ihrer Szene haben, findet ein Durchlauf mit dem Stellvertreter statt. Dann übernimmt der Protagonist die Rolle der Hauptperson und die Szene oder der ganze Mythos wird noch einmal durchgespielt. Die Improvisation kann tiefgreifende Gefühle oder Erkenntnisse ermöglichen, da der Protagonist eine intensive persönliche Verbindung zu den Themen des Mythos finden kann.

Tempel der Initiation

In der Einweihungsphase nimmt der Initiant direkten Kontakt zur archetypischen Kraft des Helden oder zu anderen Figuren seines Mythos auf und versucht, daraus Rückschlüsse für sein Leben zu ziehen. Dies geschieht erst einmal durch eine Methode, die Paul Rebillot „kleine Szenenarbeit" nannte und die im Grunde in einer gestalttherapeutischen „Stuhlarbeit" mit dem Charakter der Figur besteht. In der Ausbildungsgruppe kann diese kleine Szenenarbeit in Paaren oder Dreiergruppen durchgeführt werden, wobei einer der Protagonist, einer der Unterstützer und der dritte Stellvertreter oder Zeuge ist.

Eine Möglichkeit ist dabei, mit dem Charakter aus dem Mythos zu sprechen, auch in die Rolle dieser Figur zu wechseln, um herauszufinden, was er mit dem Leben des Initianten zu tun hat und was er ihm beibringen kann, was zu tun ist und was nicht. Eine weitere Möglichkeit ist, eine Szene aus dem Mythos zu nehmen und zwei Charaktere daraus kommunizieren zu lassen.

Das Ziel dabei ist, vom Mythos für das Leben zu lernen. Besonders die griechischen Mythen enthalten immer eine Krise, der sich der Held stellen muss. Der Held hat einen blinden Fleck, einen Fehler, der ihn davon abhält, etwas sehr Wichtiges zu sehen. Infolge des Nicht-Sehens zieht er eine Katastrophe auf sich. Als die griechischen Zuschauer dies sahen, identifizierten sie sich vollständig mit dem Helden und erkannten in sich den gleichen Fehler. Weil sie die Katastrophe, die von diesem Fehler herrührt, emotional erlebt hatten, konnten sie ihr Leben anpassen. Die Griechen konnten den Mythos erleben, indem sie ihn sahen. Paul Rebillot war der Meinung, dass dies heute nicht mehr genügt. Wir haben diese Fähigkeit nicht mehr, uns so tief mit dem Schauspieler zu identifizieren, dass wir die tiefen Lehren des Mythos einfach daraus ziehen können, ihn zu sehen. Wir müssen der Schauspieler werden und es durch uns selbst erfahren.

Erstellen einer Struktur

In der nächsten Phase haben die Studentinnen die Aufgabe, eine Struktur zu entwickeln, die auf dem Mythos basiert und die anderen Menschen, in der Regel einer Gruppe, die Möglichkeit gibt, zentrale Eindrücke, Qualitäten oder Herausforderungen des Mythos zu erfahren. Sie soll ihnen emotional, physisch und intellektuell Wesentliches aus dem Mythos mitteilen.

Es geht also für die Studenten darum, vom Suchenden zum Leiter zu werden. Der Aufbau der Struktur sollte bestimmte Bedingungen erfüllen. Zuerst ist es wichtig, das Ziel der Struktur klar zu bestimmen. Was soll den Teilnehmenden erzählt werden, was sollen sie erleben und wie hängt das mit dem Mythos zusammen? Die nächste Frage ist, mit welchen Übungen diese Erfahrungen vermittelt werden können. Dann benötigt die Struktur einen klaren Anfang, eine Mitte und ein Ende. Wie soll der Gruppe das Material anfangs präsentiert werden, wie ist der Höhepunkt der Erfahrung oder des Ausdrucks gestaltet und wie sieht der Akt der Vollendung aus? Die Struktur sollte die drei Energiezentren des Menschen umfassen: den Körper (Bewegung), das Herz (Gefühle) und den Geist (Gedanken und Bilder).

In der Regel erarbeiten die Studentinnen ihre Struktur in Paararbeit zwischen den Workshops „Dancing with Gods" und „Manifesting Your Personal Myth". Beim zweiten Workshop leiten sie die Gruppe durch ihre Struktur, erfahren, wie ihr Angebot auf die Teilnehmenden wirkt und erhalten Feedback zu ihrem Leitungsverhalten. Dies ist also sowohl eine Übung im Aufbau einer Struktur nach den Kriterien von Paul Rebillot wie auch eine Moderationsübung.

Fortgeschrittene Trainings

In vielen Fällen arbeitete Paul Rebillot mit den Gruppen weiter, einerseits mit intensiven gestalttherapeutischen Gruppenprozessen, andererseits mit der Auswahl eines Mythos, der als Grundlage für öffentliche Workshops dienen sollte.

War der Mythos in einem einvernehmlichen Verfahren gewählt, teilte sich die Gruppe in kleine Teams auf, die einzelne Phasen der Geschichte bearbeiteten und Strukturen zu diesen Abschnitten entwickelten. Diese Strukturen wurden getestet, bewertet und akzeptiert, abgeändert oder verworfen. So entstand mit der Zeit der gesamte Workshop zum mythischen Thema. Ein Beispiel für ein auf diese Art entstandenes Seminar ist der zuvor beschriebene Inanna-Workshop.

Der Trainingsprozess wurde durch Feedbacks zu den einzelnen Studenten und eine angemessene Zeremonie zur Bestärkung und Feier der Zertifizierung abgeschlossen.[44]

---

[44] Beispiele für solche Zeremonien finden sich in Mittermair, Franz (2021).

Homosexuelle Menschen als Quelle der Heilung für sich selbst und für unsere Kultur

Paul Rebillot

Bei einer unserer letzten Begegnungen erzählte mir Paul davon, worum es in diesem Konferenzbeitrag geht. Und er tat das so, dass mir unerwartet Tränen in den Augen standen.

Paul hielt den Vortrag auf der Konferenz „Sexualität und seelische Gesundheit" vom 15. - 17. November 2003 in Straßburg, Frankreich. Den Titel für den Beitrag haben wir gewählt.

Manfred Weule

Mit folgender Vorbemerkung wurde der Beitrag unter dem Titel „Homosexualität – Problemquelle oder Gleichgewichtsfaktor?" in der Kongressbroschüre veröffentlicht.[45]

Vorbemerkung

Homophobie – sie funktioniert ebenso wie Schuldgefühle und niedrige Selbstachtung, wird aber durch sozialen Beifall gesteigert – ist Hauptquelle seelischen Leids bei Homosexuellen: Dem selbstzerstörerischen Verhalten liegt soziale Auflehnung zugrunde. Solange der/die Homosexuelle sich der eigenen Homophobie nicht bewusst ist, kann er/sie nicht seinen/ihren Platz in der Gesellschaft finden und ausfüllen.

Seit dem Morgengrauen der Zeit waren Homosexuelle in zahlreichen Kulturen Teil der Gesellschaft in Funktionen wie Schamane, Heiler, spiritueller Meister und Berater. In diesen Kulturen fanden Homosexuelle Aner-

---

[45] Wir danken Geneviève Liétaert-Dumoulein für ihre Hilfe beim Auffinden dieses Beitrags.

kennung als Wesen mit zwei Seelen, die in sich männliche und weibliche Prinzipien vereinen und balancieren.

Wie aber kann heute diese besondere Eigenschaft einer homosexuellen Person Quelle der Heilung für ihn/sie selbst, aber auch für die Gesellschaft sein, in der wir leben?

Ich bin kein Experte für Homosexualität. Ich habe keinerlei Universitätskurse über dieses Thema absolviert und es ist auch nicht meine Berufsausbildung. Ich *bin* homosexuell.

Und als Mann meines Alters vor Ihnen, einer so großen Zuhörerschaft, zu stehen und das geradeheraus und auf diese Weise zu sagen … pfff. Dazu gehört schon etwas! Weil ich jemand bin, der, wie wir sagen, sein „Coming-out" lange hinter sich hat, also schon früh aus seinem verborgenen Leben herausgetreten ist. Zu der Zeit gab es zum Beispiel Polizisten, die Bars aufsuchten, die Treffpunkte von Homosexuellen waren; dort gaben sie sich sympathisch und folgten ihnen dann nach Hause. Sobald sie einander näher kamen – zeigten sie ihren Polizeiausweis vor und wollten sie festnehmen; die Verfolgten wollten nicht hinter Gitter und sprangen manchmal aus dem Fenster und töteten sich, denn zu jener Zeit war es zu hart, sich als homosexuell zu outen.

Genau genommen war es kein Verbrechen, aber es wurde als Verbrechen angesehen, homosexuell zu sein.

Aus diesem Grund sage ich, dies hier vor Ihnen allen so durchs Mikrofon zu sagen, klingt so bedeutend. Und deshalb bin ich so nervös.

Aber ich muss hinzufügen, dass ich auch kein professioneller Homosexueller bin! *(Lachen der Zuschauer.)* Das ist nicht mein Ding, überhaupt nicht. Ich arbeite mit jedem Mann und jeder Frau; also auch mit Homosexuellen. Nicht nur mit Homosexuellen. Es ist mir wichtig, das präzise zu sagen.

Aber was ist Homosexualität? Eine einfache, sehr einfache Antwort ist: dass jemand von einer Person des eigenen Geschlechts angezogen wird. Nur das ist es. Und das ist keine Krankheit.

Für mich ist das kein großes Thema, es existiert seit den Anfängen der Menschheit. In vielen Zivilisationen und Gesellschaften gehörten Homosexuelle voll dazu. Dazu kam es nicht erst in der Moderne, mit der Industrialisierung. Also stehen sie für etwas Wichtiges in der Welt von Männern und Frauen.

Homosexualität macht keine Schwierigkeiten – Homophobie schon

Mein Thema – ich weiß nicht, ob ich es mir selbst ausgesucht habe – ist: „Homosexualität, Problemquelle oder Gleichgewichtsfaktor?" Ich möchte damit beginnen, woher die Probleme kommen. Das ist die Homophobie. Nicht nur die innere, sondern auch die äußere Homophobie, die uns von Menschen im Äußeren entgegengebracht wird. Mit ihr zu leben, ist für Homosexuelle am schwierigsten: Wie lebe ich mit ihr, besonders dann, wenn ich gerade mein Coming-out hatte? Wie kann ich ungeschützt weiterleben?

Und doch kann ich nicht anders leben, weil ich homosexuell bin. Ich kann nicht die Farbe meiner Augen ändern, seht her, sie sind blau. Ich kann Kontaktlinsen tragen, um meine Augenfarbe zu ändern, aber sie bleiben blau. Genauso ist es mit der Homosexualität für mich. Eines Tages fragte mich jemand: „Wie können Leute homosexuell werden?" Ich sagte: „Aber bei Heterosexualität fragst du das nicht, oder?" Niemals fragen wir: „Wie wird man heterosexuell?" So was sagst du nicht. Das Leben macht das. Das Leben schafft eine solche Vielfalt an Menschen. Einfach das Leben. Du bist mit keinem Zauber belegt, es ist nichts, das wir erklären könnten, indem wir sagen: „Ach, das ist es, daher kommt es" – und dann können wir es beseitigen und damit die Ursache der Schwierigkeiten beseitigen. Falls das so wäre, stimmte was nicht.

Homophobie kommt von der Angst vor Frauen

Ich habe genau zugehört, was du über Frauen gesagt hast, Eliane, weil ich wirklich glaube, Homophobie kommt von der Furcht vor Frauen. Vielleicht von der Angst vor der Mutter. Aber ich glaube, zumeist von der Angst vor *Frauen*. Und von der Angst, in der Mann-Frau-Beziehung die Frau zu sein.

Nur ein Beispiel: In der Vergangenheit bin ich Soldat gewesen. Die schlimmste Beleidigung für uns war, vom Sergeanten „Myladies" genannt zu werden. Das war unerträglich, nicht hinnehmbar. Warum? Ich denke, dass man sich unter Homosexuellen so einladen kann: Man kann „hier bin ich" sagen. Wenn aber ein Mann in einer Autoritätsposition dies zu einem anderen Mann sagt, ist das unmöglich, wie Eliane dies heute Morgen ausgeführt hat. Dieser Machismo verbunden mit Dominanz ist unter Homosexuellen unmöglich.

Sehr oft finden Männer es verlockend, Frauen beim Liebesspiel zu beobachten. Aber Männer beim Liebemachen zu beobachten? Nein, das ist etwas ganz anderes. Denn das würde für sie bedeuten, zur Frau zu werden, und das ist die Ehrverletzung, die ich schon erwähnt habe. Ich denke wirklich, dass das mit dieser Angst verknüpft ist, eine Frau zu sein. Für eine Frau gehalten zu werden. In die Rolle der Frau zu gehen, bringt die Erfahrung näher, wirklich eine Frau zu sein. Und doch, warum nicht? Eine Frau zu sein, ist doch unbedenklich, oder? *(Lachen im Publikum.)*

Das findet sich sogar bei den Göttern der griechischen Mythen. Zeus wollte die Erfahrung machen, eine Frau zu sein: Er nahm Dionysos und pflanzte ihn in seinen Schenkel, um ein Kind gebären zu können. Es war Pallas Athene, die aus seinem Kopf geboren wurde. Ein Mann mit dem Wunsch, jemand anderen zur Welt zu bringen, jemand anderem das Leben zu geben.

Homophobie berührt auch das Thema Abhängigkeit, sich jemand anderem zu unterwerfen, und das Thema Empfindsamkeit, Feinfühligkeit. Denn ich muss stark und ein Macho sein und entsprechend handeln; zartbesaitet zu sein, ist da gefährlich.

Dazu fällt mir eine Anekdote ein, denn ich liebe es, indem ich Geschichten erzähle, zu sagen, was ich glaube. Früher habe ich mit Tarotkarten gearbeitet. Eines Tages legte ich für einige Leute die Karten aus. Mir gegenüber war ein Mann, der Mitglied einer Gang war: ein echter Macho aus einer kalifornischen Gang … Er zog eine Karte mit der Bedeutung, er könne vielleicht sensitiv wie ein Homosexueller sein. Ich habe nicht zu sagen gewagt: „Vielleicht ist dir danach, eine Beziehung zu einem anderen Mann aufzunehmen.“ Wenn ich das gesagt hätte, hätte er mich auf der Stelle umgebracht, das wäre wirklich zu gefährlich für ihn gewesen. Stattdessen sagte ich: „Vielleicht hast du etwas Sensibles in dir.“ Da begann er zu sprechen, dann weinte er und sagte tiefere Dinge. Das Wort „Sensibilität“ setzte die Möglichkeit frei, mit der Empfindsamkeit zu experimentieren, die er in sich hatte, anstatt die Möglichkeit zurückzuweisen, wie eine Frau zu sein, die einem anderen Mann begegnet. Denn genau das dachte er: Sensibilität zu zeigen macht ihn zur Frau. Dem ist zwar nicht so, aber das dachte er.

Die sozialen Rollen „männlich“ und „weiblich“

Homophobie hat bei Männern auch mit der Angst zu tun, die männliche Sozialrolle zu verlieren. Als Homosexueller kann ich gewisse Rollen nicht einnehmen. Ich möchte nun von Stanford erzählen, der zehn Jahre mein Partner war. Wir waren zusammen, wir arbeiteten zusammen, wir lebten zusammen. Zuerst fühlte ich mich geehrt, mit ihm zusammen zu sein. Er war viel jünger als ich, 18 Jahre jünger. Er hatte sein „Coming-out“ zu der Zeit, als Schwule sich schon emanzipiert hatten. So war er viel freier im Auftreten. Ich dagegen war immer noch ein wenig verschlossen und angespannt, weil mir das schwerer fiel. Er lud mich oft ein, meinen Arm über seine Schulter zu legen, wenn wir auf der Straße gingen. Und ich wagte nicht, das zu tun, weil ich mich zu der Zeit schämte.

Wir fingen an, miteinander zu arbeiten. Jedes Jahr kam er mit mir zusammen nach Europa. Aber er kannte die Gestaltarbeit noch nicht. Er war Priester einer protestantischen Kirche, aber ohne Gestalt-Erfahrung. Anstatt die Gestaltarbeit zu erforschen, wie er es bald danach tat, arbeitete er eher wie meine Ehefrau. Er machte die Wäsche, bereitete das Essen zu, alles, was Frauen oft tun. Und er fing an, Geld dafür zu verlangen: normal, oder? Er arbeitete doch. Aber ich war ein Macho und dachte anders. So suchten wir eine Frau auf, die Gestalttherapeutin und Feministin war. Das war sehr schön für uns, denn sie sagte: „Ihr habt dasselbe Problem wie die Frauen. Frauenarbeit muss bezahlt werden. Nicht nur mit Geld für Lebensmittel – nein, bezahlt wie ein richtiger Job, ein richtiger, professioneller Job." Wir überlegten uns das und dachten „Warum nicht?" Ich sagte „Ja, du hast recht."

Von da an veränderten wir unsere Beziehung. Wir lösten uns aus der fixierten steckengebliebenen Mann-Frau-Beziehung: Ich bezahlte ihn für seine Arbeit und je mehr er in die Reflexion von Gestaltarbeit hineinkam, desto mehr erhöhte ich seine Bezahlung. Am Ende – ich sage „Ende", weil er an Aids verstorben ist – bekam er dieselbe Summe wie ich. Inzwischen hatte er sich in Gestalttherapie ausgebildet und machte mit mir zusammen Seminare. Wir gründeten zusammen eine Schule und er war eines ihrer Mitglieder, da waren wir einander gleich geworden.

Dann begannen wir, die Unterschiede zwischen Männer- und Frauenrollen zu reflektieren und erprobten einige Wege, sie zu leben. Zum Beispiel in der Arbeit: Wir arbeiteten immer zusammen und das in Sieben-Tage-Sitzungen. Wenn eine Sitzung vorüber war, arbeiteten wir in Gestalt an dem, was aus der Gruppe noch offen war. Nach jeder Woche Arbeit hatte er einen Tag für sich: Das heißt, er war der Einzige, der entschied, was wir an dem Tag tun würden. An dem Tag folgte ich ihm und bediente ihn. Am Tag danach taten wir genau das Gegenteil. So blieb keiner von uns in einer Rolle stecken. Wir konnten in diesen Rollen atmen und fanden alle Seiten jeder Rolle wertvoll. Der Vorteil war, in den Mann-Frau-Rollen nicht unbeweglich zu bleiben.

Ich erinnere mich, dass ich einmal in Esalen, Kalifornien, mit einem Mann-Frau-Paar arbeitete. Sie waren im Konflikt über ihre eigenen Rollen. Aber der Mann war nicht bereit, seine Position als Mann aufzugeben. Er wollte nichts tun, was in seiner Sicht einem Mann unmöglich war. Ich sagte ihm: „Wenn du deine Einstellung nicht änderst, kannst du nicht mehr mit dieser Frau zusammenleben. Denn sie ihrerseits möchte ihre Rolle, ihre Art des Zusammenlebens mit dir ändern."

Innere Homophobie

Der schwierigste Aspekt der Homophobie ist die *innere* Homophobie. Es gibt Homophobie im Außen, aber es gibt sie auch in uns selbst. Und bei jenen, die wenig Selbstvertrauen haben – und das sind viele von uns –, wird diese Homophobie durch die Außenwelt noch verstärkt. Deshalb glauben Homosexuelle schnell einmal, das, was ihnen zustößt, komme von außen. Wenn ich meine Arbeit verliere, wenn ich nicht zu einer Konferenz eingeladen werde, wenn mir etwas Negatives zustößt, kommt mir sofort der Gedanke: „Das kommt daher, dass du homosexuell bist." Aber das stimmt nicht! Vielleicht war das früher mal so. Aber jetzt trifft es nicht mehr zu, denn ich bin nicht *nur* homosexuell, ich bin viel mehr als das.

Ich glaube nicht, dass Homophobie etwas Naturgegebenes ist. Im Musical *South Pacific* gibt es ein Lied mit dem Titel *„ You 've got to be carefully taught "* – „Man muss es dir sorgfältig beibringen".[46] In dieser Komödie geht es um Rassismus. Es geht darum, dass Vorurteile nichts Naturgegebenes sind, sondern dass man sie wohl oder übel lernen musste, und das ist bei Rassismus der Fall. Rassismus ist nicht angeboren.[47] Dasselbe gilt für Homophobie – man muss sie dir sorgfältig beibringen. Oft sind es die Eltern, die Angst vor Homosexualität haben; die Kirche spricht von ihr wie von einer Todsünde, die patriarchale Gesellschaft hat Angst vor diesem weiblichen Aspekt usw. All das nährt unsere innere Homophobie, aus der die Angst stammt, die Homosexuelle empfinden, und auch ihr Leiden. Immer wieder sagt da eine innere Stimme: „So wie du bist, bist du nicht gut." Und ich persönlich glaube auch, dass viele Verhaltensweisen ihren Ursprung in dieser inneren Homo-

---

[46] Der komplette Text des Lieds ist in Anhang 1 nachzulesen.

[47] Im Französischen heißen Vorurteile idées reçues, übernommene Ideen – man übernimmt sie also von außen (Anmerkung des Übersetzers.)

phobie haben. Das exaltierte Auftreten mancher Homosexueller, die fast nackt durch die Straßen spazieren. Bei den Dragqueens zum Beispiel sind weibliche (Ver-)Kleidung und weibliches Aussehen dermaßen überzeichnet, dass es oft auf eine Verspottung der Frauen hinausläuft. Aber ich glaube, dass hinter alldem Wut steckt. Die Person sagt im Grunde genommen: „Ich bin so! Akzeptier mich so, wie ich bin!" – aber voller Wut. Ich denke, dass diese Wut von der inneren Homophobie herrührt.

Man kann so weit gehen, sich vorzustellen, dass die Lebensweise von Menschen, die viele Liebhaber oder Liebhaberinnen, viele sexuelle Abenteuer haben, von genau derselben Wut bestimmt wird. Bei den Tieren zum Beispiel haben die Männchen oft Sex mit dem Partner, der dazu bereit ist. Sie haben viel Sex, ohne dass es unbedingt darauf ankommt, mit wem. Ein Stück weit ist es vielleicht ganz natürlich, dass das bei den Menschen genauso ist, aber nicht immer, denn irgendwann ist es, glaube ich, für Männer wie Frauen wichtig, einen Partner oder eine Partnerin zu finden, mit dem oder der sie ihr Leben teilen können. Aber ich glaube, dass ein Sexualleben mit vielen Liebhaber/innen mit dieser Wut zusammenhängen kann. Denn Homosexuelle können Sex haben, ohne Verantwortung zu übernehmen. Sie müssen nicht mit einer Schwangerschaft rechnen, wenn sie miteinander Sex haben. Ich glaube, hier liegt auch der Ursprung des Wortes „*gay*" *(heiter)*: Sie können die heiteren Seiten des Lebens genießen, ohne Verantwortung für ein Kind tragen zu müssen. Auf diese Weise sind die Homosexuellen vielleicht mit der Göttin Aphrodite verwandt, denn das ist ihre Wohltat für die Menschheit: Sie ist diejenige, die liebt, die Sex hat, ohne ein Kind zu bekommen, nur zum Vergnügen. Das ist das Ziel, die Kraft, der Segen der Aphrodite.

Ich mache hier einen kurzen Exkurs zur Idee der Jungfräulichkeit im alten Griechenland. Eine Frau, die nicht Jungfrau ist, gilt in Griechenland als Besitz eines Mannes, ihres Mannes. Sie gilt als sein Eigentum. Aber um wieder zur Jungfrau zu werden, ging sie ins Dorf, in den Tempel der Aphrodite, und in der Nacht hatte sie Sex mit einem Fremden. Und auf diese Art wurde sie wieder zur Jungfrau, denn sie war nicht mehr Besitz eines Mannes. Das änderte sich dann mit der katholischen Kirche, aber früher einmal war das so. Ich sage das deshalb, weil ich meine, dass bei den Göttern und Göttinnen

Homosexualität nicht als etwas Schlechtes oder Schmutziges galt. Sie galt als Segen der Götter.

Befreiung der Frau, Befreiung der Schwarzen, Befreiung der Schwulen

Ich möchte jetzt Veränderungen erwähnen, die 1968 - 69 aufgekommen sind. Das waren Grenzjahre. Zunächst begann damals der Feminismus. Das war äußerst wichtig, denn mit dieser Idee und dem Wahlrecht fingen Frauen an, gleichberechtigt aufzustehen. Formal waren sie zwar schon gleich, aber sie begannen ihre Gleichheit mit Männern zu bekunden.

Dann begann die Befreiung der schwarzen Bevölkerung in den USA. Und schließlich die Befreiung der Schwulen. In dieser Periode folgte ein Ereignis dem nächsten. Dabei geschah etwas sehr Wichtiges. Zu Anfang war da eine Schale, eine Eierschale, um unser Inneres zu schützen: Diese Schale bildeten die Gruppen von Aktivistinnen, die „Nicht anfassen!" sagten, die die besonderen Fähigkeiten der Frauen schützten. Im Inneren (in der Mitte) hielten sich die Verwundbarsten auf, die sich selbst nährten (stärkten), um dann fähig zu sein, diese Schale zu verlassen, wenn sie dazu bereit wären. Für die Schwarzen galt dasselbe: Es gab Aktivisten wie zum Beispiel die „Black Panthers", um den Kern zu schützen. Auch für die Homosexuellen galt dies. Das ist gut, weil die verletzliche Seite im Inneren geschützt werden kann. Ich zum Beispiel lebte in San Francisco, einem Mekka für Schwule. Dort leben sehr viele Schwule. In der Tat gibt es eine Art Ghetto für Schwule dort. Zum einen ist das für sie nützlich. Aber ich stimme damit nicht ganz überein: Eine Gruppe in einem Ghetto einzuschließen bewirkt, dass sie ihre Verbindung mit den übrigen Menschen verliert. Und das ist ein echter Verlust für alle. Sowohl für die Schwulen wie für die anderen.

Unter den traditionellen amerikanischen Ureinwohnern zum Beispiel – heute ist es anders, aber ich spreche über die traditioneller Eingestellten – hießen Homosexuelle „Menschen mit zwei Seelen", der Seele eines Mannes und der Seele einer Frau. Diese Sicht war für homosexuelle Männer und Frauen hilfreich. Dies galt sowohl für männliche als auch für weibliche Homosexuelle. Ihnen wurden beide Pole, männlich und weiblich, zugestanden.

Sehr oft hatten sie einen besonderen Platz, eine besondere Position inne und wurden als wichtige Mitglieder des Dorfes und des Stammes betrachtet. Sehr oft wurden sie Schamanen und standen in Beziehung zur Spiritualität des Stammes. Sie konnten Heiler oder Heilerinnen werden, Medizinmann oder Medizinfrau. Denn eine Frau, die tief mit ihrer Weiblichkeit verbunden war, stand mithilfe ihrer weiblichen Seite in Kontakt mit der Erde, mit Heilpflanzen und auch mit der Heilkraft ihrer Hände.

Ich denke, dass die meisten Hexen, die im Mittelalter verbrannt worden waren, diese Kraft besaßen. Ihre Kraft überstieg die der gewöhnlichen Leute. Sie wurden „Zauberin" oder „Hexe" genannt: Für die katholische Kirche hieß das, dass sie Gott auch ohne die Kirche erreichen konnten. Andere Fragen wie Landbesitz etc. müssen auch betrachtet werden, aber im Kern war es die Frage dieser weiblichen Kraft.

Diese Beziehung finden wir bei den alten Griechen oft zwischen Lehrer und Schüler. Sokrates und Platon zum Beispiel waren einander durch Homosexualität verbunden. Heras Priester waren oft entmannt. Das ist ein ernster Eingriff, nach dem der Priester seine Hoden in ein Wohnhaus warf, von dessen Bewohnern erwartet wurde, ihn gesund zu pflegen. Sehr oft wurde er später schwul – ich weiß nicht genau, warum das geschah. Er war noch immer ein Priester der Göttin Hera und mit der spirituellen Welt verbunden. Ähnliches finden wir bei Schamanen der amerikanischen Ureinwohner.

Als ich den Gleichgewichtsfaktor erwähnte, ging es darum, dass diese Qualitäten von Homosexuellen in einem Ghetto nur ihnen selbst und ihrer eigenen Gruppe zugutekommen. Um einen kleinen Wandel anzustoßen, sollten wir anfangen, an der inneren Homophobie zu arbeiten. Ich halte es wirklich für wichtig, wahrzunehmen, dass wir als Homosexuelle alle diese Homophobie in uns tragen.

Arbeit mit dem inneren Rassisten

Eine Zeit lang arbeitete ich als Gestalttherapeut in einer psychiatrischen Klinik mit Krankenpflegekräften, Psychiatern usw. zusammen. Es gab ziemlich viele schwarze Kolleginnen in diesem Team, wie es in dieser Klinik auch viele schwarze Patienten und Patientinnen gab. Irgendwie kam ich mit einem schwarzen Kollegen ins Gespräch. Ich glaubte von mir, ich hätte keine Vorurteile, ich hätte mich schon weiterentwickelt, ich sei nicht wie meine Eltern, die wirklich sehr rassistisch eingestellt waren. Ich dachte, ich sei dieser Falle entkommen. Ich redete mit diesem Mann, und er sagte zu mir: „Du kannst nicht wirklich an Problemen zwischen Schwarzen und Weißen arbeiten, solange du dich nicht mit deinem ‚inneren Rassisten‘ befasst hast." Ich sagte: „Was soll das heißen? Ich glaube nicht, dass ich Rassist bin, ich bin entsetzt!" Er sagte zu mir: „Schau es dir gut an. Schau dir zum Beispiel an, wenn du mit mir sprichst oder wenn du etwas beobachtest, wie oft dir auch nur ein winziger Gedanke durch den Kopf geht, ganz ohne dein Zutun, der ein rassistischer Gedanke ist." Ich versprach: „Okay, ich werde es versuchen."

Danach begann mir bewusst zu werden, dass mir, wenn ich einen schwarzen Menschen sah, etwas leicht Bevormundendes durch den Kopf ging, in der Art von: „Aber ja, ich verstehe mich gut mit ihm!" oder noch Schlimmeres – und das ist rassistisch! Wenn ich zum Beispiel in einer Zeitschrift eine Filmkritik las und einen Film über schwarze Menschen sah, dachte ich: „Ach, das geht mich nichts an …" Aber das stimmt nicht! Denn schon dieser Gedanke ist rassistisch! Denn in diesem Film geht es nicht um Schwarze, es geht um Menschen! Wenn mir heute rassistische Gedanken durch den Kopf gehen, packe ich sie am Hintern und verhaue sie! *(Lachen im Saal.)* Oh – ich meinte: Ich packe sie am Hals! *(Lachen.)* Oder ja, vielleicht auch auf der anderen Seite! *(Lachen.)* Also packe ich diese Gedanken am Kragen, schaue ihnen ins Gesicht und sage mir: „Denke ich das nur gerade jetzt, oder hat das etwas mit meinem inneren Rassisten zu tun?"

Bei Homophobie ist das genauso. Jedes Mal, wenn wir Homosexuellen solche Gedanken haben, sollten wir dasselbe tun. Wenn ich denke: „Was mir da widerfährt, geschieht deshalb, weil ich homosexuell bin", dann muss ich mir diesen Gedanken vornehmen und mich fragen: „Stimmt das, was ich sage? Oder ist das eine falsche Vorstellung, ein Stereotyp aus der Vergangenheit?" Es ist notwendig, ein Mittel zu finden, um diese innere Homophobie zu verändern, denn sie ist es, die uns daran hindert, etwas anderes aus unserem Leben zu machen, etwas anderes mit einem anderen Menschen und mit der Außenwelt.

Ich möchte auch über die innere Homophobie sprechen, die mich daran hindert, mit einer Frau Sex zu haben. Ich habe nichts gegen Frauen, ich mag Frauen. Frauen sind auch schön! Ich habe auch mit Frauen Sex gehabt, aber das war sehr schwierig für mich, weil ich nicht mit Françoise oder Marie im Bett war, sondern mit einer *Frau*, mit *der* Frau! Denn es ist die Homophobie, die fordert: „Du musst mit einer Frau Sex haben!" Und wenn ich diese innere Homophobie loslasse, vielleicht kann ich dann ganz einfach mit dem Menschen Sex haben, den ich mir dafür ausgesucht habe.

Man kann nicht mit einer Idee, mit einer Verallgemeinerung Sex haben, sondern nur mit einer bestimmten, konkreten Person, mit einem realen Menschen aus Fleisch und Blut. Versteht ihr, was ich meine? Ich glaube, es hat mit Homophobie zu tun, wenn ich mich mit einer Person, mit der ich Lust dazu hätte, nicht Sex haben lasse.

Ich habe die griechischen Priester der Göttin Hera erwähnt, und wie sie oft homosexuell wurden. Alles, was ich darüber denke, habe ich nicht aus Büchern; um diese Konferenz vorzubereiten, hatte ich einen Haufen Bücher zusammengetragen. Aber ich warf sie dann beiseite, denn es ist besser, aus eigener Erfahrung zu sprechen, anstatt zu sagen: „Dieser Autor meint dies und jene Autorin das ..." Ich frage mich, ob die katholische Kirche nicht auf einer tieferen Ebene weiß, dass es schön ist, Männer von Frauen zu trennen. So verlieben sich Männer in Männer und Frauen in Frauen. Vielleicht ist das auf spiritueller Ebene ja erwünscht. Jean-François, du hast über Transformation und Metamorphose gesprochen; ich habe mit engen Freunden die Erfahrung gemacht, dass nach einem gewissen Grad an Kontakt eine psychologische Seite zwischen uns stärker wurde.

Ich hatte einen Freund, bevor Stanford mein Partner war. Ich habe zehn Jahre lang mit ihm zusammengelebt und auch wenn wir nicht mehr zusammenleben und nicht einmal mehr sexuell voneinander angezogen sind, haben wir doch einen Bund, eine außergewöhnliche Beziehung. Trotz meiner vielen Reisen weiß er immer, wann ich zu Hause bin; er weiß, wo ich bin, und sehr oft bekomme ich eine E-Mail von ihm, wenn ich an ihn denke, und wir haben viele Gespräche, aber immer tiefgründig. Er ist sehr wichtig für mich. Und das rührt von der Transformation her, die nach unserer Beziehung eingetreten ist. Dasselbe geschah mit Stanford, meinem nächsten Partner.

Stanford, mein Freund

Lasst mich ein wenig von Stanford erzählen – in meinen Augen ein außergewöhnlicher Mensch, denn er war viel offener, als ich es damals war. Einmal brachte er mich zum Lachen, als er einen Hotelmanager nach einem Doppelzimmer fragte. Der starrte uns an. Darauf sagte Stanford zu ihm, dass wir ihn dafür bezahlen und nicht er uns. Ganz einfach. Er war ein aufrichtiger Mensch.

Aber Stanford bekam Aids. Auf gewisse Weise hatten wir eine offene Beziehung. Das fiel mir schwerer als ihm, weil ich eher monogam und er eher polygam war. Nach einer Weile beschlossen wir, uns dieser Situation zu stellen, aber ich warnte ihn, als die Aids-Epidemie einsetzte; ich hatte Angst, dass er sich draußen anstecken könnte. Ich bat ihn, sich nicht mit einem Erkrankten einzulassen, bewusst zu sein und sich zu schützen. Mit gewissem Stolz entgegnete er, er wisse schon genau, wer gesund und wer krank sei. Aber dann bekam er wirklich Aids; ich fühlte tiefen Zorn auf ihn. In unserer eigenen Beziehung war das ein geschützter Ort, wenn wir im Bett heiße Zärtlichkeiten miteinander erlebten. Und plötzlich stand das Ungeheuer Aids zwischen uns; ich war kurz davor, mich von ihm zu trennen, auch wenn es hart war: Ich hatte ihn doch schließlich gewarnt, das nicht zu tun.

Zu der Zeit war ich sechs bis acht Monate im Jahr in Europa. Wir lebten in Kalifornien und er konnte nicht mit mir kommen, weil seine Krankheit von Tag zu Tag schlimmer wurde. Also reiste ich ohne ihn und dachte: „Was tue ich jetzt mit ihm? Er hat diese Krankheit in unsere Beziehung gebracht, wie kann ich das durchhalten?" Ich las ein Buch über Menschen, die Aids-Patienten pflegten. Im letzten Kapitel hieß es: „Lies dieses Kapitel nicht, wenn du einen Aids-Kranken pflegst, denn es handelt vom Tod." Aber wenn man mir verbietet, etwas zu tun, ist das für mich natürlich die verbotene Frucht! *(Lacht.)* So las ich das Kapitel und beim Lesen wurde mir klar, wie sehr ich diesen Mann, Stanford, liebte. Auch wenn er Dinge tat, die ich nicht ertragen konnte oder mit denen ich nicht übereinstimmte, meine Liebe für ihn ging weit über all das hinaus.

Ich rief Stanford an und bat ihn, mich zu heiraten. Als ich zurück in Kalifornien war, bat ich einen Priester, zu uns nach Hause zu kommen, um unsere Heirat zu zelebrieren. Mein Gedankengang war: „Es ist so leicht, zusammen zu sein, wenn du glücklich bist, wenn es schöne Abende wie schöne Morgen gibt, aber die Augenblicke, in denen eine Ehe am wichtigsten ist, sind doch die, wenn Dinge schiefgehen, da müssen wir uns beide verpflichten und sagen: „Ich bleibe bei dir bis zum Ende deines Lebens". Das habe ich getan und das war wunderbar für mich, weil ich bemerkte, wie Stanford durch schwierige Augenblicke ging, auch in seinem Tod. Am Ende schrieb ich einen kurzen Text: „Er starb als geheilter Mann." In der Tat hat er in meiner Sicht sich selbst geheilt, trotz seines Todes. Er fand einen Weg, alles zu klären, was in seinem Leben falsch war, er reinigte alle Beziehungen. Er nahm an einer Sitzung teil, die ich zu Tod und Auferstehung organisiert hatte. Das hatten wir gemeinsam beschlossen, auch wenn das für mich schwierig war. Ich denke wirklich, dass er am Ende geheilt war. Und das war eine große Freude für mich.

Viele Leute riefen nach Stanfords Tod an und sagten: „Weißt du, als Stanford dem Tode nahe war, habe ich keinen Kontakt aufgenommen, weil ich in Erinnerung behalten wollte, wie schön er war." Und ich entgegnete: „Aber da liegst du völlig falsch." Denn gegen Ende seines Lebens arbeitete Stanford an jedem Thema. Wir waren zusammen und machten Gestalttherapie. Sogar in seiner letzten Woche arbeiteten wir acht Stunden lang intensiv in Gestalt, um ihm zu ermöglichen, alle Themen seines Lebens abzuschließen. Denn unsere ganze Beziehung war dem gewidmet, herauszufinden, was wir an Göttlichem in uns selbst zurückgewiesen haben. Wir haben nicht gearbeitet, um Schmerz zu verhindern, sondern ihn zuzulassen, zu reinigen und ihn wieder zu integrieren, um ihn zu heilen. So erlebten wir diese letzten Stunden Gestaltarbeit als Geschenk an uns beide. Und am Ende leuchtete Stanford wie eine Sonne.

Die Homosexuellen, Vater und Mutter in der spirituellen Welt

Am nächsten Morgen ging ich zu ihm und er sagte: „Weißt du, ich habe an der Beziehung zu Vater, Mutter, meinen Studenten, dir und mir, an all dem gearbeitet, aber ich habe mich nie wirklich meiner Angst gestellt." In dem Augenblick wusste ich nicht, was ich tun sollte, denn, wie bereits erwähnt, er war 18 Jahre jünger als ich und ich hatte schon viele Dinge in meinem Leben durchlebt; so antwortete ich: „Wenn ich mit dir tauschen könnte, würde ich das tun, aber ich kann das nicht. So bleibt mir nur, einfach bei dir zu sein. Mehr kann ich nicht tun. Das ist alles, was ich tun kann, und das will ich ganz tun." Und eine halbe Stunde lang betrachtete er seine größte Angst. Ich habe mit Menschen Gestaltarbeit gemacht, die schrien, gegen die Wand schlugen, aber die Angst, die bei ihm da war, war sehr still, aber völlig *wahrhaftig*. Ich verbrachte eine halbe Stunde mit ihm und am Ende war da keine Angst mehr: Das war vorüber. Er lebte noch eine Woche lang, aber er hatte überhaupt keine Angst mehr. Ich dagegen hatte schon Angst, weil ich diesen Weg noch nicht gegangen war, er schon. Ich blieb bis zu seinem Lebensende bei ihm und auch, wenn es hart war, trotz aller Schwierigkeiten glaube ich, dass ich gut mit ihm gearbeitet habe.

Ich erinnere mich an eine Fernsehsendung, in der es um eine Frau mit einem Kind ging, das an Aids erkrankt war. Das war zu einer Zeit, als Aids alle entsetzte. Die Leute wussten nicht, was sie tun sollten. Sie waren wirklich verängstigt. Die Frau sagte: „Mein Ehemann hat mich verlassen, weil ich bei meinem Kind bleiben wollte; ich wollte mein Kind nicht aufgeben, obwohl es krank war. Auch meine Eltern verließen mich, sie weigerten sich, mit mir und meinem Kind zusammen zu sein, weil sie voller Angst waren. Alle Freunde gingen weg. Die einzigen, die zu mir kamen, waren Homosexuelle." Ich fand das sehr berührend und es brachte mich auf eine Idee – zu der Zeit arbeitete ich mit Stanford: Sogar, wenn Aids das Schlimmste und Schrecklichste ist, bringt es doch Homosexuelle einen Schritt weiter über die gewohnte berufliche Arbeit hinaus. Menschen hatten eine Vielzahl unterschiedlicher Jobs, aber durch die Ausbreitung von Aids kamen sie zu Tätigkeiten des Heilens. Ich kenne viele Homosexuelle, die Akupunkteure wurden, traditionelle chinesische Medizin (TCM) oder Rudolf Steiners Philosophie erlernten oder Meditationslehrer wurden.

Oft sind Homosexuelle Künstler, Schauspieler, Schriftsteller, Musiker usw. Ich hörte einen Meister aus Bali sagen: Künstler schaffen ein Bild der Zukunft, das es den Menschen ermöglicht, ihm zu folgen und es zu verwirklichen. Wenn das stimmt und wenn viele Homosexuelle der Welt der Kunst verbunden sind, kann es vielleicht zu einer Welle werden, die den Rest der Welt überschwemmt, wenn sie sich von dieser Homophobie heilen können? Denn hier (*er zeigt auf sein Herz*) muss es anfangen, nirgendwo anders. Unter der Bedingung, dass Homosexuelle anfangen, sich zu heilen.[48]

Betrachten wir die Verknüpfung zwischen Homosexuellen und den anderen Menschen, ist ihre Aufgabe, neben vielen anderen Dingen, die sie natürlich auch zu tun haben, ganz klar: Sie werden die Quelle der Fortentwicklung der Menschheit. Ursprung der Kinder, die das Leben fortsetzen werden. Und wenn sie mit der ganzen Welt verbunden sind und nicht nur abgeschottet in einem Ghetto leben, können sie vielleicht auch Väter und Mütter werden. Vielleicht nicht körperlich, aber geistig. Und das war es, das ich mit euch teilen wollte zum Thema „Homosexualität als Gleichgewichtsfaktor".

---

[48] Im Mai 2004, sieben Monate nach dieser Konferenz, wurde ein offen homosexueller Priester in der Episkopalkirche (der amerikanischen Entsprechung zur Anglikanischen Kirche in England) von der offiziellen Hierarchie zum Bischof ernannt. Auch wenn die konservativen Mitglieder dieser Kirche damit nicht übereinstimmen und das nicht anerkennen, ist das ein großer Schritt nach vorn.

Anhang 1 zum Vortrag

You've got to be carefully taught –

Man muss dich sorgfältig lehren

Song aus dem Musical South Pacific 1949: Musik Richard Rodgers, Text Oscar Hammerstein II. Hier kann man diesen Song anhören: https://www.youtube.com/watch?v=VPf6ITsjsgk

You've got to be taught to fear
You've got to be taught from year to year
It's got to be drummed in your dear little ear
You've got to be carefully taught!

You've got to be taught to be afraid
Of people whose eyes are oddly made
Or people whose skin is a different shade
You've got to be carefully taught!

You've got to be taught before it's too late
Before you are six or seven or eight
To hate all the people your relatives hate
You've got to be carefully taught!
You've got to be carefully taught!

Man muss dich lehren, Angst zu haben
Jahr um Jahr muss das weitergehen
Es muss dir in dein nettes kleines Ohr getrommelt werden.
Sorgfältig muss man dich lehren!

Man muss dich lehren, furchtsam zu sein
Vor Menschen, deren Augen fremdartig geformt sind
Vor Menschen, deren Haut eine andere Farbe hat
Sorgfältig muss man dich lehren!

Man muss dich lehren, ehe es zu spät ist
Bevor du sechs, sieben oder acht bist
All die Menschen zu hassen, die deine Verwandten hassen.
Sorgfältig muss man dich lehren!
Sorgfältig muss man dich lehren!

Anhang 2 zum Vortrag

Im Februar 2004 versuchte Präsident Bush in seiner wichtigsten offiziellen Rede jenes Jahres, ein Referendum zu initiieren, die Verfassung so zu ändern, dass die Ehe exklusiv gemischten Paaren (Männer/Frauen) vorbehalten ist. Danach öffnete der Bürgermeister von San Francisco – ein katholischer Familienvater – allen Homosexuellen, die heiraten wollten, die Türen des Rathauses.

Einige Wochen lang konnte man Warteschlangen homosexueller Paare sehen, die auf ihre Eheschließung warteten, Menschen aus allen Bundesstaaten. Wie viele andere auch schickte ich Blumensträuße, um sie den Paaren anzubieten, die sie anzunehmen wünschten. Es war wundervoll, im Rathaus wurden die Eheschließungen auf einem rot geschmückten Innenbalkon zelebriert, zu dem symmetrisch zwei imposante Treppen hinaufführen.

Im Englischen sagt man: *Wurde eine Glocke erst einmal geläutet, dann läutet sie.* Was heißt: Nach diesen Eheschließungen wird nichts wird mehr so sein wie vorher.

Das Original liegt auf Französisch vor. Jacques Labro übersetzte es auf Vermittlung von Geneviève Liétaert-Dumoulein ins Englische. Manfred Weule übersetzte diese englische Fassung ins Deutsche. Elke Raab hat den Abschnitt über innere Homophobie aus dem Französischen ins Deutsche übersetzt. Korrektur der deutschen Übersetzung anhand des französischen Originaltexts: Andrea Berger.

Beziehungen: von der Fantasie zur Fülle[49]

Paul Rebillot

Die meisten Liebesbeziehungen beginnen in einer Wolke aus Fantasien, Träumen, Idealen und Schatten. Leider verlieben wir uns häufig in ein Idealbild, statt in die wahre Person und leben aneinander vorbei. Wenn sich dann die ersten Eigenheiten zeigen, wirst du das Gefühl der Verbundenheit mit dieser Person verlieren, weil du dich nicht in sie, sondern in deine Vorstellung von ihr verliebt hast. Es ist so, als ob eine dritte Person zwischen euch beiden steht.

Fritz Perls sprach über drei Aspekte der Wahrnehmung von Beziehungen: die Ich-Wahrnehmung, die Du-Wahrnehmung und dann gibt es eine Schattenfigur, die zwischen dem Ich und dem Du existiert, welche die Summe aller Ideen, Fantasien, Missverständnisse, Ideale und Schattenseiten des anderen ausmacht. Diese Dinge machen wahren Kontakt unmöglich. Einer der Wege, um sich damit auseinanderzusetzen, ist der Austausch über unsere Fantasien und Ideale hinsichtlich Sex und Liebe. Wenn wir jederzeit über unsere sexuellen Erfahrungen in der Beziehung sprechen können, erreichen wir tieferen Kontakt im Hier und Jetzt. Selbstverständlich können wir, während wir uns lieben, nicht ständig miteinander reden – das wäre nur eine andere Weise, Kontakt zu vermeiden. Verbal und körperlich miteinander in Kontakt zu sein, ist eine Möglichkeit, diese Barriere zwischen uns niederzureißen. Über unsere sexuellen Fantasien zu sprechen, verhindert, dass wir uns voneinander isolieren, in privaten Traumwelten verschwinden.

Manche sexuellen Fantasien drücken ein noch tieferes Bedürfnis aus. So kann die Vorstellung, von einer anderen Person dominiert zu werden, den tieferen Wunsch nach Aufgabe von Kontrolle ausdrücken.

---

[49] Aus Rebillot, Paul (1995)

Durch Kommunikation kann sowohl die Fantasie als auch das Idealbild ein Weg zur vollkommeneren Liebesbeziehung werden. Wenn zum Beispiel jemand bei mir in der Gestaltarbeit plötzlich seine Arbeit unterbricht und sagt: „Ich bin in eine Fantasie abgedriftet", bitte ich die Person, sich diese Fantasie bewusst zu machen. Meistens fehlt etwas im Hier und Jetzt der betreffenden Person, sodass sie es in der Fantasiewelt suchen muss. Beim Erleben der Fantasie kann die Person dieses Bedürfnis stillen und ihr jetziges Leben damit bereichern.

Natürlich kann die Fantasie eine Flucht aus der Gegenwart sein. Sie kann aber auch ein Ort sein, an dem ein Schatz liegt, der zurückgebracht werden muss, um etwas zu heilen. Genauso kann eine sexuelle Fantasie etwas bewusst machen, was du brauchst, um eine erfülltere Beziehung mit deinem Partner, deiner Partnerin zu haben. Darum finde ich es hilfreich und notwendig, sich über diese Fantasien zu unterhalten. Wenn wir uns Idealbilder von unserem Partner, unserer Partnerin machen, wird das zur Folge haben, dass er sich unzulänglich fühlt. Ob ich eine Vorstellung liebe oder sexuelle Fantasien habe, macht einen Unterschied; denn seinem Partner die sexuellen Fantasien mitzuteilen, bringt eine Verbindung zur eigentlichen Person. Eine Fantasie mit der eigentlichen Person zu vergleichen, ist etwas anderes, als wenn ich mit dem Idealbild Sex habe.

Am Anfang verlieben sich die meisten Menschen in ein Idealbild des anderen Menschen und dieses Verliebtsein ermutigt uns, unser Selbst zu transzendieren: Du erschaffst für mich einen Teil jener Ideale, die ich auf dich projiziere, und ich tue das Gleiche für dich. Während die Liebenden versuchen, in einem gewissen Maß den Hoffnungen, Wünschen und Erwartungen des anderen gerecht zu werden, wachsen sie daran und miteinander – es ist Teil des Wachstumsprozesses, der in jeder Beziehung stattfindet.

Dann kommt der Tag, an dem die wahre Person zurückkommt und anerkannt werden möchte: Das ist der Augenblick, wo die Beziehung infrage gestellt wird. In diesem Moment ist das Wachstum für eine der beiden Personen entweder ausreichend, die Beziehung zu beenden, oder eine wahre Beziehung zu beginnen. Jetzt will sich die vollständige Identität des Individuums behaupten, alles, was bisher auf kleiner Flamme dahin köchelte, fängt jetzt an zu brodeln. An diesem Punkt sehen sich die Liebenden an und stellen fest: „Du bist nicht dieselbe Person, in die ich mich verliebt hatte!"

Das stimmt nicht ganz, es ist dieselbe Person, aber nicht derselbe Teil der Persönlichkeit, in die du dich verliebt hattest. Es ist der Teil, der zur Seite gelegt worden ist. Wenn die Beziehung über die gegenseitige Trainingsphase hinauswachsen soll, müssen beide anfangen, miteinander zu arbeiten, den Partner in seiner Ganzheit zu lieben und zu akzeptieren, sogar jene Aspekte des anderen, die sie nicht mögen.

Welche Faktoren ermöglichen diesen Übergang? Für mich ist es wichtig, die Beziehung als eine Form der Hingabe zu erleben. Am Anfang wird die Beziehung durch Gefühle aufrechterhalten. An einem bestimmten Punkt muss jedoch die Entscheidung folgen, sich bewusst dieser Beziehung zu widmen. Just in diesem Augenblick des Übergangs in eine neue Phase der Partnerschaft fühlt es sich oft so an, als ob sie bald auseinanderbräche. Immer, wenn wir im Leben an der Schwelle einer Veränderung stehen, fällt alles Vorherige auseinander.

Die Anzeichen dieses Augenblicks können sehr dunkel und beängstigend sein, da nichts mehr so ist wie zuvor. Ein neuer Anfang zeichnet sich ab, die Möglichkeit einer wahren Partnerschaft: den anderen immer ein wenig mehr, in seiner Ganzheit kennenzulernen, vielleicht bis ans Ende seiner Tage zu begleiten. Dies ist die Phase der Hingabe, durch die alle Liebenden hindurchmüssen, wenn die Beziehung gegenseitigem Wachstum und nicht gegenseitiger Abhängigkeit gewidmet sein soll.

In einer Beziehung der Abhängigkeit findet diese Art von Hingabe niemals statt. Anfangs sprachen wir von drei Aspekten der Abhängigkeit: dem Ich, dem Du und dann dem Mythos, der Idealvorstellung, der bzw. die zwischen beiden steht. In einer bewussten Beziehung gibt es auch drei Schichten: das Ich, das Du und das Besondere, das zwischen uns abläuft.

Wenn die Mythen und Fantasien gleichsam Wände sind, dann ist dieses neue Bewusstsein wirklich eine Tür, ein Durchgang – die Beziehung wird zum Tanz der Partnerschaft. Es entsteht eine Art elektromagnetischer Kraft, die spürbar wird, wenn sich die Oberflächen zweier Lebewesen berühren. Sie wird Kontaktzone genannt: Sie gehört weder zum einen noch zum anderen, sondern ist eine dritte Kraft. Sie unterscheidet sich vom Kontakt durch Fantasie, mehr noch, sie wird durch Fantasie gestört.

Diese dritte Kraft wird von beiden gefühlt. Sie ist neu, sie ist dadurch entstanden, dass zwei Lebewesen zusammengekommen sind. Sie wächst nur durch den authentischen Kontakt. Man sagt, sie kann fast als eigenständige Einheit existieren. Dies deutet für mich auf eine wahre Partnerschaft hin. Alle Fantasien und Wunschvorstellungen werden zu Wegweisern eines gesunden und spirituell erhebenden, gegenseitigen Wachstums. So kann, wie C. G. Jung feststellte, die Neurose selbst zum Mittel der Individuation werden. Auf diese Art können also auch Idealbilder und Fantasien zum Antrieb einer gesunden Beziehung werden.

Melissa Kay und Paul 1981

Erinnerungen an Paul Rebillot

Melissa Kay

Februar 2020

Ich gehe davon aus, dass es nur sehr wenige Menschen gibt, die Paul Rebillot kennengelernt haben, die Paul Rebillot erlebt haben, und die durch dieses Treffen nicht verändert wurden. Ich wurde es sicherlich. Mit tiefem Ernst und Hingabe, gekleidet in Trickster-Humor und spielerisch, versuchte Paul, in jedem Individuum das Göttliche in sich zu erwecken – den Impuls und die Kraft zu *werden*.

Mein persönliches Leben war in einer Krise, als ich ihn im Herbst 1977 bei einem seiner wenigen Besuche an der Ostküste der Vereinigten Staaten traf. Wie mein Leben verlaufen wäre, wenn ich ihm nicht begegnet wäre, werde ich nie erfahren. Wie es hätte verlaufen können, wenn ich allein die Kraft dieses Workshops „Tod und Auferstehung" erfahren hätte, werde ich auch nie erfahren. Aber als es passierte, sagte ich nach dem Workshop als Editorin zu ihm: „Du solltest ein Buch schreiben." Er antwortete: „Ich brauche dabei Hilfe." Und der Rest ist Geschichte. (Ich bin von Washington DC nach San Francisco gezogen. Unser Buch wurde 1992 veröffentlicht.)

Paul sagte einmal zu mir und vielleicht zu anderen, dass er das Gefühl hatte, im Leben einiger seiner Schüler eine Rolle als „Johannes der Täufer" gespielt zu haben. Damit meinte er den "Vorläufer", den Zeiger auf den eigenen wahren spirituellen Weg des Schülers. Er war dieser Führer für mich. In seiner Gesellschaft hörte ich nach meiner ersten Erfahrung mit „The Hero's Journey" zum ersten Mal Worte von Rudolf Steiner, dessen Geisteswissenschaft ich jetzt seit 40 Jahren studiere. Hätte ich sie ohne die Heldenreise gehört? Auch das werde ich nie erfahren.

An diesem 90. Jahrestag seiner Geburt schreibe ich dieses kurze Zeugnis aus Dankbarkeit für alles, was ich durch Pauls reichliche Wärme und Kreativität, seine Weisheit und seine beständige Freundschaft erhalten habe.

Marlis Afflerbach

Ein Monat Heldenreise ...
Beginn eines langen experiential teachings

Ende Dezember 1979 reiste ich zu einem Studienaufenthalt ans Esalen Institute, Big Sur, Kalifornien.

Ich stand kurz vor dem Abschluss meines Psychologiestudiums, hatte einiges an Selbsterfahrung, Gestalttherapie und Encountergruppen gemacht und wollte Neues erfahren. Ich hatte mich in ein einmonatiges Work-Scholar-Program eingeschrieben, welches beinhaltete, an vier Tagen in einem Bereich der Community zu arbeiten, an den Abenden noch jeweils drei Stunden, sowie Freitag bis Sonntag ganztags, Selbsterfahrung in angeleiteten Gruppen zu haben.

Ich war überwältigt von dem Ort, seiner Lage auf der Steilküste hoch über dem Pazifik, mit einer heißen Quelle in den Felsen, dem Garten, der Architektur und der Gemeinschaft. Für den ersten Monat, den ich in Esalen verbrachte, hatte Paul Rebillot, der zu der Zeit mit seinem Lebenspartner Stanford Cates in Esalen lebte, die Leitung der Gruppe übernommen. Die Work Scholars waren eine Gruppe von ca. 25 Menschen aus Nord- und Lateinamerika, Europa, Australien, Neuseeland ... Paul hatte sich vorgenommen, die Hero's Journey, die er sonst in fünf bis sieben Tagen anbot, auf einen Prozess über einen Monat auszudehnen und die Gruppe durch diesen Prozess zu führen. Dadurch gab es für die einzelnen Prozessschritte, die ja an anderer Stelle ausführlich beschrieben werden, den Raum, diese sehr intensiv zu durchlaufen.

Für mich gab es eine Menge neuer methodischer Herangehensweisen, die ich bis dahin noch nicht kennengelernt hatte und die mich faszinierten, wozu die Fantasiereisen in Bewegung, die Begleitung und Steuerung der Prozesse durch Pauls Livemusik auf seiner elektrischen Harfe, der Ausdruck über Malen sowie das Tagebuch des eigenen Prozesses mittels Fool's Dance und vieles mehr gehörten.

Zur gleichen Zeit hielten sich in Esalen Christina und Stan Grof auf, deren Holotropes Atmen, wie auch deren Konzept der Spirituellen Krisen in Pauls Arbeit Eingang fanden. Al Huang war dort, dessen tiefes Verständnis des Tai-Chi in Verbindung mit der ‚Technik' der Skulpturen aus der Gestaltarbeit von Paul zu seinem einzigartigen Fool's Dance verbunden wurde. Ebenfalls in der Zeit war Jean Houston dort, deren visionäre und vor allem künstlerische Arbeit Niederschlag fand. In den weiteren zwei Monaten, die ich noch in Esalen bleiben konnte, hatte ich Gelegenheit, an Workshops für Mitarbeiter des Zentrums aller Genannten teilzunehmen, was ebenfalls eine große Bereicherung für mich darstellte.

Doch zurück zu Paul und der Heldenreise. Das Besondere dieser Heldenreise war, dass sie eingebettet in den Alltag stattfand. Wenn während eines Workshops sonst die TeilnehmerInnen unter sich bleiben und von den alltäglichen Pflichten weitgehend entbunden sind, fand der Prozess hier eingebettet in Alltagsbeziehungen zu anderen Menschen sowie in Arbeitsprozessen statt. Die im Prozess gemachten neuen Erfahrungen, Entwicklungen und die daraus resultierenden Veränderungen der Wahrnehmung konnten im Alltag erprobt, gefestigt und integriert werden. Dies war eine tiefgreifende Erfahrung.

Da der Prozess der Hero's Journey in den Alltag eingebettet war, wurden auch Encounter- und Gestalt-Dialogarbeit angeboten. Dies, um sowohl gegenwärtige, als auch frühere Beziehungen zu klären. In einer Klärungsarbeit mit meinen Eltern verfiel ich in den Dialekt des Rothaargebirges, wo ich aufgewachsen bin. Dies ist meine erste, im Wortsinne Mutter-Sprache und meine emotionalste Sprache. Paul ermunterte mich, in diesem Dialekt zu sprechen. Er begleitete und führte mich im Prozess der Beziehungsklärung auf Englisch, nur sehr selten eine Übersetzung anfragend. So sprachen wir Englisch und Wittgensteiner Platt. Es war eine sehr besondere und tiefe Erfahrung für mich, in meiner „ersten Sprache" zu arbeiten, emotional sehr dicht und intensiv. Mich berührte tief die einfühlsame und präsente Begleitung durch Paul.

Es war für mich ein lebendiges, erfahrenes Beispiel für Prozessarbeit, die sich eben nicht so sehr an den Inhalten, sondern stärker am Fluss des Prozesses orientiert. Dieses prozesshafte Arbeiten gehört zu den Kernkompetenzen der Gestalttherapie, die Paul meisterhaft beherrschte.

In den „modernen" Therapieansätzen taucht dieses „vom ‚was' zum ‚wie"', also vom Inhalt zum Prozess, zum Beispiel in einem Vortrag von Prof. Dr. Svenja Taubner über Mentalisierungsbasierte Therapie (MBT) auf, den sie im Februar 2020 am Psychologischen Institut Marburg gehalten, auf. Die Erkenntnisse, die Paul bereits vor Jahrzehnten lehrte, kommen nun also auch langsam in der modernen Therapieforschung an.

Pauls Intension war immer die Integration, insbesondere abgespaltener Anteile. Die Abspaltung ist in der Tiefenpsychologie ein früher Abwehrmechanismus, der durchaus helfen soll, mit eigenen, schwierigen Anteilen zurechtzukommen. Die Spaltung ist auch ein kultureller, gesellschaftlicher Bewältigungsmechanismus, in dem sich Gesellschaften zum Beispiel aggressiver Impulse durch Verlagerung auf andere entledigen möchten. Dies ist im archaischen Ritus des Sündenbocks manifestiert, in dem die Mitglieder einer Gemeinschaft gefährliche, destruktive, feindselige Impulse oder Schuld auf ein Tier übertrugen und dieses sprichwörtlich in die Wüste schickten. Paul betonte, dass diese Spaltung in der modernen Gesellschaft nicht mehr wie vormals funktioniere, da es nicht mehr die ‚anderen‘, von uns Getrennten gibt, in einer Welt, in der zum Beispiel durch nukleare Bedrohung alle betroffen sind. Die Evidenz dieser Analyse erfahren wir alle 2020 extrem durch die Covid-19-Pandemie.

Wir müssen also den alten Bewältigungsmechanismus um des Überlebens willen aufgeben und zu einer reiferen Stufe gelangen. Diese besteht in der Transformation und Integration destruktiver Anteile.

Am Beispiel der Konfrontation mit dem Dämon in der Heldenreise wird dies deutlich: Die gute Lösung ist nicht, den Dämon zu töten, damit abzuspalten, sondern ihn zu transformieren und zu integrieren, und damit diesen Teil der Lebensenergie nicht einfach loszuwerden, sondern ihn in seiner konstruktiven Transformation zu behalten, was zu mehr positiver Lebensenergie und Kreativität führt. Auch dies ist in den archaischen Mythen bereits angelegt: So badet Siegfried im Blut des Drachen, inkorporiert dessen unschädlich gemachte Essenz und gewinnt dadurch besondere Fähigkeiten, die er zuvor nicht hatte.

Die Arbeit mit Paul hatte mich persönlich mit meinen Lebensthemen sehr vorangebracht, mir einen Zugang zu kreativen Veränderungsprozessen eröffnet sowie fachlich in der therapeutischen Arbeit unglaublich erweitert. Am stärksten hatte mich jedoch Pauls Haltung in der Arbeit mit Menschen beeindruckt: sein tiefes Verständnis emotionalen Erlebens, seine grundsätzlich wertschätzende Haltung und empathische Hinwendung, sein Vertrauen in den therapeutischen Prozess des Einzelnen sowie sein respektvolles Achten des

Prozessgeschehens: „Don't push the river, it flows by itself." Diese respektvolle Haltung zum Gestaltprozess war in dieser Zeit nicht sehr verbreitet.

An dieser Stelle passt es ganz gut, auf einen zentralen Begriff der Gestalttheorie – wie auch anderer humanistischer Verfahren – zu schauen: die Autopoiese. Diese beschreibt die Fähigkeit des Selbsterhalts durch Selbstorganisation von Systemen. Verkürzt könnte man sagen, wer das Problem (in sich) hat, hat auch dessen Lösung (in sich). Dann geht es nicht darum, Lösungen anzubieten, sondern Raum zu geben, Ressourcen zu stärken, damit jemand seine ganz eigene, stimmige, passende Lösung oder Antwort finden kann.

Paul arbeitete auch in Europa an verschiedenen Instituten, bot seine Gestalt-Prozess-Strukturen als Workshops an. Er begann etwa 1984, im Anschluss an die Workshops, ein Training für Therapeuten über zwei bis vier Tage anzubieten, in denen er Gestaltarbeit, die Theorie und den Aufbau der Strukturen, Besonderheiten des jeweiligen Prozesses vermittelte und den Absolventinnen erlaubte, mit seinen Prozess-Strukturen zu arbeiten. Ich nahm an diesen Fortbildungen zu vielen seiner Prozesse teil, begann, seine Workshops in Deutschland zu organisieren und war mehrere Jahre Teilnehmerin in seinem Apprentice Training zu Gestalt and Experiential Teaching, u. a. in der Schweiz und Südfrankreich, in dem die Arbeit vertieft sowie von den Teilnehmern eigene Strukturen und Prozesse kreiert, erarbeitet und erprobt wurden.

Nachdem ich 1984 zusammen mit Erika Meineke die Befähigung erworben hatte, die Hero's Journey anzubieten, und Erika schon länger mit Franz zusammenarbeitete, führte uns der Weg dann in die Jugendbildungsstätte Königsdorf, wo wir gemeinsam die erste Heldenreise begleitet haben. Ein Stein kam ins Rollen, der eine Bewegung wurde ...

Franz Mittermair

Paul, mein Mentor und Meister

Paul Rebillots Arbeit kam im Jahr 1987 zu mir – zuerst über meine Mitstudentin in der Gestaltausbildung Erika Meineke und ihre Freundin Marlis Afflerbach, welche eine gute Weile in Esalen bei ihm gelernt hatte. Ich lud die beiden ein, in der Jugendbildungsstätte, die ich leitete, die Heldenreise für einige ausgesuchte Leute und natürlich mich durchzuführen. Ich war sofort begeistert. Als Jugend- und Erwachsenenbildner mit psychologischem Interesse fand ich die Kombination verschiedenster Methoden der humanistischen Bewegung in einer klaren didaktischen Struktur einfach großartig.

Paul persönlich lernte ich endlich im November 1988 bei einer Lover's Journey kennen. Einige Monate zuvor war sein Partner Stanford gestorben. Was für eine Herausforderung für ihn! Da erfuhr ich gleich zu Beginn eine seiner großen Qualitäten. Er zeigte als Erstes dieser neuen Gruppe seine Gefühle zu diesem großen Verlust. In meiner Erinnerung sprach er unter Tränen eine ganze Stunde lang über seine Zeit mit Stanford, den Sterbeprozess und seinen Schmerz. Dann atmete er tief durch und leitete absolut klar und professionell den Workshop.

Dabei demonstrierte er, dass Emotionen, die sich zeigen dürfen, nach intensivem Ausdruck ihrer Energie wieder zurücktreten können. Und er zeigte, dass in seinem Verständnis von Therapie und Lehre „Therapeuten" oder Lehrer und „Klienten" oder Schüler grundsätzlich auf gleicher Stufe stehen. Ich habe immer wieder erlebt und sehr geschätzt, dass Paul sich trotz seines immensen Wissens und genialen Könnens als einfacher Mensch zeigte. Vielleicht hätte es seine „Karriere" befördert, wenn er sich mehr stilisiert hätte, als den großen Magier inszeniert hätte. Das entsprach aber nicht seinem Wertesystem. Mehr dazu findet sich im Interview mit ihm in diesem Buch.

Ich besuchte dann jedes Jahr einen seiner Workshops und schließlich die vierjährige Ausbildung in „Direct Impact Creativity". Anschließend assistierte ich in seinen Seminaren und in der Ausbildung. Ich organisierte Seminare für ihn, leider nicht mit dem Erfolg, den ich ihm gewünscht hätte.

Schließlich habe ich mich ganz und gar seiner Arbeit verschrieben. Ich habe mein Berufsleben so verändert, dass ich meine ganze Arbeitszeit der Leitung seiner Kur-se, der Ausbildung in seiner Arbeit und der Erforschung und Verbreitung der Rituellen Gestaltarbeit, wie ich diese Arbeit inzwischen nenne, widmen kann.

Paul war über 15 Jahre mein Mentor und mein Meister. Ich bin ihm zutiefst dankbar für alles, was ich von ihm lernen durfte und von ihm bekommen habe, auch wenn er manchmal ein strenger Lehrer war. Inzwischen sind meine Lehrzeit und meine Gesellenzeit vorüber. Ob ich seine Meisterschaft je erreiche, wage ich zu bezweifeln.

Sonja Mittermair

Sonja Mittermair

Der Fächer, die Rassel, die Raupe und der Tanz

Aus dem Nachlass von Paul, den ich im Sommer 2007 das letzte Mal, hochschwanger mit meinem Sohn Leo, in Ruhpolding gesehen hatte, bekam ich einen Fächer aus leichtem Holz geschenkt. Ebendiesen benutzte er, als er sich in einem Rollenspiel als Diva verkleidete. Ich hatte sofort sein Bild vor Augen und spürte seine wundervolle Präsenz, als ich den Fächer in der Hand hielt. Was für ein schönes Andenken. An heißen Tagen wird er mich nun in Seminaren begleiten und mich daran erinnern, auch ein bisschen wie eine Diva sein zu dürfen, was ich bisher immer ablehnte. Unserem Sohn Leo schenkte er eine silberne Rassel. Das war das erste Musikinstrument, das sich Leo als Baby schnappte – wer weiß, wo sein Weg ihn hinrasselt.

Ich habe Paul 1999 über meinen Mann Franz kennengelernt. Er wohnte ein paar Tage in meiner damaligen Wohnung in München, während er dort eine Fortbildung hielt. Sein Englisch war brillant und so konnte auch ich ihn verstehen. Im Kinderzimmer meines großen Sohnes Moritz hinterließ er eine kleine Holzraupe – das Zeichen für Transformation. Damals wusste ich noch nicht, dass aus dem Fächer der Methoden der Heldenreise meine Transformative Tanztherapie erwachsen würde.

2004 durften mein Mann Franz und ich eine Woche in seinem Haus in San Francisco verbringen. Wir fühlten uns sehr geehrt. Es war ein kuscheliges altes blaues Holzhaus und es war schön, dort gewesen zu sein und ihn auch dort wohlwollend gespürt zu haben. In Esalen, Big Sur, haben Franz und ich rituell geheiratet, an dem Bach, in den Jahre später Pauls Asche gestreut wurde. Auch das verbindet uns mit ihm über den Tod hinaus.

Durch die vielen Heldenreisen, die ich inzwischen begleiten durfte, erlangte ich das Selbstbewusstsein, eine Tanztherapieausbildung zu beginnen. Die vielen Bewegungsangebote in seinen Kursen, die die authentischen Bewegungen der Menschen herauslocken, sind großartig ausgewählt und funktionieren bei allen Menschen, in den verschiedensten Berufsgruppen. Der

Einsatz von kreativen Medien ist so vielfältig. Die Haltung dahinter, dass jeder Mensch liebenswert ist und erinnert werden kann an sein eigenes Potenzial, ist spürbar. Die zyklische Struktur der Heldenreise ist die Basis meiner Ausbildung zur Transformativen Tanztherapeutin. Gefüllt habe ich sie mit Methoden aus Pauls Seminarformaten und klassischen Tanztherapieübungen. Das Besondere an meiner Ausbildung ist das Vertrauen in die Transformation, wenn Gefühle bewegt und getanzt werden. Wer den Transformationstanz von Paul kennt, weiß, was ich meine.

Aus Erfahrungen mit den Dreijahresgruppen[50], der „Großen Heldenreise", kreierte ich den Tanz der Archetypen, den ich in einem Buch[51] festgehalten habe. Die Musiker von *Somos Organicos* zauberten die Musik dazu. Wenn ich das schreibe, spüre ich, wie sehr ich Paul meine kreativen Impulse zu verdanken habe. Ich bin sehr froh, dass ich dadurch, dass ich Paul nicht nur beruflich, sondern auch privat kennenlernen durfte, weiß, ihn als Ältesten hinter mir zu haben, und ich bin stolz, seine Arbeit auch in der Tanztherapieszene bekanntzumachen. Danke, Paul, für die Schönheit, den Tanz und die Heilung auf allen Ebenen, die du mit diesem Format in die Welt gebracht hast und an deine Gestaltkinder und -enkel weitergegeben hast. Danke an meinen Mann Franz, dass er sich seit Jahrzehnten unermüdlich darum kümmert, dass Paul als Gründer der Heldenreisebewegung gewürdigt wird. Danke an Helga und Manfred, dass sie den Anstoß zu diesem Buch gegeben haben.

---

[50] Das IGE kombiniert die vier zentralen Workshops der „Großen Heldenreisen" zu Dreijahresgruppen, in denen eine feste Gruppe alle Workshops durchläuft, verbunden mit gestalttherapeutischen Wochenenden.

[51] Mittermair, Sonja (2019): *Der Tanz der Archetypen*, Wasserburg am Inn: Eagle Books.

Renate Daimler

Genie, genialer Lehrer, Chaot, Bruder...

Lieber Paul,

Du lebst in mir. Nicht nur, weil Deine Art, unsere innere Welt als Theaterstück zu inszenieren, in dem die HeldInnen und DämonInnen auf die Bühne treten, mich tief berührt.

Du lebst in mir, weil viele der Figuren, die ich durch Dich in mir kennengelernt habe, noch immer lebendig sind. „Auriel Stargate" zum Bespiel, die Sängerin und Tänzerin in mir, die sich bedroht fühlte von „Lock-up", dem Dämonen, der sie in Wahrheit nur beschützen wollte, damit sie nicht versehentlich in einen Abgrund tanzt. Oder meine Figur, in die ich an unserem Mann/Frau Abend geschlüpft bin, „Rüdiger Betterfucker", der seine Meisterin in Dir, verkleidet als reiche Amerikanerin, fand, die sich in Europa Männer kauft. Dein Anblick mit falschen Wimpern, rotem Lippenstift, lila Lidschatten im mitternachtsblauen, bodenlangen Kleid war umwerfend. Und im wahrsten Sinn des Wortes auch die tiefe Einsamkeit, die meinen Rüdiger überfiel, als Du ihn fallen ließest, weil ein noch jüngerer, schönerer Mann daherkam.

Dann gibt es im Tresor meiner besten Erinnerungen noch „Tod und Auferstehung", dieses geniale Format von Dir, das mich an meine Lebendigkeit erinnert. Und weil ich die französische Sprache liebe und Deine Studentinnen in Frankreich kennenlernen wollte, bin ich zu diesem Seminar ins Elsass gereist. Und wenn ich daran denke, dann hat mich am stärksten Dein Mantra beeindruckt, das wir ständig wiederholt haben: „La mort est certaine, elle arrive sans prévenir, ce corps va devenir un cadavre – Der Tod ist sicher, er kommt ohne Warnung, dieser Körper wird eine Leiche sein ..."

Dann kam der große Tag, an dem ich Dir assistieren durfte. Und weil gerade so viel los war in Deinem Leben, hast du vergessen, noch andere AssistentInnen einzuladen. Damals durfte ich neben Deiner Genialität Deinen chaotischen Teil kennenlernen. Du bist nach vorne getreten und hast gelehrt, was sich hinter den Kulissen abgespielt hat, war nicht so wichtig. Da warst Du eine Diva, deren Schleppe ich getragen habe. Es war nicht so gemeint, Du bist einfach eingetaucht in die Welt des Spiels, und dass es dazu auch noch eine äußere Welt gab, in der Stoffe gepflegt werden müssen, TeilnehmerInnen betreut, die sich als Nebenschauplatz mit „menscheln" beschäftigt haben, Essen herbeigeschafft, Dekorationen erstellt, ist an Dir vorübergezogen. Du hast einen Raum der Magie erschaffen, in dem der Alltag keinen Platz hatte.

Manchmal, wenn ich meine Freunde Sonja und Franz treffe, die ich durch Dich kennengelernt habe, lachen wir noch darüber, wie genial chaotisch Du warst. Ihnen verdanke ich auch, dass Du vor Deinem Tod noch einmal nach Europa kamst. Sie sind die Menschen, die Dein Erbe im deutschsprachigen Raum für mich am besten kennen und pflegen. Und auch dafür verneige ich mich vor Dir, weil Du Dein Wissen so großzügig an die nächste Generation weitergegeben hast.

Mein letztes Bild von Dir rührt mich immer noch. Du sitzt vor uns, Deinen Studentinnen und Studenten in Deiner letzten „Masterclass" in Europa, in Deiner Nase ein Sauerstoffschlauch, und Du beschwörst uns noch einmal, Deine geniale Arbeit so in die Welt zu tragen, wie Du sie verstanden haben wolltest. Wir sind zehn Tage lang mit Dir durch alle Deine Formate gereist und diese Schatzkiste hüte ich und nehme immer wieder Elemente daraus und füge sie in meine Arbeit ein.

Und dann kam der Abschied von Dir. Es war ein Abschied für immer, auch wenn ich gehofft habe, dass Deine Einladung noch Gestalt annehmen darf, mit Freunden zu Dir, in Dein Zuhause zu kommen, um „Tod und Auferstehung" noch einmal zu erleben. Du wolltest uns in Deinem Wohnzimmer alle Feinheiten dieser Reise zeigen.

Damals wusste ich nicht, dass Du Deine eigene Reise schon begonnen hattest.

Wir haben einander noch einmal umarmt und ich habe mit Tränen in den Augen geflüstert: „Ich habe mir immer einen älteren Bruder wie Dich gewünscht." Und Du hast gelächelt und geantwortet: „Und ich mir eine jüngere Schwester wie Dich. Lass uns Bruder und Schwester sein."

Lieber Paul, Du hast uns von Deinem Loch in Deinem Herzen erzählt, das nie mehr geheilt ist, seit Dein geliebter Partner starb. Dort wo Du jetzt bist, lacht Dein Herz, wenn Du siehst, dass Deine segensreiche Heilungsarbeit hier auf Erden weitergeht.

In tiefer Verbundenheit und Liebe

Deine Renate

Andreas Wandtke-Grohmann

Let me tell you a story!

Ich habe das noch im Ohr, das dröhnende Lachen von Paul. Er war dabei, zu erklären, worin Menschen nicht durch Computer ersetzt werden könnten. Ein Computer, so war seine These, würde niemals das unbändige Vergnügen erleben, eine Geschichte erzählt zu bekommen. Oder selber zu erzählen. Das sei originär menschlich, zu sagen: „Let me tell you a story!"

Und dann erzählte er von Großvater Squirrel, dem Urahn der Eichhörnchen. Die mythische Geschichte, wie Großvater Squirrel auf seiner verzweifelten Flucht vor seinem Verfolger entdeckte, dass Eichhörnchen auf Bäume klettern können. Und wie diese Verwandlung in einen Kletterer, diese Wendung in die dritte Dimension in der Geschichte aufgehoben wurde. Sodass man eigentlich (nachdem Großvater Squirrel gestorben ist und die Geschichte nicht mehr selber erzählen kann) die Geschichte neu erzählen und miterleben müsse, um das selber zu glauben: dass man sich so verwandeln kann. Und dass darin Großvater Squirrel weiter lebendig bleibt in seinen unzähligen kletternden Nachkommen.

Was ist größer: das Vergnügen, eine Geschichte erzählt zu bekommen –
oder das Vergnügen, eine Geschichte zu erzählen? Bei Paul war ich überzeugt: das Zweite. Er war für mich ein großer Erzähler, und seine Arbeit habe
ich von daher verstanden. Er hat es möglich gemacht, in eine Erzählung vollkommen einzutauchen, sich von ihr rundum umgeben zu lassen. Und da war
dann keine Moral, kein Richtig und kein Falsch mehr, da war: Schmerz und
Abschied, Liebe und Verzauberung, Schatzsuche und Kampf. Und alles mit
sehr viel Humor und darum Einsicht in die menschliche Begrenztheit. Und
nun versuche ich, selber so zu erzählen, dass man sich dabei verwandeln kann.
Und dabei habe ich Pauls Stimme mit im Ohr.

Tony Khabaz

(mit Catherine Lagarde, Übersetzung Franz Mittermair)

Meine Reise mit Paul

Ausbruch

1976 präsentierte Paul Rebillot zum zweiten Mal „Die Reise des Helden"
in Frankreich.

Im selben Jahr brach ich mein Literatur- und Theologiestudium an der
American University in Beirut ab und verließ ein vom Krieg zerrissenes Land,
um an die New York University zu gehen.

Die Kultur, aus der ich kam, war eine, in der jeder in jedem Moment
darauf bedacht war, dir zu sagen, wer du sein solltest, was du fühlen solltest,
wie du dich verhalten solltest. Mein Hippielook mit dem Bart und den langen
Haaren machte es nicht einfacher. Ich habe viele Leute geärgert, und alle haben mich geärgert.

Mit dem Krieg wurde der Versuch, ich selbst zu sein, noch gefährlicher.
Wenn man nicht mit den einen gegen die anderen war, hieß das, dass man mit
den anderen gegen die einen war. Was mich betrifft, war ich gegen das Ent-
weder-oder-System. Ich verabscheute es, wählen zu müssen. Als ich also von
einer Gruppe bis an die Zähne bewaffneter Männer als Geisel genommen

wurde und gefragt wurde: „Dieser Krieg, wer ist schuld daran?", antwortete ich in der Überzeugung, dass ich sowieso am Ende war und mich weigerte, nur ein Spielball in ihren Händen zu sein: „Es ist jedermanns Schuld". Wütend schimpfte mein Gesprächspartner, dass ich keine Ideologie, also keine Meinung hätte. Folglich sei ich kein Mensch. Und deshalb sollte ich hingerichtet werden.

Ich wurde befreit. Aber diejenigen, die mir das Leben gerettet hatten, betrachteten es als das ihre: Ich war nun der Gnade derer ausgeliefert, denen ich es verdankte. Der einzige Ausweg war, mich von meinen Befreiern zu befreien.

In New York angekommen, wollte ich mich von dieser einengenden Kultur befreien. Mich zu befreien – von allem und jedem – war eine fixe Idee. Zu entdecken, wer ich war und wer ich sein konnte, war eine Besessenheit. Ich war auf der Suche nach einer neuen Art zu sein und mich zu verhalten: meiner eigenen.

Doch die Anpassung an eine neue Kultur schien mir schnell wieder eine einzige Art des Verhaltens aufzuzwingen, einfach und geradlinig – während für mich der Weg nur aus Windungen, Höhen und Tiefen bestand, die allesamt reich an Möglichkeiten waren. Also dachte ich, wenn es schon so kompliziert sein muss, dann kann ich auch gleich meine eigenen Entscheidungen treffen und mich nicht darüber wundern, was andere über mich sagen würden ... Wenn es schon kompliziert sein muss, dann soll es wenigstens mein eigener Weg sein.

Ich war als Student mit einem Hippielook angekommen. Am Tag nach einem Konzert von Robert Gordon, dem bekannten Sänger von „I want to be free", beschloss ich, meinen Bart loszulassen. Kurz darauf folgten meine Haare einem ähnlichen Schicksal. Mein derzeitiger Stil war: „Rockabilly"! Ich streifte durch die Clubs im East Village und in Tribeca durch den „Mudd Club". Und ich begann, mit Drogen zu experimentieren.

Dort fand ich ein Mittel, um meine Empfindungen zu intensivieren, besonders beim Hören von Musik oder Poesie. Ich bekam Zugang zu Wahrnehmungen, die mich von den engen, konservativen, lokalen Sichtweisen befreiten, die sich immer so belastend angefühlt hatten. Ein Teil von mir erreichte andere Dimensionen, von denen aus ich meine Realität, und wie ich sie erlebte, untersuchen konnte. Ich wurde mir bewusst, dass diese Realität nicht die einzige ist, die definiert, wie ich mich verhalten sollte oder nicht. Ich entdeckte, wie ich scheinbare Zwänge umgehen und mehr in Harmonie mit der Person leben konnte, als die ich mich fühlte.

Ich erinnerte mich auch an den Wert von Momenten wie jene, in denen ich als Kind um meinen Großvater auf den Terrassen seines Gartenhains in den Chouf-Bergen herumgesprungen war und gesehen hatte, wie er eine Weisheit verkörperte, die Zeit und Raum ignoriert.

Um mich herum gab es Freunde, die in der Psychotherapie nach Antworten auf ihre eigenen Fragen suchten, aber ihre Gespräche hinterließen bei mir einen negativen Eindruck. Weit davon entfernt, sich von ihren Grenzen zu befreien, schienen sie sich umso mehr an die Erwartungen ihrer Umgebung anpassen zu wollen und befürchteten, es nicht zu können, und sie verloren sich in gedanklichen Ausarbeitungen mit nicht enden wollenden Verästelungen, für die ich eine starke Abneigung empfand.

Das ist der Kontext, in dem ich zum ersten Mal von den Ansätzen der Human-Potential-Bewegung hörte. Ich war mit einem Freund und Catherine, die ich kürzlich kennengelernt hatte, im „Lone Star Cafe" und wartete auf den Beginn eines Konzerts mit Carl Perkins, dem Autor von „Blue Suede Shoes". Während wir etwas tranken, war unser Gespräch auf das Thema der veränderten Bewusstseinszustände gekommen. In diesem Moment entschied sich Catherine, uns von Carlos Castaneda zu erzählen und, eins führte zum anderen, von ihren eigenen Erfahrungen „unter" Bioenergetik, holotroper Atemarbeit, Gestalt und dergleichen ... Sie hätte genauso gut über Architektur sprechen können, ich lebte in einer anderen Welt. Für mich war zu diesem Zeitpunkt nur eines wichtig: dass die Musik anfängt.

Ein paar Monate später erlebte sie „The Hero's Journey" in Frankreich – eine Gelegenheit, auf die sie lange gewartet hatte, nachdem sie wegen Zugstreiks zwei von Rebillots Workshops verpasst hatte, die eigentlich zu ihrer Grundausbildung hätten gehören sollen. Zurück in New York erzählte sie mir voller Elan von ihren Erfahrungen; ich hörte mit einem Interesse zu, das man als ... mäßig bezeichnen könnte.

Wir beließen es nicht bei solchen Differenzen und beschlossen, zusammenzuleben. Einige Jahre später lebten wir in Frankreich, genauer gesagt, machten wir Urlaub in der Nähe von Trimurti, wo eine Gruppe von Rebillot „Das Goldene Vlies" ermöglichen sollte. Ich fuhr Catherine dorthin. Sieben Tage später kam ich zurück, um sie abzuholen. Ich stieg gerade aus dem Auto, als ich sie in Begleitung eines Mannes den Weg entlangkommen sah. Sie sah erfüllt aus, strahlend, und ich spürte sofort, dass sie ein großes Abenteuer erlebt haben musste. Der Mann, der sie begleitete, war Paul Rebillot. Die Art des Kontakts mit ihm war ganz einfach und sofort warmherzig. In wenigen Augenblicken waren wir auf der gleichen Wellenlänge, und der Wechsel von den üblichen Worten der Höflichkeit zum gegenseitigen Teilen und Verstehen der Andeutungen des anderen erfolgte fast augenblicklich.

Auf dem Weg zu neuen Abenteuern

Ein Jahr später leitete Rebillot zusammen mit Tina de Souza „The Dance of Life": ein Stück aus der afro-brasilianischen Mythologie. Diesmal war ich voll und ganz darauf bedacht, im Spiel zu sein!

Sah ich am Ende der Woche erfüllt und strahlend aus? Niemand hat es mir so recht gesagt, aber was mich betrifft, war ich alles andere als enttäuscht.

Rebillots Art, Menschen zu betrachten, war frei von jeglicher Norm oder Wertung. Als jemand, der Theorien, Etiketten und Diktate verabscheut, war ich begeistert. Er verkündete keine Botschaft, kein Projekt, keinen Willen, dich irgendwo konkret hinzubringen. Er präsentierte dir nur Vorschläge, denen du zustimmen konntest - ... oder auch nicht.

Ich fühlte mich frei von jeglichen Vorbehalten und tauchte mit absoluter Spontaneität in die Aktivitäten ein, die er vorschlug, und mein Vergnügen war total. Alles, was ich zu tun hatte, war, mich mitreißen zu lassen und mit dem zu spielen, was auftauchte, genauso, wie ich es in der Vergangenheit gelernt hatte, als ich auf Drogen war. Und tatsächlich entdeckte ich, dass ich allein durch das Spiel mit meiner Energie veränderte Bewusstseinszustände und eine Reise in mich selbst erleben konnte, wie ich sie seit mehreren Jahren nicht mehr erlebt hatte.

Diese Erfahrung war umso befreiender, als Rebillot mehr in der Realität geerdet war als die meisten Menschen. Während man sich in einer anderen Dimension bewegte, hielt er die Zügel in der Hand. Und in dieser Hinsicht war er urteilsfähig, er war stark, man konnte ihm vertrauen.

Ich kam von dieser Reise aufgeladen mit Energie und Vitalität zurück ... – umso mehr, als Paul, Tina und die ganze Gruppe Catherine und mir eine denkwürdige Zeremonie zur Erneuerung unserer Gelübde angeboten hatten.

Ein Jahr später begab ich mich dann endlich auf die Heldenreise. Ich hatte eine Menge Spaß dabei. Das Spiel mit meiner Energie, meinen Empfindungen, meinen Emotionen, meinen Bildern, meinen Gedanken ... Ich hatte einen Riesenspaß! Das passte perfekt zu einer Natur wie der meinen. Alles kam mir normal vor, nichts hat mich aus der Ruhe gebracht. Ich hob ab wie ein Pfeil, bereit, alles auszuprobieren und mir zu sagen, dass ich es später verstehen könnte. Für mich war alles ein Spiel.

Im Verlauf der Heldenreise wurde mein Weg von starken Empfindungen und faszinierenden Bildern gezeichnet. Ich ging mit unvergesslichen Symbolen, die mich noch heute inspirieren. Wenn ich mich zweifelnd fühle, muss ich mich nur wieder mit der inneren Erfahrung verbinden ... und ich bin wieder in Kontakt mit dem Wunsch, Risiken einzugehen.

Die Heldenreise hat mich viele Lektionen gelehrt. Was ist ihr Wert? Sie gelten nur für mich, auf der Basis dessen, wer ich damals war. Worin besteht ihr Interesse? Ich mag ziemlich dumm erscheinen, weil ich diese „Lehren" früher nicht verstanden habe. Aber ich werde „The Hero's Journey" gebraucht haben, damit sie über die Ebene des rein intellektuellen Verständnisses hinausgehen und voll und ganz Teil von mir selbst werden.

In Bezug auf mich selbst lernte ich, dass ich die antagonistischen Kräfte in mir nur auf der Herzensebene versöhnen kann. In Bezug auf meine Beziehungen zu anderen war ich damals ein eher stumpfer Mensch, der dazu neigte, entweder stur zu sein oder abzubrechen. Ich wurde offener dafür, mir die Zeit zu nehmen, die Dinge geschehen zu lassen, Interesse an dem zu zeigen, was vor sich geht, zu begrüßen, was auch immer dabei herauskommt. Ich wurde auch anspruchsvoller bei der Wahl meiner Verbündeten und konnte zwischen wohlwollenden Personen und solchen, die in Wirklichkeit herablassend waren, unterscheiden. Vor allem aber beeinflusste die Reise meine Rolle als Berater und Coach. Während ich Personen oder Gruppen begleitete, gewannen meine Vorschläge an Tiefe, sie wurden echter.

Nach der Reise begleitete ich Paul Rebillot erneut, als er „Rituale der Transformation", „Just for Fun", „Tod und Auferstehung" leitete ... Jedes Mal war die Erfahrung kraftvoll – und reich an Lektionen. Ich war mehr und mehr fasziniert von der Schärfe seiner Thesen und der transformatorischen Kraft seiner Moderation. Kurz gesagt, ich war bereit, von der Rolle des Reisenden in die des Lehrlings und Moderators zu wechseln.

Ich bat Rebillot, mich auszubilden. Sobald eine Trainingsgruppe zusammengestellt werden konnte, machte ich mit. Ich widmete mich ihm vier Jahre lang. Sehr bald bat er mich, ihm bei der Leitung seiner Workshops zu assistieren. Zu meinem Bedauern konnte ich einige Male nicht teilnehmen, aber jedes Mal, wenn ich mich freimachen konnte, ging ich zu ihm nach Frankreich, Deutschland oder Irland. Und ich konnte meinen Zeitplan so organisieren, dass ich ihm bei der Leitung des letzten dreijährigen Schulungszyklus, den er in Frankreich durchführte, helfen konnte.

Dieses Training in Aktion, geprägt von Supervisionssitzungen, war für mich eine immer wieder neue Gelegenheit, in den Geist seines Ansatzes und seiner Art, mit Menschen sowie mit Gruppen zusammen zu sein, einzutauchen.

In der Gegenwart von Paul Rebillot

Sowohl als Wegbegleiter als auch als Facilitator habe ich viele Rückmeldungen erlebt, die an Rebillot gerichtet waren. Was habe ich selbst erlebt? Was hörte ich andere erwähnen? Was hat man bei ihm gelernt? Die Kommentare betrafen vor allem seine Präsenz und Authentizität, Freiheit und Verantwortung sowie Gleichheit. Diese wenigen Punkte werden niemals den Reichtum und die Komplexität zusammenfassen, die im Laufe der Jahre Hunderte von Menschen im Kontakt mit Rebillot erfahren haben. Sie sind höchstens ein paar herausragende Punkte.

Rebillot war präsent. Seine klaren Augen, sein durchdringender Blick, seine tiefe, kraftvolle Stimme, seine selbstbewusste Haltung, seine Gelassenheit: Alles an ihm bedeutete „Hier bin ich". Und hier zu sein, nur hier zu sein, und ganz hier zu sein, war der Kern seiner Arbeit. Er war da, er hörte zu ... und er schlug vor, wie man seine Aufmerksamkeit und Energie lenken könnte.

Authentisch man selbst zu sein, war sein einziges Motto. Auch wenn das bedeutete, dass man in der Gruppe ein sozial unkorrektes Gerede oder Verhalten an den Tag legen musste. Er nutzte dann sein schauspielerisches Talent, um alle zu beruhigen – und das wusste er auf eine sehr lustige Art und Weise zu tun. Wenn er zum Beispiel einen Helden mimte, der voller Idealismus mit einem priapischen, blähenden und rülpsenden „Dämon" konfrontiert wurde, brach die ganze Gruppe in Lachen aus ... Da wäre es für ihn ein Leichtes gewesen, die Sache unter den Teppich zu kehren. Aber er hätte nie die Absicht vergessen, die jede seiner Handlungen als Facilitator bestimmt hat. War es seine Absicht gewesen, die Reisenden zu ermutigen, die Erfahrung zu leben, ohne sich selbst zu zensieren? Sobald er das Gefühl hatte, dass er den Punkt erreicht hatte, kehrte er zu den spezifischen, fordernden Hinweisen zurück, die die Menschen durch die nächste Aktivität schützten.

Bei jedem Schritt, zu jeder Zeit, konnte etwas auftauchen und niemand wusste, was es sein könnte. Natürlich wusste man, wohin man steuerte, aber Wind und Wellen schaukelten das Boot. Zur Linken Charybdis, zur Rechten Skylla ... Der Kompass zeigte den Norden an und Rebillot brachte einem bei, wie man auf Kurs bleibt.

In diesem Kontext war man frei. Wie schnell man sich auf eine Aktivität einlassen würde, wie intensiv man sie verfolgen würde, wie man geradewegs auf den Punkt zugehen oder alle inneren Verwicklungen durchlaufen oder einige Schritte umgehen würde, wie hartnäckig man festhalten würde, um zur eigenen Wahrheit zu gelangen oder wie man sich entscheiden würde, loszulassen ... All das war möglich, und jede dieser Möglichkeiten konnte die Wahl sein. Nichts würde einen dazu zwingen, weiter oder schneller zu gehen, als man es sich wünschen würde. Alles, was man tun oder nicht tun würde, war akzeptabel und akzeptiert – im Rahmen einiger Grundregeln, die Respekt und Sicherheit für alle gewährleisten sollten.

Aber diese Entscheidungen waren die eigenen, und man war selbst dafür verantwortlich. Rebillot war diesbezüglich unnachgiebig: „Ich bin nicht hier, um euch zur Arbeit zu zwingen", sagte er, „ich bin kein Faschist. Aber ich bin auch nicht selbstgefällig. Was ihr tut, ist eure Verantwortung." Und diese Verantwortung, die eigene, ging Hand in Hand mit der eigenen Ehrlichkeit. Das Boot zu verlassen, war eine Möglichkeit und eine freie Wahl. Aber man musste diese Wahl annehmen und sie offen und explizit ankündigen ...

Präsent und authentisch zu sein war also ein Teil des Vertrages; die Verantwortung für die eigenen Entscheidungen zu übernehmen ein anderer.

In der Art und Weise, wie er mit Menschen umging, war Rebillot immens großzügig. Er urteilte nie über jemanden – seine persönliche Erfahrung war in dieser Hinsicht wahrscheinlich entscheidend. In seinen Augen verdiente jeder die gleiche Qualität an Aufmerksamkeit, Zuhören, Rücksichtnahme, egal welchen Weg er ging oder wo er sich gerade befand. Für ihn waren alle Menschen gleich, auch er selbst. Dies war sowohl ein immaterielles menschliches Prinzip als auch ein wesentlicher Bestandteil der Gruppendynamik, auf den er sich verließ, um die Eigendynamik eines jeden zu unterstützen.

Im Vergleich zu den anderen Reisenden stellte sich Rebillot nie höher oder platzierte sich in der Mitte. Und wenn jemals sein Charisma einige dazu verleitete zu glauben, dass sie ihn an die Spitze oder in die Mitte stellen könnten, entmutigte er dies sofort. Er hatte nichts zu verkaufen, nichts zu beweisen und war nicht der Typ, der sich selbst gut aussehen ließ oder vor einem verliebten Publikum groß redete. „Sie könnten mir kein besseres Kompliment machen", sagte er, „als mich als Teil des Kreises zusammen mit allen anderen anzuerkennen."

So sehr er auch jeden auf seinem eigenen Weg ermutigte, so sehr war Rebillot darauf bedacht, dass niemand aus der Gruppe herausstach, auch nicht in aller Unschuld. Wenn dies jemals passierte, holte er einen sofort wieder auf den Boden der Tatsachen zurück, und damit auch die Gruppe, so wie in der folgenden Anekdote.

Nach einer geführten Meditation prüfte Rebillot, wo sich alle befanden. Eine Teilnehmerin ergriff das Wort und schilderte ihr Erlebnis. Sie war auf einen Berg gestiegen und fand auf dem Gipfel Jesus, Mohammed und den

Buddha versammelt. Rebillot hörte aufmerksam zu. Nachdem die Person zu Ende gesprochen hatte, wartete er eine kurze Weile. Dann fragte er: „Und während dies geschah, wie hast du geatmet?" Die Person antwortete: „Aber ... ich war atemlos!" Ein paar Sekunden vergingen. Rebillot holte tief Luft, dann sagte er freundlich: „Nächstes Mal ... atmest du".

Bis ... hier und jetzt!

Im Jahr 2008 verließ Rebillot Europa endgültig, um dauerhaft in San Francisco zu leben. Unter seinen Schülern arbeiten einige kleine Gruppen zusammen, während andere sich als freie Elektronen vorwärtsbewegen. Alle sind bestrebt, seinen einzigartigen Ansatz zu verbreiten.

Lange vor der Kinoindustrie, lange vor dem Aufkommen des Coachings, war Rebillot der Erste, der aus der Heldenreise etwas anderes machte als ein Erzählschema, das über den Intellekt zugänglich ist. Etwa fünfundvierzig Jahre später ist sein Ansatz unerreicht – in Bezug auf die beispiellose Synergie verschiedener Disziplinen und die Möglichkeit, die er jedem eröffnet, in das Geheimnis einzutauchen, das wir für uns selbst sind.

Im Juni 2010 wurde Rebillot sehr krank.

Ich habe regelmäßig Nachrichten über ihn erhalten und manchmal mit ihm telefoniert. Ich gehöre zu den Menschen, die eher der Tiefe der Gefühle und dem Unaussprechlichen vertrauen, als zu messen, wie viel Zeit ich mit anderen verbringe. Ich habe ihn im Geiste sehr oft besucht (das tue ich immer noch).

Aber am 11. Februar 2010 habe ich ihn sehr vermisst. Ich musste mit ihm reden, sofort.

Melissa, die Freundin, die ihn so lange begleitet hatte, ging ans Telefon.

„Ah, Tony, du bist es", sagte sie. „Paul redet nicht."

Ein Schreck überkam mich. Genau wie Paul ging ich direkt zur Sache. „Was meinst du? Ist er tot?"

„Nein, nein", antwortete sie, „er schweigt nur."

Ich bat sie, ihm mitzuteilen, dass ich am Telefon war, und bereitete mich
darauf vor, aufzulegen.

„Warte“, sagte sie, „er gibt mir ein Zeichen. Warte, ich lege den Hörer
auf sein Kopfkissen, neben sein Gesicht.“

Ich sagte: „Hallo, Paul, hier ist Tony ...“

Ein Moment der Stille, dann: „Hi, Tony!“

Was sagt man zu jemandem, der im Sterben liegt, Tausende von Kilome-
tern entfernt?

Ich sagte: „Paul, ich liebe dich.“

Ein Moment der Stille, dann: „Ich liebe dich auch.“

Das waren die letzten Worte von Paul Rebillot – wie Melissa berichtete.

Ein paar Stunden später machte er seinen letzten Atemzug.

Man kann sich trennen mit „Auf Wiedersehen“, „Bis später“, „Adieu“ ...

Rebillot, ein Gestalter aus gutem Hause, bevorzugte das „Hier und Jetzt“.

Also, „bis hierher und jetzt“?

Und dann ... was?

„Atmen ...“

Mein Gott, ich bin eine Maus!

Paul Rebillot

Paul liebte es, Geschichten zu erzählen. Deshalb soll in diesem Buch seine Fabel von der Maus nicht fehlen, die er Anfang der 90er-Jahre mit seiner Programmankündigung verschickte:[52]

„Oh, mein Gott, ich bin eine Maus!", sagte das kleine, graue Wesen, das sich unter den Tannenbogen versteckte. „Und jeder weiß, dass Mäusefilet den meisten anderen Kreaturen besonders gut schmeckt!" Der Mäuserich namens Maus wühlte herum und haderte mit seiner Position, während er die ganze Zeit sammelte, was er konnte, um seinem Haus den letzten Schliff zu verpassen. Gerade als er die letzte Wand mit Schlamm und Spucke verputzt hatte, hörte er ein Geräusch unter sich. Irgendwo weit unten wühlte ein Maulwurf. Er konnte spüren, wie der Boden seines nagelneuen Häuschens zitterte und bebte. Er sprang auf und verließ das Haus gerade noch rechtzeitig. Tatsächlich zerbrach es und stürzte in die Erde. „Ich mag das nicht, mich immer zu verstecken, nur weil wir alle nach dem Festtagsschmaus von jemandem riechen", beschwerte er sich bei seinen Mäusekollegen. „Ich denke, das ist falsch. Wir sollten eine Protestdemonstration veranstalten, um dieses schreckliche Gemetzel zu stoppen." Aber seine Freunde waren zu sehr damit beschäftigt, in die eine oder andere Richtung zu huschen, zu sehr mit jedem kleinen Geräusch oder jeder Bewegung befasst, sodass sie ihn kaum beachteten.

So verließ er sehr vorsichtig und ganz bewusst die Mäusestadt, rieb sich überall mit Fuchskot ein, um seinen leckeren Geruch zu verbergen, und überquerte das große Wasser, indem er tapfer auf der Brücke aus umgestürzten Bäumen lief, die Mutter Biber so gnädig zur Verfügung gestellt hatte. Er hörte ein Geräusch im nahen Wald. „Kreisch, kreisch", rief eine Spätzin mit ihrer

---

opernhaftesten Stimme, „Kreisch, kreisch, ich habe mir den Flügel gebrochen und kann nicht wegfliegen." In besseren Tagen war Frau Spatz sehr stolz auf ihre Stimme gewesen und hatte sie oft benutzt, um den Morgen und den Regen zu besingen, sodass der Mäuserich es nicht übers Herz brachte, ihr tragisches Lied zu kommentieren, sondern sich nur vorsichtig näherte und schließlich im Gras nach dem Rechten sah. „Oh, was ist das für ein Geruch?" rief die Spätzin, „er erinnert mich an das, was der Fuchs hinterlässt." „Ich bin's", sagte der Mäuserich, „ich habe mich getarnt. Ich bin es leid, nach Sonntagssuppe zu riechen." Die beiden sahen sich mit tiefem Mitgefühl und Verständnis an. Plötzlich hörten sie einen Zweig knacken, und als sie aufblickten, sahen sie die halb geschlossenen Augen einer gestreiften Katze. „Wir müssen weg", sagte Frau Spatz. „Sieh ihr nicht in die Augen, sonst hypnotisiert sie dich, und es gibt keine Hoffnung mehr." Aber Frau Spatz konnte nicht fliegen, und der Mäuserich war schließlich eine Maus, auch wenn er nach dem roch, was der Fuchs hinterlässt. Zum Glück setzte sich Frau Spatz auf ein großes, heruntergefallenes Blatt, und die beiden hockten direkt vor einer Höhle, die wahrscheinlich von demselben Maulwurf gegraben worden war, der auch Maus' früheres Zuhause zum Einsturz gebracht hatte. Also zog und schob Maus mit all seiner Kraft und mit Hilfe des Flügelschlags seine neu gefundene Freundin aus den erstaunten Blicken der sprungbereiten getigerten Katze in die Höhle.

Und so rutschten sie den Tunnel hinunter, tief in die Dunkelheit, umgeben von dem reichen Geruch der Erde. Eine lange Zeit ritten sie durch die Dunkelheit. Der Mäuserich fürchtete schon, dass die Rutschpartie nie aufhören würde. Frau Spatz war ganz still. Endlich, am Ende des Tunnels, sah der Mäuserich ein Licht. „Sei guten Mutes", rief er, „bald sind wir aus dieser schrecklichen Dunkelheit heraus." Frau Spatz schwieg. Das Ende des Tunnels war zum Greifen nah. „Whoa", sagte Maus und grub seine Fersen in die weiche und schlüpfrige Dunkelheit, um den Abstieg zu verlangsamen. Als sie die Öffnung erreichten, fanden sie sich hoch oben über einer Schlucht mit einem rauschenden Fluss unter ihnen. „Wir haben es geschafft!", rief Maus. „Und wir sind in Sicherheit." Er wandte sich von der Helligkeit der Sonne ab, die vom Fluss reflektiert wurde, um in die Augen seiner neu gefundenen Freundin zu schauen. Aber Frau Spatz musste viel mehr als nur einen gebrochenen

Flügel haben, denn ihre Augen blickten in ein Licht, das Maus nicht wahrnehmen konnte. Und das Pochen und Trillern ihres verängstigten Herzens war still. Der Mäuserich wusste, dass sie nicht mehr bei ihm war.

Er ordnete würdevoll ihre Flügel und sagte: „Auf Wiedersehen, meine liebe Freundin. Wenn ein Spatz, der nicht fliegen kann, auf eine Maus trifft, die nach Fuchskot riecht, dann wurde sicher etwas in den Himmel geschrieben.“ Mit diesen Worten drehte er sich um, um die Botschaft in den Wolken zu lesen – aber der instabile Boden ließ ihn kopfüber in die Tiefe stürzen. Er spürte sein Herz in der Kehle, als das Tosen des Flusses immer näherkam.

Platsch! Er wurde verschlungen und hatte große Mühe zu atmen. „Oh, Gott, was jetzt?", rief er. „Blub, blubba, blub, blub“ war alles, was man hören konnte. Anders war es natürlich beim Wels, der wie ein bärtiger Baumstamm auf dem Grund des Wassers lag. Als er sah, wie die Maus bei ihrem Kampf mit der Strömung über sich selbst stolperte, erkannte der Wels, dass es diesem Landlebewesen so ging wie einem Fisch außerhalb des Wassers. Also rutschte er zur linken Seite von Maus und gestikulierte mit seinen Flossen. „Genauso“, sagte er. „Bewege deine seltsamen, ungewöhnlichen Flossen so und lerne, wie man schwimmt.“

Natürlich ist es lächerlich, sich vorzustellen, dass der Mäuserich in so kurzer Zeit und unter so stressigen Umständen die Sprache der Welse verstehen lernte. Aber irgendwie wurde etwas übertragen und Maus lernte schwimmen. Und er machte das ganz gut, bis er zu einem Wasserfall kam, der ihn erneut in die Luft warf. „Oh, nein!“, rief er, als er in den freien Fall geschleudert wurde. „Nicht schon wieder!“

Nun wird man sagen, dass es in der Geschichte der Mäuse selten eine so glückliche Maus gegeben hat wie diese. Denn es ist ein glücklicher Zufall, dass genau in diesem Augenblick ein Bluebird vorbeiflog, ein Hüttensänger, und kein Adler (denn inzwischen war der Fuchskotgeruch weggewaschen und die Maus roch wieder nach einem warmen Picknick-Mittagessen). Und es ist auch wahr (auch wenn es selten vorkommt), dass Hüttensänger dafür bekannt sind, Mäusen, die durch die Luft fliegen, die Chance zu geben, huckepack zu reiten. Und so war es dann auch.

„Du weißt, dass du wirklich nicht so durch die Luft fliegen solltest. Du bist in ernsthafter Gefahr. Deshalb bleiben die meisten Mäuse in ihren Häusern versteckt und gehen den Adlern und Katzen und sogar den Wölfen aus dem Weg.“

„Glaubst du, ich weiß das nicht?“, sagte Maus. „Deshalb habe ich es so satt, eine Maus zu sein. Es ist kein Los, das ich mir wünsche. Aber ich weiß nicht, was ich tun soll. Ich habe versucht, meinen Geruch mit Fuchskot zu überdecken. Der Fluss hat ihn weggespült. Und keine Schminke und kein Kostüm kann mich als Kojote oder gar Eichhörnchen tarnen. Also weiß ich nicht, was ich sonst tun soll.

„Man hat mir gesagt, dass auf dem Gipfel des Berges dort oben eine große Konferenz stattfindet“, sagte der Hüttensänger. „Vielleicht kannst du dort einige weise und mitfühlende Tiere treffen, die dir helfen können, die Antwort auf deine Fragen zu finden.“

„Oh, bring mich dorthin!“, rief Maus, so aufgeregt, dass er fast den blauen Hals seines Transportmittels losließ.

„Dann halt dich fest!“ Und sie flogen in den Sonnenuntergang.

Die Sonne hatte den Himmel bereits von pink über rosa zu violettblau verwandelt, als der Hüttensänger den Mäuserich auf dem Berg absetzte. Und der Mond war damit beschäftigt, alles silberweiß zu malen, als Maus auf eine seltsame Ansammlung von Tieren stieß, die in einem Kreis mitten auf einer Wiese saßen.

Er war erschrocken. Es waren alle möglichen Tiere da – Truthahn, Hase, Biber und Bär, Luchs, Adler, Schildkröte und Ratte. Alle versammelten sich in einem stillen Kreis unter dem Vollmond.

„Soll ich es wagen, mich zu nähern?", fragte Maus niemanden Speziellen. „Alle sehen ziemlich ernst und beschäftigt aus, aber trotzdem könnte mich jemand für einen unwiderstehlichen Mitternachtssnack halten. Und was wird dann mit mir sein?" Die Neugierde ging Hand in Hand mit der Angst, aber die Hoffnung auf eine große Entdeckung übertraf beide, und ganz leise, auf Zehenspitzen, näherte sich Maus dem Kreis im silbernen Licht des Mondes.

Er wählte seinen Einstiegsort sehr sorgfältig, nicht zwischen Wolf und Katze, nicht zwischen Adler und Bär – sie alle waren viel zu heikel. Er suchte sich Plätze, die frei waren, entweder zwischen Pferd und Kuh oder zwischen Truthahn und Hase, die allesamt nicht dafür bekannt sind, dass sie Mäusefleischeintopf besonders gern mögen. Schließlich ließ er sich aber doch neben dem Kaninchen auf der anderen Seite vom Truthahn nieder, denn das Pferd schien viel zu groß und die Kuh brauchte sich nur umzudrehen, um Maus' Sorgen endgültig zu zerquetschen.

„Was genau ist hier los?", fragte er. "Warum haben sich alle versammelt?"

Das Kaninchen blickte schnell von einer Seite zur anderen, die Nase kribbelig und die Augen leuchtend wie kleine Monde, die sich irgendwie auf der Erde niedergelassen hatten.

„Dies ist ein heiliges Rad", sagte es, „wo alle Rivalitäten und Konflikte beiseitegelegt werden, um die Herabkunft des Großen Mysteriums zu erwarten."

„Das Große Mysterium?"

„Ja, das Große Mysterium wird in die Mitte des Kreises kommen, und was erkannt werden muss, wird erkannt werden."

„Werde ich herausfinden, wie ich aufhören kann, eine Maus zu sein?"

„Vielleicht", sagte Kaninchen und seine Augen trübten sich, „vielleicht aber auch nicht. Du wirst lernen, was du lernen musst."

Der Mäuserich saß nachdenklich da und schaute sich in der Runde um. Sicherlich war er in der Gesellschaft von Tieren, die er noch nie zuvor gesehen hatte. Da seine Fernaugen ohnehin nicht allzu gut waren, konnte er die anderen Tiere jetzt kaum sehen. Aber er konnte ihre Geräusche hören, von denen einige ihn mit Angst erfüllten. Es gab nichts, was er tun konnte, um sich zu behaupten, als er das Brüllen des Esels, das Heulen des Kojoten und das verrückte Lachen einer Hyäne in der Nähe hörte, die unter dem Vollmond leicht verrückt geworden zu sein schien.

„Worauf habe ich mich hier eingelassen?", fragte er sich, „und wie komme ich mit dem Leben davon?"

Zuerst dachte der Mäuserich, es sei ein Erdbeben, das ihn erschütterte und seine Beine zu Pudding werden ließ. Aber schon bald wurde ihm klar, dass das Beben von innen kam.

Und dann geschah es ... das Mysterium.

Das seltsame Gefühl in seiner Nase verriet ihm, dass etwas Ungewöhnliches im Gange war.

Nun ist es durchaus richtig, dass die Nase einer Maus jede Veränderung in der Luft wahrnehmen kann. Aber dies war außergewöhnlich. Seine Nase schien ganz lebhaft, seltsam lebendig, empfindlicher, als er es sich je vorgestellt hatte. Irgendwie war sein Gehör außerordentlich klar, aber am merkwürdigsten war die Tatsache, dass sich sein Schwanz klein und flauschig anfühlte. Er blickte sich schnell um. Was für ein Schreck! Neben ihm, den Kopf zwischen den Pfoten, lag er selbst, Maus, zitternd und ängstlich.

Aber wenn das Maus war, wer war dann er?

„Um Himmels willen!", rief er aus. "Ich bin ein Kaninchen geworden! Das ist wirklich ein Mysterium!"

Von Hund zu Katze zu Hase zu Hirsch, der Geist von Maus machte sich auf den Weg durch den großen Kreis der Tiere. Und wenn er sich in der Haut des anderen Tieres wiederfand, stieß er einen Schrei aus, den Laut, der die Seele des jeweiligen Tieres ausdrückte. Und mit jedem Ruf entfaltete sich das Geheimnis.

Jedes hatte seine besondere Klarheit des Seins, seine besondere Magie und seine einzigartige Beziehung zu allen anderen. Jedes einzelne war für das Ganze notwendig. Das Ganze konnte nicht es selbst sein ohne alle seine Teile.

Und das war eine große Freude!

Maus lernte etwas von jedem der Tiere. Er lernte, wie es sich anfühlte, groß wie ein Bär, schlau wie ein Fuchs und geheimnisvoll wie eine Schlange zu sein. Aber vor allem entdeckte er, wie wichtig es war, Maus zu sein, einfach eine Maus.

Das war das größte Geheimnis von allen.

Er lernte weder, nicht Maus zu sein, noch war er daran interessiert, gegen seine besondere Position im Rad der Tiere zu protestieren. Er wusste, dass er zu einem wunderbaren Kreis gehörte, und dass, wenn ein Teil aus dem Rad herausgenommen wird, seine ganze Form zerstört ist, es sich nicht mehr so drehen kann, wie es gedacht war.

Eines Tages kehrte er in die Welt der Mäuse zurück. Aber etwas war ganz anders. Niemand konnte genau sagen, was es war, aber da war ein großes Geheimnis, das aus seinen Augen leuchtete.

Nachwort

Franz Mittermair

Was ist mittlerweile aus Paul Rebillots Arbeit geworden?

Er beendete im März 2008 sein Engagement in Europa und wollte in kleinem Rahmen in seinem Haus in San Francisco weiterarbeiten.

In Irland führten Mary Mangan und Fergus Lalor zusammen mit anderen, die bei Paul gelernt hatten, seine Arbeit weiter. Paul bat Mary Mangan, eine Führungsrolle in Irland für die *School of Gestalt and Experiential Teaching* zu übernehmen. Sie veränderten den Namen ihrer Gruppe in *The Fool's Dance Gestalt Company*. Sie arbeiten in englischer Sprache und bieten derzeit zwei oder drei offene Workshops im Jahr an. Die Heldenreise haben sie häufig im Programm, aber auch andere Workshops wie „The Lover's Journey", „Dancing with the Gods", „Death and Resurrection", „Owning the Shadow", „The Dream Tarot", „The Wheel of Life" usw.

In anderen Ländern gibt es kaum mehr Initiativen, außer im deutschsprachigen Raum. 1994 gründete ich zusammen mit Torsten Zilcher das Institut für Gestalt und Erfahrung (IGE®). Von Anfang an boten wir die zentralen Workshops als offene Seminare an und bildeten in der Leitung der Heldenreise aus. Da wir eine fundierte (gestalt-)therapeutische Ausbildung für die verantwortliche Leitung der Heldenreise und der anderen Workshops für unerlässlich halten, schickten wir unsere Teilnehmerinnen und Teilnehmer erst zu anderen Instituten zur Ausbildung in Gestalttherapie, dann übernahmen wir diese selbst. So wurden von uns bisher mehr als 200 Personen in der Leitung der Heldenreise ausgebildet und mehr als 150 in Gestalttherapie.

Verschiedene unserer Schüler gründeten ebenfalls Institute und begannen, selbst in der Leitung der Heldenreise auszubilden. Dadurch entstand eine breite Bewegung. Derzeit wird die Heldenreise im deutschsprachigen Bereich mehr als 100 Mal im Jahr angeboten mit etwa 1500 Teilnehmenden. Um die

Qualität zu sichern, haben wir den Titel „Heldenreise" 2010 als Marke eintragen lassen.

Paul Rebillot beauftragte mich für Deutschland, Österreich und die Schweiz mit der Ausbildung in seiner weiteren Arbeit, also in der Leitung seiner weiteren Workshops und in der Gestaltung eigener Seminare auf der Basis seiner Methodik. Dieses Training biete ich im IGE als „Weiterbildung in Ritueller Gestalttherapie" an.

Inzwischen entstanden verschiedene weitere Initiativen. Meine Frau Sonja entwickelte auf der Basis der Heldenreise eine sehr erfolgreiche Ausbildung in Transformativer Tanztherapie. Auch deren Absolventen bilden wir jetzt in der Leitung der Heldenreise aus. Unsere Absolventin Nina Trobisch brachte die Heldenreise über das Konzept des „Heldenprinzips®" ins Businesstraining. Helga und Manfred Weule bauten seit 2006 von Österreich aus eine europäische Community für Heldenreisende nach Paul Rebillot im Verein „Adventure Life" auf, veranstalten Heldenreise-Seminare in Österreich und in osteuropäischen Ländern und bilden neue „Hero's Journey Guides" aus. Sie beteiligen sich an Kongressen[53] und initiierten das bereits erwähnte Forschungsprojekt „Unter Helden und Dämonen."

Paul Rebillots Buch „The Call to Adventure" war leider in seiner Originalausgabe von 1993 bei Harper San Francisco nicht sehr erfolgreich und wurde nach einigen Jahren aus dem Programm genommen. Es gelang mir, den Kösel Verlag zu einer deutschen Ausgabe zu bewegen, die 2000 unter dem Titel „Die Heldenreise. Das Abenteuer der kreativen Selbsterfahrung" erschien. Auch dort wurde das Buch nach einigen Jahren aus dem Programm genommen. Da wir das Werk für unsere Ausbildungsarbeit dringend benötigten, beschloss ich, es selbst zu verlegen und gründete dafür meinen Eagle Books Verlag, der inzwischen einige Werke im Umfeld der Heldenreise und der persönlichen Entwicklung herausbrachte. Paul Rebillots Buch ist von Jahr zu Jahr mehr gefragt und geht bei Eagle Books noch in diesem Jahr in die

---

dritte Auflage! Im Jahr 2017 erschien es ebenfalls bei Eagle Books wieder auf Englisch unter dem Titel „The Hero's Journey. A Call to Adventure".

Wer die Heldenreise erlebt hat, weiß, wie kraftvoll und heilend Paul Rebillots Arbeit ist. Dass sie im deutschsprachigen Raum so erfolgreich ist, zeigt, dass sie höchst aktuell ist und noch sehr viel weitere Verbreitung verdient.

Wir hoffen, dass dieses Buch dazu beiträgt.

Literatur

Bateson, Gregory (1979): *Geist und Natur.* Eine notwendige Einheit, Frankfurt a. M.: Suhrkamp.

Bly, Robert (2018): *Der Schatten.* Die dunklen Seiten des menschlichen Wesens, Wasserburg am Inn: Eagle Books.

De Ropp, Robert S. (o. J.): *Das Meisterspiel,* München: Knaur.

Foster, Steven und Little, Meredith (2014): *Visionssuche,* Uhlstädt-Kirchhasel: Arun Verlag.

Grof, Stanislav und Christina (2008): *Spirituelle Krisen.* Chancen der Selbstfindung, Darmstadt: Schirner.

Campbell, Joseph (1949): *The Hero with a Thousand Faces*; deutsch (1978): *Der Heros in tausend Gestalten*, Frankfurt a. M.: Suhrkamp.

Jung, C. G. (1916/1958): *Die Transzendente Funktion* in Jung, C. G. (1972): Gesammelte Werke Bd. 8, S.79 - 108 oder in: Jung, C. G.: *Zum Wesen des Psychischen*, Zürich: Buchclub Ex Libris.

Jung, C. G. (1946): *Die Psychologie der Übertragung.* Erläutert anhand einer alchimistischen Bilderserie. In: Jung C. G., Gesammelte Werke Bd. 16, Olten: Walter Verlag oder als dtv-Taschenbuch.

Kaplan-Williams, Strephon (1991): *The Jungian Senoi Dreamwork Manual: A Step-by-Step Introduction to Working with Dreams,* Journey Press.

Mitchell, Steve (2012): *Paul Rebillot's Modern Day Rites of Passage*, in: Shrader, Claire: *Ritual Theatre*, London: Jessica Kingsley Publishers.

Mittermair, Franz (2021): *Kraftvolle Rituale selbst gestalten*, Wasserburg am Inn: Eagle Books.

Mittermair, Franz (2019): *Neue Helden braucht das Land.* Persönlichkeitsentwicklung und Heilung durch Rituelle Gestaltarbeit, Wasserburg am Inn: Eagle Books, 2. Auflage.

Mittermair, Franz und Singer, Susanne (2008): *Veränderung von Beschwerdedruck, Kohärenzsinn und Depressivität nach dem gestaltpädago-*

gischen Seminar „Die Heldenreise", Musik-, Tanz- und Kunsttherapie (Hogrefe) 2008/2, S. 62 – 69.

Mittermair, Sonja (2019): *Der Tanz der Archetypen*, Wasserburg am Inn: Eagle Books.

Perry, John Weir (1998): *Trials of the Visionary Mind – Spiritual Emergency and the Renewal Process*, Albany: State University of New York: SUNY Press.

Rebillot, Paul/Kay, Melissa (2016): *Die Heldenreise.* Ein Abenteuer der kreativen Selbsterfahrung, Wasserburg am Inn: Eagle Books, 2. Auflage.

Rebillot, Paul und Kay, Melissa (2017): *The Hero's Journey. A Call to Adventure*, Wasserburg am Inn: Eagle Books, 2. Auflage.

Rebillot, Paul (2006): *The Power of Story and Myth – The Genesis of an Approach to Healing,* in: INSIDE OUT 48: Frühjahr 2006, herausgegeben von IAHIP (Irische Vereinigung für humanistische und integrierte Psychotherapie), Internet-Journal auf iahip.org.

Rebillot, Paul (1995): *Beziehungen: Von Fantasie zur Fülle*, in: Frankfurter Ring Magazin 1995/2.

Rinpoche, Sogyal (1994): *Das Tibetische Buch vom Leben und vom Sterben*, Bern/München/Wien: O. W. Barth, 9. Auflage.

Sanford, John A. (1981): *Evil. The Shadow Side of Reality*, New York: Crossroad.

Sanford, John A. (2018): *Unsere unsichtbaren Partner.* Von den verborgenen Quellen des Verliebtseins und der Liebe, Wasserburg am Inn: Eagle Books.

Schutz, Will (1973): *Elements of Encounter*, Joy Press.

Weule, Helga und Weule, Manfred (1998): *Die emotionale Organisation* in: Krainz, Ewald und Simsa, Ruth (Hrsg.): *Die Zukunft kommt – wohin geht die Wirtschaft? Gesellschaftliche Hintergründe für Management und Organisationsberatung.* Wiesbaden: Betriebswirtschaftlicher Verlag Th. Gabler, und unter „Publikationen" auf www.i-cons.info

Weule, Helga und Weule, Manfred (2003): *Indigene und moderne Rituale* in: Lobnig, H./ Schwendenwein, J./ Zvacek, L. (Hrsg.): *Beratung in der Veränderung,* Wiesbaden: Betriebswirtschaftlicher Verlag Th. Gabler und auf www.i-cons.info unter „Publikationen".

Weule, Helga (2015): *In verschiedenen Welten wandern.* Bericht einer inneren und äußeren Reise ans andere Ende der Welt und wieder zurück, Wilhering: Bayer Verlag.

Weule, Helga und Weule, Manfred (2015): *Healing processes are works of art: the process of Paul Rebillot's Hero's Journey* in: Friedlová, Martina a Lečbych, Martin (eds.), Společný Prostor Common Space 2015 sborník příspěvků / proceedings, Olomoucz (Czech Rep.) Universita Palackého v Olomouci und unter „Publikationen" auf www.i-cons.info

Weule, Helga und Weule, Manfred (2016): *Heilprozesse sind Kunstwerke: Der Prozess der Heldenreise nach Paul Rebillot* in: Herrera Krebber, Christine (Hrg.), Ganzheitsmedizin II: Der Weg von Heilung, Gesundheit und Frieden im Innen und Außen, München: Infomed Institut für Ganzheitsmedizin e.V., S. 569 - 590 und unter „Publikationen" auf www.i-cons.info

Weule, Helga und Weule Manfred (Hrsg.) (2019): *Unter Helden und Dämonen.* 25 Menschen aus 6 Ländern erforschen Gefühle und Schattenthemen in einem gemeinschaftlichen Forschungsprojekt, Wasserburg am Inn: Eagle Books.

Wolkstein, Diane und Kramer, Samuel Noah (1983): *Inanna. Queen of Heaven and Earth,* New York: Harper & Row.

*Ich empfehle dieses Buch
allen ernsthaften
Bewusstseinsforschern
und auch den Menschen,
die an ihrer eigenen Heilung,
ihrem persönlichen Wachstum
und ihrer Wandlung
interessiert sind.*

Stanislav Grof

Paul Rebillot beschreibt in seinem Klassiker detailliert Hintergrund und Ablauf seiner berühmten Seminarstruktur „Die Heldenreise".

Er schreibt sehr persönlich, herzlich und klar. Selten macht es so viel Vergnügen, ein Arbeitsbuch zu lesen. Auch deshalb ist das Buch empfehlenswert.

Mit einem Vorwort von Stanislav Grof und einem Überblick über das Leben von Paul Rebillot.

Paul Rebillot mit Melissa Kay: Die Heldenreise. Das Abenteuer der kreativen Selbsterfahrung, Eagle Books Wasserburg am Inn, überarbeitete Ausgabe, 3. Auflage 2021, 272 Seiten, gebunden, 29,80 € (D),
ISBN 978-3-9813672-0-1

Dieses Buch schafft es, Therapeuten, Suchende und einfach nur Interessierte gleichermaßen zufriedenzustellen. Wer sich oder andere auf den Weg bringen will zu einem selbstbestimmten und selbstverantworteten Leben, kommt daran nicht vorbei.

Wolfgang Zaska, Amazon

Franz Mittermair, Gestalt-/Körpertherapeut, Leiter des Instituts für Gestalt und Erfahrung, legt den ersten Überblick zur Rituellen Gestalttherapie und -pädagogik vor, die auf Paul Rebillots Arbeit basiert. Sein Ansatz hat die "Große Heldenreise" im Blick, den mythologischen Weg der Heldin und des Helden als Leitlinie und Unterstützung für den persönlichen Lebensweg.

Das Werk schildert anschaulich die einzelnen Stationen, zu denen Aufbruch, Herkunft, Identität, Schatten, Tod und Auferstehung sowie die Rückkehr gehören. Mit zahlreichen Übungen, Praxisbeispielen und Geschichten.

Franz Mittermair: Neue Helden braucht das Land. Persönlichkeitsentwicklung und Heilung durch Rituelle Gestaltarbeit,
Neuausgabe, 2. Auflage 2019, gebunden, 252 Seiten, 29,80 € (D)
ISBN 978-3-9813672-1-8

Dieses Buch ist eine Fundgrube für die Arbeit von Therapeuten, Beraterinnen, künstlerischen und politischen Aktivisten sowie Sozialarbeiterinnen.

Dieses Buch beschreibt ein faszinierendes Unterfangen: eine kollektive Heldenreise, ermöglicht von der EU-Institution Erasmus+. Auf Initiative von „Theater ohne Haus" in Bratislava erforschten Menschen aus sechs Ländern im Projekt „Helden der Inklusion und Transformation" (HIT), welche Impulse aus dem kunstvollen Heldenreise-Seminar von Paul Rebillot für die Arbeit mit Ausgegrenzten gewonnen werden können.

Auf Grundlage eigener Erfahrungen in der „Heldenreise" - dem spielerischen nach-aussen-Bringen eigener „Helden" und „Dämonen des Widerstands", ihrer Konfrontationen und Vereinbarungen – wurden in geschützten Räumen eigene Gefühle und soziale Schattenthemen wie Angst vor Veränderung, Trauer, Fundamentalismus, Hass auf Außenseiter und Fremde sowie Gewalt erforscht.

Eigene Gefühle zu beachten vermag persönliche Ausrichtungen des Lernens zu vertiefen und lähmende Bilder der Ausweglosigkeit aufzulösen.

Helga Weule und Manfred Weule (Hrsg.): Unter Helden und Dämonen.
Eagle Books Wasserburg am Inn 2019 (1. Auflage), Paperback, 128 Seiten, farbig, 48 Abbildungen, 22,80 € (D), ISBN 978-3-946136-20-0

Weitere Fachbücher bei Eagle Books

Der Tanz der Archetypen ist eine wunderbare Gelegenheit, die persönlichen Energiezentren zu erforschen, zu stärken und in Harmonie zu bringen. Dadurch können die Chakren ihre Kraft entfalten und Körper, Herz und Geist in Einklang kommen. Mit der beiliegenden CD ist es eine Freude, den Weg durch die Archetypen innerhalb einer Stunde zu tanzen.
Sonja Mittermair: Der Tanz der Archetypen, Eagle Books Wasserburg am Inn 2019 (1. Auflage), 96 Seiten, Hardcover, 16 Abbildungen, mit CD, 22,80 € (D), ISBN 978-3-946136-21-7

Liebes- und Partnerschaftsprobleme sowie Ehekrisen gehören zu den häufigsten psychischen Problemen. C. G. Jungs Ideen und Gedanken zu diesem Thema können dabei sehr hilfreich sein. Ausgehend von dessen faszinierender Anima/Animus-Theorie gibt John A. Sanford seine erstaunlichen und oft verblüffenden Erkenntnisse über die Geheimnisse des Verliebens und der Verliebtheit preis.
John A. Sanford: Unsere unsichtbaren Partner. Von den verborgenen Quellen des Verliebtseins und der Liebe, Neuausgabe 2019, 208 Seiten, Paperback, 22,80 €, ISBN 978-3946136-17-0

Der Schatten ist nach Carl Gustav Jung einer der wichtigsten Persönlichkeitsanteile und zugleich, in seinem überpersönlichen Aspekt, ein Archetyp des kollektiven Unbewussten. Im Schatten werden Eigenschaften der eigenen Person, negative wie positive, die nicht gerne angenommen werden, gesammelt und auf andere Menschen projiziert. Die Auseinandersetzung damit gehört zu den wichtigsten Aufgaben in der persönlichen Entwicklung.
Robert Bly: Der Schatten. Die dunklen Seiten des menschlichen Wesens, Neuausgabe 2018, 120 Seiten, Paperback, 22,80 € (D), ISBN 978-3946136-132

Weitere Informationen unter www.eagle-books.de